D0363349

L'AVENIR
DES AÎNÉS
AU QUÉBEC
APRÈS L'AN 2000

L'AVENIR DES AÎNÉS AU QUÉBEC APRÈS L'AN 2000

Vers un nouvel équilibre des âges.
Journées d'échange sur le Rapport Pelletier

Sous la direction de
PATRICIA CARIS et BRIAN L. MISHARA

1994
Presses de l'Université du Québec
2875, boul. Laurier, Sainte-Foy (Québec)   G1V 2M3

Données de catalogage avant publication (Canada)

Journées d'échange sur le Rapport Pelletier (1992 : Montréal, Québec)

L'avenir des aînés au Québec après l'an 2000 : vers un nouvel
équilibre des âges : Journées d'échange sur le Rapport Pelletier

Textes des Journées d'échange sur le Rapport Pelletier tenues
à Montréal les 1er et 2 juin 1992.

ISBN 2-7605-0755-6

1. Personnes âgées – Québec (Province) – Conditions sociales –
Congrès. 2. Personnes âgées – Québec (Province) – Conditions
économiques – Congrès. 3. Personnes âgées, Services aux – Québec
(Province) – Congrès. 4. Vieillissement de la population – Politique
gouvernementale – Québec (Province) – Congrès. I. Caris, Patricia,
1957- . II. Mishara, Brian L. III. Titre.

HQ1064.C3A93 1994   305.26'09714   C94-940701-1

Couverture : RICHARD HODGSON

Photographies : L'IMAGIER et MINISTÈRE DE LA SANTÉ ET DES SERVICES SOCIAUX

Mise en pages : COMPOSITION MONIKA

ISBN 2-7605-0755-6

Dépôt légal – 2e trimestre 1994
Bibliothèque nationale du Québec
Bibliothèque nationale du Canada
Imprimé au Canada

Avant-propos

Patricia CARIS et Brian L. MISHARA

En novembre 1991, le ministre de la Santé et des Services sociaux du Québec rendait public le rapport du Groupe d'experts sur les personnes aînées, *Vers un nouvel équilibre des âges*. Ce rapport était le résultat de près de deux ans de travail d'un comité formé de 23 personnes et présidé par M. Jean Pelletier. Ce comité avait reçu le mandat de formuler des orientations visant à indiquer la direction vers laquelle le Ministère devrait s'engager au cours des prochaines années pour répondre aux conséquences du vieillissement de la population du Québec. Le rapport dresse un portrait des personnes aînées au Québec et formule des objectifs et des recommandations pour favoriser l'autonomie, le fonctionnement optimal et la participation des personnes âgées.

Les 1er et 2 juin 1992, plus de 200 personnes intéressées à l'avenir des aînés au Québec ont tenu deux journées d'échange sur le Rapport Pelletier. Les participants à ces journées seront autant de collaborateurs lors de l'éventuelle implantation des recommandations du Groupe d'experts. Il s'agit de membres d'organismes d'aînés du Québec, de planificateurs et d'intervenants du réseau de la santé et des services sociaux et de plusieurs ministères, de représentants des régies régionales, des CLSC, des centres d'accueil et des centres hospitaliers, de la Société d'habitation du Québec, etc. Les invités ont participé à une série d'ateliers couvrant les principaux thèmes du Rapport Pelletier: travail et sécurité du revenu, habitat, sécurité et prévention des abus, les services aux aînés, la prévention et la promotion, le conseil des aînés et la famille. L'objectif des ateliers, animés par des personnes-ressources le plus souvent membres du comité Pelletier, était d'examiner de près les recommandations du rapport afin d'évaluer l'importance de chacune, de cerner des problèmes liés à leur implantation et de suggérer des solutions à ces problèmes.

Ce livre résume les principaux commentaires, suggestions et orientations découlant de ces deux journées d'échange. Nous présentons les discours de M. Jean Pelletier, président du Groupe d'experts sur les personnes aînées, et de M. Maurice Boisvert, alors sous-ministre adjoint à la prévention et aux services communautaires. Messieurs Marc-André Maranda et Pierre Joubert, de la planification du MSSS et du DSC du Centre hospitalier de l'Université Laval, ont quant à eux abordé les enjeux liés à une politique sociale du vieillissement. Les synthèses des conclusions des ateliers sur les thèmes ci-haut mentionnés sont présentées, ainsi que des réactions spécifiques aux différentes recommandations. À la fin de chacune de ces journées, une table ronde permet-

tait de connaître la position des acteurs de divers secteurs interpellés. Les discussions lors de ces tables rondes sont présentées,
ainsi que les questions et réactions des nombreux participants.
Une allocution de M. Laurent Laplante, le conférencier du midi
de la deuxième journée, présente sa perspective sur les enjeux des
recommandations du Rapport Pelletier. Le chapitre «Conclusion
et recommandations» fait le point sur les critiques et suggestions
découlant de ces journées d'échange.

Il arrive parfois que de beaux rapports, rédigés avec beaucoup de bonnes intentions, restent sur les tablettes et accumulent
la poussière. Les discussions, souvent très animées, entre les différents interlocuteurs lors de ces deux journées indiquent une
volonté très claire de suivre l'implantation des recommandations
du Rapport Pelletier. Les participants ont suggéré plusieurs amé-
liorations, certaines nuances et ils ont réfléchi au rôle des différents secteurs dans le travail de concertation nécessaire à la mise
en œuvre de ces recommandations. Ce livre présente les résultats
de deux journées de débats et discussions. Même si on y retrouve
de nombreuses suggestions concrètes et même s'il ne s'agit pas
d'un guide ou d'un mode d'emploi pour l'implantation des
recommandations du Groupe d'experts sur les personnes aînées,
il offre néanmoins des suggestions qui pourront s'avérer utiles
lors de l'élaboration d'une éventuelle politique ou d'un plan
d'action. Il s'agit des fruits d'un travail de concertation dans un
processus continu de réflexion sur l'avenir des aînés au Québec,
sur les services qui leur sont offerts et sur leur participation dans
la prise de décision.

Finalement, il faut souligner la présence en annexe d'un
document qui pourra être utile à tous ceux et celles qui veulent
poursuivre une réflexion sur la situation des aînés et sur certains
des enjeux liés au vieillissement. Rédigé par Madeleine Rochon,
«Caractéristiques sociodémographiques des aînés du Québec et
vieillissement de la population» présente de manière détaillée
toutes les données sociodémographiques que nous avons pu
compiler et analyser.

Table des matières

CHAPITRE 1

Les orientations du rapport du Groupe d'experts
Vers un nouvel équilibre des âges[*]

Jean PELLETIER
Président du Groupe d'experts sur les aînés

---

[*] Discours prononcé par M. Pelletier lors de l'ouverture des Journées d'échange.

Les orientations du rapport du Groupe d'experts convergent vers un concept fondamental: celui de la *continuité*. Le fil conducteur de l'ensemble des objectifs et des recommandations proposés découle d'une conviction initiale, qui peut être présentée comme suit: *l'essentiel, dans toute stratégie et dans toute pratique d'intervention visant le bien-être de la personne âgée, est de lui permettre de continuer à vivre — en autant qu'elle le désire et qu'il est possible de le faire — en conformité avec les choix qu'elle a faits et avec le mode de vie qu'elle a connu au cours de la majeure partie de son existence.*

Privilégier la continuité, selon le Groupe, ce n'est surtout pas opter pour le statu quo. L'examen de la situation des personnes âgées révèle, au contraire, qu'il existe présentement plusieurs obstacles majeurs à la continuité. Cela peut paraître paradoxal, mais l'orientation du Groupe en faveur de la continuité incite à préconiser, dans la plupart des secteurs d'intervention abordés, de profonds changements d'attitude et de comportement à l'égard des aînés. En effet, trop de personnes âgées au Québec ne peuvent actuellement bénéficier de conditions de vie leur permettant de continuer à faire des choix et à décider elles-mêmes des choses qui les concernent.

C'est donc dans une optique de continuité qu'ont été successivement abordés dans le rapport l'évolution démographique récente et à venir de la population québécoise, l'état de santé et de bien-être de la population âgée, sa condition économique, ses conditions d'habitat et les services sociosanitaires dont elle a besoin.

Il ne faut pas perdre de vue que, tout en accordant une place de choix à la dimension santé et bien-être, le rapport ne se limite pas à ces deux composantes de la vie des aînés. Le vieillissement démographique et la situation des aînés y sont abordés d'une façon globale, voire systémique, en ce sens qu'il serait inconséquent de ne pas agir sur les déterminants économiques, sociaux — et autres — de la santé et du bien-être. Ce serait continuer à répondre d'une manière réactive aux problèmes des personnes âgées. Le vieillissement démographique est un défi trop sérieux et d'une trop grande ampleur pour que l'on y réponde par des mesures ponctuelles et à courtes vues.

Le nouvel équilibre des âges

Le Groupe d'experts, par cette expression imagée, veut décrire la situation démographique du Québec de demain, mais aussi sensibiliser les lecteurs aux problèmes que pose — et posera de plus en plus si on n'infléchit le cours des choses — le traitement réservé aux aînés jusqu'à ce jour. Ce traitement, sans même qu'il soit nécessaire de juger sa qualité, ne permet pas à la plupart des personnes vieillissantes ou âgées de continuer à vivre en conformité avec les choix qu'elles ont faits et avec les modes de vie qu'elles ont connus au cours de la majeure partie de leur existence. L'âge chronologique étant un facteur qui n'explique que rarement et presque toujours de manière très nuancée les différences entre les individus, il est donc éminemment nécessaire de s'interroger sur la place que notre société réserve présentement aux personnes vieillissantes et âgées.

LES RECOMMANDATIONS CONCERNANT LES SERVICES DE SANTÉ ET LES SERVICES SOCIAUX

Selon le Groupe d'experts sur les aînés, toute stratégie ou toute pratique d'intervention visant le bien-être de la personne âgée doit permettre à cette dernière de continuer à vivre en conformité avec ses choix et son mode de vie. Alors que notre société associe le plus souvent vieillesse et mise à l'écart, les correctifs à effectuer pour permettre aux aînés de continuer à occuper une place significative sont nombreux.

C'est d'abord sur le plan de la prévention qu'il faut agir, les premiers efforts doivent tendre à diminuer, sinon éviter, l'apparition de problèmes de santé ou de problèmes sociaux susceptibles d'empêcher les aînés de continuer à mener une vie active de qualité. Ce sont les aînés eux-mêmes qui doivent être les premiers convaincus du fait que la prévention a sa place à tout âge et qui doivent être impliqués dans la planification et la réalisation des actions préventives qui leur sont destinées.

La plupart des personnes vieillissantes ne requièrent pas de services particuliers et certaines n'en auront même jamais besoin, surtout si des actions préventives viennent améliorer leurs habitudes et conditions de vie au point de retarder, voire même d'empêcher, certains problèmes. Cependant, les problèmes de santé chroniques et les incapacités des aînés inquiètent parce que, souvent, ils sont la cause d'une perte d'autonomie qui introduit une discontinuité dans la vie des personnes et parce qu'ils créent une demande accrue de services.

Les enquêtes récentes démontrent que 16,9 % des personnes âgées de 65 à 74 ans et 21,6 % des 75 ans ou plus souffrent d'un problème de santé affectant leur capacité à effectuer des activités de la vie quotidienne; ce qui représente une personne âgée sur cinq. Parmi ces personnes, 35 % ont besoin d'une aide de la part des services sociosanitaires pour continuer à vivre d'une manière acceptable.

Cependant, des diverses rencontres qu'il a tenues avec des aînés, le Groupe conclut que la sécurité psychologique est le besoin le plus nettement et le plus largement exprimé par les aînés. Ce besoin est lié à des préoccupations comme l'assurance d'avoir accès à des services d'aide et de soins, à de l'information sur les services disponibles et à des services à domicile. Se voir offrir la possibilité de continuer à vivre à domicile est une question qui, du reste, figure au sommet de la liste des besoins exprimés par les aînés. Il convient également de souligner que les aînés rencontrés par le Groupe ont exprimé avec force leur désir de continuer à participer à des activités sociales et qu'ils s'attendent, pour ce faire, à ce qu'on leur facilite la prise de contacts sociaux et qu'on les aide à briser l'isolement dans lequel les confinent plusieurs des pratiques en vigueur dans notre société. Les familles, quant à elles, sont tout à fait disposées à contribuer au maintien à domicile, mais elles réclament reconnaissance et soutien, tout en insistant sur l'importance de favoriser l'émergence de réseaux d'entraide.

Cependant, d'importants écarts existent encore entre les besoins des personnes âgées et la manière dont le réseau sociosanitaire cherche à y répondre. La personne âgée est trop souvent d'emblée orientée vers un milieu d'hébergement au détriment d'une approche qui favoriserait la réadaptation et le retour à domicile. Parmi les lacunes les plus évidentes, celles qui se rapportent au soutien à domicile paraissent particulièrement criantes, notamment en ce qui a trait à la faiblesse de l'aide accordée aux personnes qui ont de la difficulté à effectuer des tâches domestiques, à celles qui rencontrent des problèmes d'ordre psychosocial et, enfin, aux familles qui prennent soin d'une personne âgée en perte d'autonomie et pour qui il n'existe présentement que très peu de ressources de répit.

Les problèmes et les inégalités dans le système sociosanitaire actuel amènent le Groupe à suggérer cinq orientations importantes pour mieux répondre aux besoins des aînés d'aujourd'hui et de demain.

■ Il faut d'abord repenser et compléter la gamme de services existante de manière à ce qu'elle englobe l'ensemble des besoins, quels que soient le lieu de résidence des aînés (domicile ou milieu d'hébergement) ou les établissements en cause. Il faut également que cet ensemble de services variés soit disponible localement selon un mode d'accès souple, dans toutes les régions du Québec.

- La planification et l'organisation des services devront être l'occasion d'élaborer un projet commun entre les divers acteurs d'une communauté à l'égard de leurs aînés. Un tel projet devra permettre d'établir une concertation et une collaboration entre les différents secteurs impliqués (logement, municipalité, transport, justice) et les secteurs communautaire et privé.

- Ensuite, les pratiques professionnelles doivent être modifiées pour mettre plus d'emphase sur une approche globale qui tienne compte des besoins physiques et psychosociaux en intégrant les connaissances récentes en gérontologie et en gériatrie.

- Quatrièmement, les pratiques institutionnelles doivent être réorientées de manière à mieux répondre à l'ensemble des besoins liés au maintien d'une qualité de vie et à la création de véritables milieux de vie.

- Cinquièmement, la qualité des services doit demeurer au centre de nos préoccupations.

LES ASPECTS MULTISECTORIELS DU MANDAT DU GROUPE D'EXPERTS

En décembre 1990, monsieur Marc-Yvan Côté, alors récemment nommé ministre responsable à la Condition des aînés, élargissait le mandat du Groupe. L'habitation, le travail, le revenu, les rentes et la sécurité de la personne venaient s'ajouter au mandat du Groupe d'experts, mandat qui jusqu'alors se limitait au secteur de la santé et des services sociaux.

Les préoccupations multisectorielles du Groupe l'ont poussé à envisager l'influence des différents secteurs à la fois sur la manière dont les personnes vieillissent et sur les conditions de santé et de bien-être des aînés. Compte tenu de son mandat, des sujets de préoccupations et du temps dont il disposait, le Groupe de travail a regroupé ses constats et recommandations en deux thèmes: les conditions économiques et les conditions d'habitation.

On ne peut traiter de la situation économique des aînés sans aborder en premier lieu la question du travail puisque, dans notre société, le fait de détenir un emploi est la principale source d'autonomie financière. La main-d'œuvre vieillissante semble être affectée d'une manière particulièrement forte par l'accentuation des pressions qui s'exercent sur la plupart des secteurs de l'activité économique; elle quitte ou est mise à l'écart du marché du travail de plus en plus tôt dans le cycle de vie, ce qui risque d'affecter la sécurité financière des prochaines cohortes de personnes âgées. Ce phénomène prend souvent la forme de la préretraite, mais dans de nombreux cas, il emprunte aussi celles du chômage, du licenciement, du travail à temps partiel, etc.

Globalement, la situation financière des aînés s'est améliorée au cours de la dernière décennie; par contre, on a assisté à un appauvrissement de la population vieillissante (50-64 ans) durant cette période. Les femmes âgées et les personnes plus âgées (75 ans ou plus) des deux sexes, en plus de dépendre davantage des transferts gouvernementaux que les hommes âgés et les personnes moins âgées des deux sexes, sont également dans une situation financière plus précaire.

L'examen de la situation économique des personnes vieillissantes et des aînés amène le Groupe d'experts à proposer une ligne d'action axée sur cinq objectifs, chacun d'eux faisant l'objet d'une ou de plusieurs recommandations:

- développer l'autonomie financière des travailleurs et travailleuses vieillissants en favorisant leur maintien en emploi;

- modifier les conditions de travail pour permettre la continuité en emploi sans vieillissement prématuré;

- freiner l'appauvrissement de la main-d'œuvre vieillissante;

- réduire l'incidence de la pauvreté chez les aînés en général et plus spécifiquement chez les femmes et les personnes seules;

- adapter le système de sécurité du revenu à l'évolution prévisible des besoins de l'ensemble de la population et au contexte socio-économique des années 1990.

Les conditions d'habitation sont l'un des déterminants fondamentaux de la qualité de vie. L'importance de ces conditions est d'autant plus grande qu'elles comportent très souvent une forte dimension affective. À la situation résidentielle s'ajoutent, pour la plupart des personnes âgées, des considérations comme l'attachement à un voisinage et à des lieux dont la présence, la proximité ou la disponibilité sont inestimables. Dans une optique de continuité, on ne peut donc envisager quelqu'intervention que ce soit visant les aînés sans y intégrer des préoccupations comme la qualité du logement, l'adéquation entre les besoins de la personne et les caractéristiques de son milieu ambiant ou même l'organisation de son environnement social immédiat (rue, quartier, etc.).

Le Groupe d'experts propose que l'on diversifie les formules d'habitation offertes aux aînés de manière à leur permettre de faire des choix correspondant à la diversité de leurs besoins. Il propose également que l'on adapte les logements où vivent déjà les aînés à leurs besoins, en coordonnant les interventions socio-sanitaires et les programmes d'habitation. Les développements technologiques des dernières années, par exemple les systèmes de télésurveillance, doivent pouvoir être disponibles pour les aînés.

Faire en sorte que les aînés continuent à participer à la vie collective est un projet qui déborde largement le cadre de mesures concernant le logement, le revenu ou la santé. C'est toute la société qui doit y contribuer. Familles, groupes communautaires, collectivités régionales, mondes de la justice, de l'enseignement et de la recherche, patronat, syndicats, associations professionnelles, — bref, tous les secteurs de la société sont et doivent se sentir concernés par le vieillissement démographique et encore davantage par le sort que notre société réserve aux personnes âgées. L'enjeu comporte bien sûr une dimension éthique, mais aussi économique, sociale, politique...

Les premiers interpellés restent cependant les aînés. Il importe qu'ils cherchent à se donner les moyens de continuer à jouer un rôle significatif dans notre société. Au point de vue individuel, le fait de faire valoir ses droits en tant que citoyen à part entière constitue, selon le Groupe d'experts, un moyen privilégié, voire dans certains cas, un impératif. Le Groupe a cru bon d'émettre quelques recommandations dans le but d'aider les personnes âgées à exercer leurs droits. Au point de vue collectif, l'engagement associatif représente un instrument dont le potentiel est énorme et que les aînés, comme ils ont eu l'occasion de le démontrer à quelques reprises au cours des dernières années, savent utiliser avec efficacité.

CRÉATION D'UN CONSEIL DES AÎNÉS

Le principal souci du Groupe, tout au cours de sa démarche, a été de proposer divers moyens concrets pour que les aînés continuent à participer à la vie collective. En ce sens, il semble opportun de s'assurer qu'une instance particulière, ayant un statut national, veille aux intérêts des aînés.

Considérant la tendance actuelle à isoler la personne âgée du tissu social, le Groupe suggère la création d'une instance chargée précisément de s'assurer qu'une telle brisure ne se perpétue pas.

Le Conseil des aînés aurait comme principaux objectifs de veiller à la coordination et à l'implantation de politiques et de programmes gouvernementaux destinés au maintien de la personne aînée au sein de la vie collective, de sensibiliser et d'éveiller l'intérêt de la collectivité aux questions propres à la situation des personnes aînées. Il devrait également assurer la liaison et le partage d'informations entre les personnes aînées et les ministères gouvernementaux et mettre à profit l'expertise inestimable que détiennent les aînés.

Le Conseil des aînés aurait pour mandat de proposer au gouvernement un ordre de priorités dans la mise en œuvre des différents éléments de politiques proposées par le Groupe d'experts, d'émettre un avis public sur le plan d'action du gouvernement en ce qui concerne l'implantation, soit d'une politique globale, soit de mesures particulières ou sur tout autre sujet jugé opportun. Il devrait également procéder à la publication des résultats obtenus conséquemment à la mise en œuvre du plan d'action et proposer des moyens pour soutenir et développer les activités ou programmes propres à maintenir la participation de la personne aînée à la vie collective. Il devrait aussi proposer des moyens efficaces d'assurer la présence d'aînés dans tous les lieux de décision. Il devrait déterminer la liste des sujets de recherche liés au vieillissement ou aux situations vécues par les aînés et assurer la diffusion de résultats de recherches qu'il juge d'intérêt. Il serait de première importance d'établir des mécanismes de concertation avec les divers organismes représentatifs de la jeunesse de manière à favoriser le développement d'un solidarité intergénérationnelle.

L'âge chronologique ne devrait jamais suffire à définir ce qu'est une personne et ne devrait jamais justifier, à lui seul, qu'une personne soit l'objet d'une attitude, d'un traitement ou d'un comportement particulier. Il ne s'agit pas de nier ou de masquer les effets du vieillissement sur les individus mais plutôt de mettre en relief une évidence trop souvent oubliée et négligée aujourd'hui, à savoir que le vieillissement est un phénomème qui affecte tout le monde et non seulement ceux et celles qui, pour des raisons de santé, d'inactivité, de perte plus ou mois aiguë d'autonomie, sont qualifiés d'aînés. Les marqueurs utilisés pour cerner les personnes âgées sont d'origine sociale, économique, culturelle et politique. Il est vrai, comme chacun sait, que plusieurs caractéristiques physiques, psychologiques ou autres sont très largement associées à la vieillesse mais rien, sinon la volonté individuelle et sociale de le faire, ne permet de déterminer de façon absolue le seuil chronologique de la vieillesse.

Ce n'est pas un hasard si notre rapport débute par un énoncé de principe relatif à la personne. Cette dernière se situe au centre de nos préoccupations. Le respect de ses droits, de son autonomie et de sa dignité est un principe qui nous apparaît indiscutable. Les aînés sont des citoyens à part entière et, à ce titre, ils ont le droit de faire des choix, de voir leur expérience de vie respectée et de décider eux-mêmes des choses qui les concernent.

Nous avons voulu souligner l'importance de la famille, en tant que milieu d'appartenance immédiat et principale source d'aide naturelle de la plupart des aînés. Les liens entre la personne âgée et sa famille s'accompagnent généralement de responsabilités réciproques. Nous pensons en effet que les aînés ont une contribution à apporter au tissu familial et qu'il importe de préserver les relations intergénérationnelles. Il convient en outre de souligner que les femmes et les aînés eux-mêmes ont joué et continuent du reste à jouer un rôle de soutien très important auprès des personnes âgées en perte d'autonomie. Ce rôle, qui est trop souvent occulté, devrait être reconnu à sa juste valeur.

La communauté constitue un milieu social d'appartenance pour la personne âgée. Cette dernière devrait donc y occuper une place et y jouer un rôle qu'elle juge appropriés et significatifs. Réciproquement, la communauté peut constituer un milieu de vigilance privilégié pour prévenir ou déceler les problèmes susceptibles de menacer la qualité de vie de la personne âgée qui y habite. Le mouvement communautaire et, plus spécifiquement, les organismes bénévoles dans lesquels il s'incarne souvent sont des acteurs qui ont un apport essentiel à fournir en ce qui concerne l'entraide, le soutien ainsi que la défense et la promotion des intérêts des aînés.

Finalement, l'ensemble de la société, de ses citoyens, de même que l'État ont, eux aussi, un rôle très important à jouer à l'égard de la personne âgée. Il leur incombe de faire en sorte que cette dernière puisse continuer, dans la mesure de ses capacités et selon sa volonté, à participer pleinement et activement à la vie collective. L'âge, en aucun cas, ne devrait constituer un motif valable de mise à l'écart et, encore moins, de dévalorisation sociale.

Cela peut paraître paradoxal, mais notre orientation en faveur de la continuité nous incite à préconiser, dans la plupart des secteurs d'intervention abordés, de profonds changements d'attitude et de comportement à l'égard des aînés. Il ressort en effet de notre analyse que trop de personnes âgées, au Québec, ne peuvent actuellement bénéficier de conditions de vie leur permettant de continuer à faire des choix et à décider elles-mêmes des choses qui les concernent. La situation réservée aux aînés se sera déjà considérablement améliorée lorsqu'elle sera en équilibre avec celle de la plupart des personnes appartenant à d'autres groupes d'âge, au lieu d'être marquée, comme c'est trop largement le cas aujourd'hui, par la mise à l'écart, la dépendance, la dévalorisation sociale.

Avant de terminer, il apparaît essentiel de préciser que le rapport *Vers un nouvel équilibre des âges* n'est pas un énoncé de politique à l'égard des personnes âgées. Il ne revient pas à un Groupe d'experts de concevoir une politique gouvernementale ou ministérielle. Notre rapport vise essentiellement à alimenter les décideurs en informations, en objectifs et en recommandations susceptibles de les aider à élaborer une politique en faveur des aînés. Ce dernier débouche en effet sur des orientations dont les modalités de mise en œuvre devront, le cas échéant, être précisées et concrétisées par les instances qui ont la légitimité et la compétence pour le faire.

CHAPITRE 2

«Des recommandations pour l'avenir des aînés au Québec»

Maurice BOISVERT
Sous-ministre adjoint,
Ministère de la Santé et des Services sociaux

C'est avec un grand plaisir que j'ai accepté de représenter le Ministre et d'ouvrir ces journées d'échanges sur le Rapport Pelletier. J'aimerais d'abord remercier le Groupe d'experts sur les personnes âgées pour s'être bien acquitté du mandat qui lui fut confié, sous la présidence de monsieur Jean Pelletier.

Le rapport fut bien reçu des divers partenaires du Ministère. Il brosse un portrait général assez précis de la situation des personnes âgées, tant au point de vue de leurs caractéristiques que des problématiques sociosanitaires, de la sécurité du revenu et de l'habitation.

MANDAT DU GROUPE D'EXPERTS SUR LES AÎNÉS

Le mandat initial que le Ministre avait confié au Groupe d'experts portait spécifiquement sur les aspects concernant la santé et les services sociaux soit:

1. Dresser le portrait des caractéristiques physiques, psychologiques, sociales et économiques des personnes âgées québécoises;

2. Formuler des objectifs précis et mesurables visant à favoriser l'autonomie, le fonctionnement optimal et la participation des personnes âgées;

3. Préciser les mesures à accentuer et celles à mettre en œuvre afin d'atteindre les objectifs formulés et:

   – de prévenir la diminution des capacités fonctionnelles et de permettre un fonctionnement optimal des personnes vieillissantes;

   – de permettre aux personnes âgées en perte de fonctionnalité de se maintenir dans leur milieu de vie naturel;

   – de permettre aux personnes âgées qui requièrent l'hébergement et des services prolongés, de bénéficier d'un milieu de vie et d'un milieu thérapeutique adéquats.

Lorsqu'en décembre 1990, le premier ministre confiait à monsieur Marc-Yvan Côté la fonction de ministre responsable de la Condition des aînés, le mandat du Groupe d'experts fut élargi afin d'étudier la problématique du vieillissement de la population de la manière la plus globale possible. Outre les aspects santé et services sociaux, le groupe devait donc étudier la problématique de l'habitation, de la sécurité du revenu et de la fiscalité, de la sécurité des aînés de même que la question de la violence envers les personnes âgées.

Je tiens à préciser que mon exposé portera spécifiquement sur les aspects relevant de la responsabilité du ministère de la Santé et des Services sociaux. Toutefois, ceci ne veut pas dire que le Ministre ne se préoccupe pas des aspects multisectoriels. À cet effet, il consultera ses collègues des autres ministères afin d'étudier la façon dont chacun entend s'impliquer dans les suites du rapport du Groupe d'experts.

CONCEPTS DE BASE ET PRINCIPES DIRECTEURS

J'aimerais d'abord vous faire part des aspects du rapport du Groupe d'experts qui font l'objet d'un consensus de la part des divers partenaires au Ministère.

Ce consensus se situe, sans contredit, au niveau du concept de base qui a guidé les travaux du Comité d'experts soit:

- de permettre à la personne âgée de continuer à vivre, en autant qu'elle le désire et qu'il est possible de le faire, en conformité avec les choix qu'elle a faits et avec le mode de vie qu'elle a connu au cours de la majeure partie de son existence.

Outre ce concept que le Ministre fait sien, soulignons les principes directeurs qui guident les travaux de priorisation ainsi que le plan d'action en cours d'élaboration actuellement au Ministère:

- les aînés sont des citoyens à part entière et, à ce titre, ils ont le droit de faire des choix, de voir leur expérience de vie respectée et de décider eux-mêmes des choses qui les concernent;
- la famille, en tant que milieu d'appartenance immédiat et principale source d'aide naturelle, doit occuper une place de premier plan dans nos préoccupations;
- la communauté constitue un milieu social d'appartenance pour les personnes âgées à l'intérieur de laquelle se concrétise leur intégration sociale;
- les aînés ont acquis des expériences de vie qui doivent se poursuivre et continuer à enrichir la vie collective.

BESOINS DES AÎNÉS

J'aimerais aussi faire ressortir la préoccupation du Groupe d'experts qui, soulignons-le, s'est doté de mécanismes concrets afin de mieux connaître les besoins exprimés par les aînés. Pour ce faire, une dizaine de petits groupes de personnes âgées, de familles, de bénévoles, provenant de divers milieux (urbain, rural), personnes vivant à domicile ou en milieu substitut, furent rencontrés. Il est ressorti de ces rencontres que:

- la sécurité psychologique est le besoin le plus nettement et le plus largement exprimé par les aînés. Ce besoin est lié à des préoccupations comme l'assurance d'avoir accès à des services d'aide et de soins, à de l'information sur les services disponibles et à des services médicaux à domicile;

- la possibilité de vivre à domicile est une question qui figure elle aussi au sommet de la liste des besoins exprimés par les aînés;

- les personnes âgées rencontrées ont également exposé avec force leur désir de continuer à participer à des activités sociales et elles s'attendent, pour ce faire, à ce qu'on leur facilite la prise de contacts sociaux et qu'on les aide à briser l'isolement dans lequel les confinent plusieurs des pratiques en vigueur dans notre société;

- les familles, quant à elles, sont tout à fait disposées à contribuer au maintien à domicile, mais elles réclament reconnaissance et soutien, tout en insistant sur l'importance de favoriser l'émergence de réseaux d'entraide.

Les besoins des aînés ont aussi été cernés par de récentes enquêtes qui démontrent qu'une personne âgée sur cinq souffre d'un problème de santé affectant sa capacité à effectuer des activités de la vie quotidienne. Parmi ces personnes:

- 35 % ont besoin d'une aide de la part des services sociosanitaires pour continuer à vivre d'une manière acceptable;

- 25 % ont besoin d'aide pour leurs soins personnels (se laver, se nourrir, se vêtir);

- 33 % ont besoin d'aide pour accomplir des tâches domestiques (exemples: ménage, épicerie, etc.);

- 43 % ont besoin d'aide pour effectuer des travaux lourds (exemples: réparation, déneigement, etc.).

En matière d'aide psychosociale: 28 % des 75 ans ou plus vivent une détresse psychologique et presque tous les aînés subissent des pertes à un moment donné. Pour ces personnes, les réactions psychologiques de deuil et de dépression sont fréquentes.

En ce qui a trait aux troubles mentaux et cognitifs, le Groupe d'experts note qu'ils sont à tort associés au vieillissement. En réalité, seulement 7 % des aînés présentent ces difficultés.

En matière de réadaptation, les besoins des aînés en perte d'autonomie sont importants et peu comblés.

RÉPONSE DU RÉSEAU SOCIOSANITAIRE AUX BESOINS DES AÎNÉS

Faisant suite à l'étude des besoins, le rapport du Groupe d'experts met en parallèle la réponse du réseau sociosanitaire aux besoins des aînés en perte d'autonomie. Les constats suivants sont alors faits sur le réseau sociosanitaire:

- une offre de service quelquefois mal ajustée aux besoins et aux désirs des aînés. La majeure partie de l'investissement, en matière sociosanitaire, se fait dans le secteur institutionnel, ne laissant qu'une part encore insuffisante des ressources au maintien à domicile, 8,4 % des budgets de santé et services sociaux destinés aux aînés étant consacrés à ce programme. Les services de soutien à domicile ne rejoignent qu'environ la moitié des personnes potentiellement admissibles et l'intensité des interventions pourrait être mieux adaptée aux besoins de cette clientèle en perte d'autonomie;

- une réponse d'abord médico-hospitalière alors que souvent des solutions moins spécialisées et moins coûteuses répondraient mieux aux besoins des aînés;

- un réseau d'hébergement qui, bien qu'absorbant 82 % du budget québécois de la santé et des services sociaux destiné aux aînés, assure une accessibilité variable d'un territoire à l'autre en raison soit du manque de places pour répondre aux besoins, soit du manque de fonctionnalité des bâtiments pour l'accueil des personnes âgées en grande perte d'autonomie. Notons également le manque de ressources plus légères que l'hébergement de type institutionnel.

L'écart important que l'on constate aujourd'hui entre les budgets consentis au maintien à domicile et ceux du réseau de l'hébergement peut s'expliquer par une tendance marquée de la part des personnes âgées, vers les années 1970, à considérer le centre d'accueil comme un milieu sécuritaire par excellence. Tel que cité par Guberman *et al.* (1987):

> Au tournant des années 80, un nouveau paradigme s'est installé progressivement en faveur du «vivre chez soi» et «mourir à domi-

cile». La quête de la sécurité chez les personnes âgées a changé d'objet: les services de soutien à domicile, dispensés par l'État, les proches et les groupes communautaires, constituent le nouveau visage de la sécurité.*

• un réseau récent et inégalement réparti de ressources spécialisées en matière de gériatrie, de réadaptation et de santé mentale accessible que dans les centres urbains comme Montréal, Québec, Sherbrooke et Trois-Rivières et qui ne représente que 10 % du budget sociosanitaire consacré à l'hébergement, aux soins gériatriques et au soutien à domicile.

NÉCESSITÉ DE REVOIR ET D'ADAPTER LA RÉPONSE DU RÉSEAU SOCIOSANITAIRE AUX BESOINS DES AÎNÉS

Ce parallèle entre les besoins et les services fait ressortir la nécessité de revoir et d'adapter la réponse du réseau sociosanitaire aux besoins des aînés.

C'est dans cette optique que le Ministre entend donner suite au rapport du Groupe d'experts, de même qu'à d'autres études et travaux qui font également ressortir cette nécessité.

Je me permets ici de faire un rapprochement avec le secteur de la jeunesse, dont je suis également responsable. De façon globale, le constat de tendre vers un nouvel équilibre des investissements axés sur les services de première ligne a également été fait par le secteur de la jeunesse, où un changement de cap majeur sera amorcé vers un virage «prévention» afin d'éviter l'apparition et la détérioration des problèmes chez les jeunes.

En ce qui a trait plus spécifiquement aux aînés, ce changement de cap se concrétisera vers un virage «maintien à domicile».

Bien que ce virage constitue une priorité ministérielle, le Ministre entend conserver parmi ses préoccupations les besoins de la clientèle en très grande perte d'autonomie qui se retrouve ou se retrouvera en établissement d'hébergement et de soins de longue durée.

Le Ministre juge être suffisamment alimenté en informations, en objectifs et en recommandations susceptibles de l'aider à établir ses priorités d'action. Des travaux, à cet effet, sont actuel-

---

* Guberman *et al.* (1987), *Amour, bain, comprimé ou l'ABC de la désinstitutionnalisation*, cité dans Trahan, 1989, p. 8.

lement en cours au Ministère. Même s'il m'est impossible aujourd'hui de vous dévoiler le plan d'action du Ministre, je peux quand même vous donner un aperçu des différentes pistes envisagées, de même que des principales actions qui pourraient être mises en œuvre. Un bon nombre de ces actions découlent des recommandations du rapport du Groupe d'experts sur les aînés, et j'aimerais vous les soumettre afin d'alimenter votre réflexion au cours de ces deux journées de travail.

Première piste de réflexion

> *Entreprendre un virage vers un réseau de services intégrés qui favorise le maintien à domicile.*

Pour ce faire, les actions suivantes seraient prévues:

- adopter une politique de services à domicile;
- rehausser le budget de maintien à domicile afin de permettre:
  - le développement et la consolidation des services à domicile;
  - le développement des services de répit, de dépannage et de soutien aux familles;
  - le développement et la consolidation des centres de jour et hôpitaux de jour;
  - l'accroissement de la participation des organismes communautaires;
- inciter les médecins des CLSC et des cabinets privés à visiter à domicile les personnes qui éprouvent des difficultés à se déplacer;
- privilégier les organismes communautaires comme intervenants directs dans la distribution et l'organisation des services aux aînés.

Permettez-moi, ici, de vous livrer les principales conclusions d'une recherche récente d'évaluation du programme des services intensifs de maintien à domicile (SIMAD) effectuée, pour le compte du Ministère, par l'unité de recherche en santé communautaire du Centre hospitalier de l'Université Laval. En résumé, cette recherche concluait que SIMAD permet:

- d'augmenter l'acceptabilité du maintien à domicile, surtout pour les personnes ayant des pertes d'autonomie sévères;
- une utilisation plus adéquate des ressources d'hébergement;

- une utilisation plus adéquate des ressources hospitalières pour les personnes en perte d'autonomie.

Une autre étude, effectuée en 1992 par le Centre de recherche sur les services communautaires et l'école de service social de l'Université Laval, faisait ressortir que, malgré la sévérité des pertes d'autonomie enregistrées chez les bénéficiaires âgés, malgré les limites parfois majeures avec lesquelles doivent composer les aidants naturels (conditions de santé précaire, burn-out, isolement social et familial), on désire des deux côtés éviter jusqu'à la dernière limite l'hébergement institutionnel.

Deuxième piste de réflexion

> *Promouvoir le développement optimal des aînés dans la communauté et réduire le plus possible l'incidence des problèmes physiques, psychiques ou sociaux qui peuvent être associés au vieillissement.*

Pour ce faire, les actions suivantes seraient prévues:

- augmenter les activités de sensibilisation, de promotion et d'information sur les droits et services offerts aux aînés et à leurs proches;
- accentuer les efforts de prévention concernant les problèmes considérés comme prioritaires.

Troisième piste de réflexion

> *Adapter le réseau sociosanitaire et les pratiques professionnelles aux caractéristiques physiques, psychiques et sociales des aînés.*

Pour ce faire, les actions suivantes seraient prévues:

- recruter du personnel compétent et formé aux approches et besoins des aînés, accentuer la formation du personnel déjà en place;
- intensifier la recherche sociale et la recherche évaluative sur le vieillissement.

Quatrième piste de réflexion

> *Rendre disponibles aux aînés et à leurs proches les moyens de faire valoir leurs droits.*

Nous entendrions, pour ce faire, garantir la participation des aînés et de leurs proches dans l'organisation et la dispensation des services qu'ils requièrent.

Cinquième piste de réflexion

> *Assurer des réponses adaptées aux besoins diversifiés des aînés et de leurs proches afin de prévenir et de diminuer les conséquences de la perte d'autonomie.*

À cette fin, nous souhaiterions rendre disponible une gamme de services diversifiés et flexibles, notamment en matière:

- de dépistage;
- d'intervention et de traitement;
- de réadaptation;
- de compensation;
- de support aux aidants naturels;
- ainsi qu'en matière de soins aux mourants.

Tout ceci sous-tend ainsi des actions visant à compléter et à consolider les ressources actuelles et à mettre en place les conditions pour rendre accessible cette gamme de services sociosanitaires.

Sixième piste de réflexion

> *Favoriser la continuité de l'intégration communautaire des aînés hébergés en milieu substitut.*

Pour ce faire, la mise en œuvre de certaines actions serait prévue:

- reconnaître le rôle important des ressources intermédiaires dans l'éventail de milieux de vie substituts;
- transformer les milieux substituts au domicile en milieu de vie de qualité ouvert sur la communauté;
- rehausser le budget des établissements pour personnes âgées afin de mieux répondre à l'alourdissement de la clientèle;
- mettre en œuvre un programme de rénovation fonctionnelle destiné aux établissements qui hébergent des personnes âgées;
- adopter un plan de développement des lits de longue durée qui fera en sorte que, d'ici l'an 2000, le taux d'institu-

tionnalisation sera ramené de 6 % à 7 % qu'il est actuellement, à moins de 5 %.

Enfin, la **septième piste de réflexion** serait

> *D'assurer la qualité des services aux aînés,*
> *peu importe leur milieu de vie.*

Nous prévoyons, à cet égard, poser les gestes suivants:

* sensibiliser tous les secteurs et les acteurs concernés à l'importance de l'évaluation de la qualité des services et des
  interventions;

* établir des critères d'excellence en matière de prestation de
  services tant à domicile qu'en hébergement;

* encourager les établissements pour obtenir l'accréditation
  d'organismes indépendants susceptibles de leur offrir une
  expertise d'évaluation des services.

RÉALISATIONS EN COURS

Des travaux actuellement en cours au Ministère rejoignent les
préoccupations énoncées par le Groupe d'experts dans son rapport ainsi que les objectifs et actions énoncés précédemment.
J'aimerais ici faire état d'un certain nombre de ces travaux et vous
situer par rapport à leur degré d'avancement.

Entente cadre MSSS — SHQ

Dans l'esprit du Rapport Pelletier, des travaux à caractère intersectoriel ont été amorcés, notamment au niveau de l'habitation.
Ainsi, un cadre de référence, définissant les services à offrir aux
personnes âgées en perte d'autonomie demeurant en HLM, est
actuellement à sa phase finale d'élaboration. Ce document est le
résultat d'une collaboration soutenue entre le MSSS et la Société
d'habitation du Québec.

L'ensemble du projet a pour objectif d'assurer aux personnes
âgées, habitant en HLM, l'accessibilité à des services de qualité
qui leur permettent de prolonger leur période d'autonomie, tout
en visant à conserver le caractère résidentiel des habitations à
loyer modique. Le cadre de référence cherche à assurer une meilleure continuité et une plus grande complémentarité dans la planification et la distribution des services offerts par les deux niveaux respectifs.

Précisons que ce document a déjà fait l'objet d'une consultation auprès des instances concernées des deux réseaux. La version finale doit être prochainement soumise pour approbation aux deux ministres concernés, monsieur Côté et monsieur Ryan. Une entente cadre sera conclue entre les deux ministres à cet effet. Une fois approuvé, le document sera diffusé dans les deux réseaux, soit les CLSC et les offices municipaux d'habitation (OMH). Ce cadre de référence sera la concrétisation d'une collaboration entre le réseau des CLSC et les OMH pour le mieux-être de la clientèle âgée qui habite ces logements.

Crédits additionnels de 40 millions de dollars en 1992-1993

Lors du lancement de la réforme, le Ministre a assuré des crédits additionnels pour l'amélioration des services aux personnes âgées. Le Ministère travaille actuellement à la répartition interrégionale d'une première tranche de 40 millions de dollars pour l'année 1992-1993.

Ces crédits additionnels devraient permettre, d'une part, d'accroître les services à domicile et, d'autre part, d'améliorer la qualité de vie des personnes âgées en établissements d'hébergement et de soins de longue durée.

Nous entendons demander aux régions d'allouer ces crédits selon les mêmes orientations que l'an passé.

■ Dans un premier temps, nous leur demanderons de favoriser le développement des ressources du secteur maintien à domicile, afin de répondre à une attente clairement exprimée par les personnes âgées.

■ Dans un deuxième temps, nous demanderons aux régions d'améliorer les services dans les milieux d'hébergement, afin de leur permettre de mieux répondre aux besoins des personnes en lourde perte d'autonomie.

Rénovation fonctionnelle des centres d'hébergement et de soins de longue durée

Des investissements de 240 millions de dollars, à raison de 80 millions de dollars par année pendant trois ans, ont été annoncés par le ministre des Finances lors de son discours sur le budget de 1992-1993.

Ces sommes serviront à mettre en œuvre un important programme de rattrapage pour la conservation des immeubles et la rénovation fonctionnelle destiné aux établissements qui hébergent des personnes âgées.

La politique de services à domicile

À l'intérieur de la nouvelle dynamique dans laquelle s'inscrit le système de santé et de services sociaux, les services à domicile représentent un moyen de première importance pour répondre aux besoins de la population qui connaît des limitations fonctionnelles. La nouvelle politique de services à domicile est actuellement à sa phase finale d'élaboration.

Précisons que cette politique de services à domicile entend fournir un cadre pour harmoniser les orientations et les objectifs, pour circonscrire la clientèle, les services et les modes d'organisation, afin que les ressources soient utilisées de façon équitable et efficiente.

De plus, cette politique tiendra compte de la réforme, de la nouvelle loi sur les services de santé et les services sociaux et de la politique de santé et de bien-être qui doit être rendue publique prochainement.

Orientations ministérielles sur les soins aux mourants

Le Ministère a récemment confié à un groupe de travail le mandat d'élaborer des orientations sur les soins aux mourants à l'intention des établissements du réseau de la santé et des services sociaux. L'objectif fondamental de cette démarche consiste à humaniser la mort, en faisant en sorte que les établissements du réseau, qui sont confrontés régulièrement avec cette problématique, puissent aider les gens à mourir avec le plus de douceur possible, à domicile ou en institution, et dans le respect de leur dignité.

Ces orientations entendent couvrir toute la notion de soins aux mourants, ce qui, à notre avis, est plus vaste que les soins palliatifs. Précisons que ces orientations doivent être soumises au Ministre à la fin juin.

Plan de services individualisé (PSI)

Un programme de formation à l'approche «plan de services individualisé» a été expérimenté en 1991. En 1992, les personnes âgées en perte d'autonomie ont été retenues parmi les clientèles prioritaires du Ministère.

Ce programme permet aux participants et participantes de se sensibiliser aux principes et à l'approche sous-jacents au PSI et d'intégrer les connaissances nécessaires à l'élaboration d'un plan de services individualisé en fonction de leur champ d'intervention spécifique.

Ce programme sera offert aux intervenants impliqués dans les PSI. De plus, un volet spécifique sera élaboré afin de supporter l'implantation de cette démarche.

Évaluation des centres de jour

Ce projet de recherche, confié à l'unité de recherche en santé communautaire du CHUL, est actuellement en cours et vise à aider le Ministère dans la prise de décision concernant la consolidation ou les ajustements à apporter aux services dispensés par les centres de jour. Le dépôt du rapport est prévu pour décembre 1992.

Création du Conseil des aînés

Le projet de loi créant le Conseil des aînés devrait être déposé par monsieur Côté à l'Assemblée nationale dans les prochaines semaines.

Mesures découlant de l'implantation de la réforme

Des travaux sont amorcés en vue de l'implantation de deux mesures découlant de la réforme soit:

- la mise en place graduelle dans chaque région d'un service téléphonique accessible 24 heures par jour, 7 jours par semaine. Un cadre de référence sera élaboré en vue de fournir aux régies des orientations afin de les supporter dans l'implantation de cette mesure;

- le dépistage des personnes âgées vivant dans des conditions sanitaires pouvant causer de graves préjudices à leur santé. Ces personnes se retrouvent souvent dans des ressources privées sans permis. C'est pourquoi le Ministre entend confier aux CLSC le mandat de répertorier toute résidence où seront constatées des conditions ou une absence de soins pouvant causer de graves préjudices aux personnes âgées qui y sont hébergées.

Outil d'évaluation à l'intention des CLSC

Devant la difficulté rencontrée par les CLSC dans l'utilisation de l'outil CTMSP pour l'évaluation des différentes clientèles qui font appel à leurs services dans le cadre du maintien à domicile, le Ministère a récemment entrepris une démarche en collaboration avec les CSSS, le réseau des CLSC et la Fédération des CLSC. Cette démarche a pour but de doter le réseau des CLSC d'un outil d'évaluation des besoins et de détermination des services pour les personnes présentant des incapacités, qui font appel aux CLSC afin d'être maintenues à domicile. Il va sans dire que cet outil devra, tout en s'adaptant à la réalité des CLSC, être compatible avec le système actuel existant pour le placement en milieu institutionnel.

ASPECTS SUR LESQUELS DES TRAVAUX DOIVENT ÊTRE RÉALISÉS AVANT D'ENCLENCHER DES ACTIONS

Certaines recommandations dans le rapport du Groupe d'experts ne pourront être opérationnalisées tant que certains travaux ne seront pas terminés.

Le secteur privé

Concernant l'implication du secteur privé, avant de définir toute action spécifique, nous devrons attendre que des orientations ministérielles soient arrêtées quant à la façon dont le Ministère entend associer ce secteur dans la distribution des services aux âgés. D'ailleurs, à la suite d'une recommandation du groupe stratégique des urgences, un mandat est sur le point d'être confié à un groupe de travail afin de préciser la clientèle, les types de services attendus et les normes auxquelles ces ressources devront répondre ainsi que les modalités d'accréditation et de contrôle de la qualité.

Cette démarche s'inscrit dans le cadre du plan d'action proposé par le groupe stratégique des urgences.

L'allocation directe

Le MSSS a l'intention de maintenir cette modalité pour la distribution de services non professionnels dans le cadre des services à domicile.

Toutefois, avant d'étendre cette pratique à d'autres types de programmes et comme le recommande le Groupe d'experts, nous devrons poursuivre les travaux amorcés. Ceux-ci portent sur la clarification des aspects légaux entourant cette pratique afin d'être en mesure de fournir des balises au réseau concernant cette modalité. À cet effet, une consultation a récemment été effectuée auprès des CSSS et les démarches se poursuivent en concertation avec Revenu Québec.

CONCLUSION

Comme vous pouvez le constater, il est dans les intentions du Ministère de définir ses priorités et de les concrétiser dans un plan d'action qui sera rendu public par le Ministre sous peu.

Comme je le disais au tout début de mon exposé, nous entendons amorcer et concrétiser le virage «maintien à domicile» pour ainsi tendre vers un nouvel équilibre en ce qui a trait aux services destinés aux aînés.

Je me permets de rappeler ici une des constatations du Groupe d'experts qui fait état de «l'écart qui subsiste entre les choix budgétaires et les discours qui prônent une réponse aux besoins et au désir des aînés d'être maintenus à domicile».

Toutefois, nous demeurons conscients que cet important virage doit se réaliser tout en conservant comme préoccupation les besoins de la clientèle en très grande perte d'autonomie qui se retrouve en établissement d'hébergement et de soins de longue durée.

À mon avis, le défi qui se présente à nous est de taille. Les besoins des aînés nous interpellent à un niveau plus élevé de discussions et d'échanges, soit celui de l'approche clientèle.

On ne doit pas oublier que les personnes âgées constituent un bassin de richesses et d'expériences fort important dans notre société.

Il faut retrouver la foi en la valeur de la personne aînée:

- foi en l'autonomie qu'elle peut et doit conserver jusqu'aux extrêmes limites de son existence;

- foi en la force des capacités psychiques qui permet à l'être humain de contrebalancer normalement la diminution des capacités physiques;

- foi en la sagesse, fruit de l'expérience d'une vie; foi en l'engagement des aînés de s'exprimer sur des sujets qui les concernent;

- foi en l'évolution de la société qui ne peut avoir lieu sans la participation des aînés.

Toute intervention doit s'inspirer de cette foi en la personne aînée et insister sans relâche pour qu'elle conserve son rôle, ses responsabilités et sa nécessité dans et pour la société.

Je vous invite donc à entreprendre ces deux jours de réflexion en ayant à l'esprit le mieux-être des citoyens âgés qui ont très bien su faire connaître leurs attentes que le Groupe d'experts a très bien traduites. En terminant, je tiens à vous faire part de notre disponibilité à accueillir les suggestions et commentaires qui pourront émaner de ces deux jours de réflexions.

CHAPITRE 3

Travail et sécurité du revenu

ANIMATEURS:
Daniel TREMBLAY
Université du Québec à Hull

Christian PAYEUR
Centrale de l'enseignement du Québec

I- POINTS DE REPÈRE

Dans la société québécoise, le travail est une source importante de valorisation. Le manque de travail imputable au chômage ou à la retraite peut poser des problèmes et peut être vécu comme une mise à l'écart de la personne âgée d'une pleine participation à la société. La prise de la retraite et le chômage à un âge avancé sont des défis souvent stressants qui touchent la majorité des Québécoises et des Québécois. En plus, maintes recherches indiquent qu'un revenu insuffisant est lié à un grand éventail de problèmes de santé, de santé mentale et de bien-être général. Selon les recherches, non seulement le niveau de revenu brut a une influence sur le sort des aînés, mais l'origine du revenu (par exemple assistance, assurance ou salaire) est un indicateur de l'intégration des aînés dans la société et influence énormément l'état d'âme des aînés de même que leur bien-être psychologique. Il serait donc approprié d'amorcer une discussion sur les défis qui attendent les aînés dans l'avenir en ce qui a trait au travail et à la sécurité du revenu. Cette problématique constitue la base sur laquelle s'appuient les autres sujets abordés dans ce livre.

Le travail ou la retraite

La main-d'œuvre vieillissante semble affectée d'une manière particulièrement forte par l'accentuation des pressions qui s'exercent sur la plupart des secteurs de l'activité économique. En effet, le nombre des travailleurs et travailleuses vieillissants (45-64 ans) qui ont quitté le travail pour prendre leur retraite a doublé entre 1981 et 1986. Parmi les facteurs qui expliquent cette baisse du taux d'activité, il faut noter l'ouverture du commerce international qui incite les entreprises à augmenter leur productivité et à rajeunir leurs effectifs. Le discours social sur les bienfaits de la retraite sert aussi souvent à légitimer le rejet de la main-d'œuvre vieillissante.

La main-d'œuvre vieillissante quitte ou est mise à l'écart du marché du travail de plus en plus tôt dans le cycle de vie, ce qui risque d'affecter la sécurité financière des prochaines cohortes de personnes âgées. L'âge moyen des bénéficiaires d'une rente de retraite du Régime des rentes du Québec est passé de 65 ans en 1981 à 62 ans en 1990.

Ce phénomène prend de plus en plus la forme de la préretraite, mais dans de nombreux cas, il emprunte également celles du chômage, du licenciement, du travail à temps partiel, etc.

Les travailleurs et travailleuses de 55-64 ans ont, après les jeunes, souffert le plus du chômage au cours des années 1980. Le chômage de ces travailleurs et travailleuses se caractérise en outre par sa durée exceptionnelle. En septembre 1991, la durée annuelle moyenne de chômage des 15-24 ans était d'environ quinze semaines alors que celle des 45-64 ans était d'environ trente semaines.

Les femmes sont, dans l'ensemble, plus durement touchées, dans le cycle de vie, que les hommes par la baisse d'activité de la main-d'œuvre vieillissante.

En 1988, le taux d'activité de la population selon l'âge et les sexe était:

Pour les hommes: 40 ans: 90 %   50 ans: 80 %   60 ans: 70 %
Pour les femmes: 40 ans: 65 %   50 ans: 40 %   60 ans: 25 %

Le revenu

Globalement, la situation financière des aînés s'est améliorée au cours de la dernière décennie. Entre 1981 et 1987, alors que le revenu moyen de l'ensemble des 18 ans et plus s'est accru de 39 %, celui des aînés a connu une hausse de 50 %.

Par contre, on assiste à un appauvrissement de la population vieillissante (50-64 ans) durant cette période. L'incidence de la pauvreté chez les 50-64 ans est passée de 21 % en 1981 à 24 % en 1986.

La chute de revenus qui marque le passage à la retraite reste très sensible et ceci malgré l'appauvrissement relatif des 50-64 ans et l'amélioration de la situation financière des aînés. En 1981, pour le groupe d'âge 60-64 ans, l'incidence de la pauvreté se situait à près de 24 %, alors qu'au même moment, pour le groupe d'âge des 65-69 ans, elle atteignait près de 31 %. En 1986, l'incidence de pauvreté chez ces deux groupes d'âge était respectivement de 27,9 % et de 27,2 %.

Les femmes âgées sont, dans l'ensemble, moins bien nanties financièrement que les hommes âgés. Les hommes âgés de 65 ans ou plus avaient un revenu moyen de 15 258 $ en 1987, alors que celui des femmes âgées ne s'élevait qu'à 10 329 $. Le revenu moyen des hommes âgés mariés était, au même moment, le double de celui des femmes âgées ayant le même état matrimonial.

La situation financière de la population âgée est fortement hétérogène. À ces éléments il faut ajouter que le revenu individuel moyen des veuves âgées était de 46 % plus élevé que celui des femmes mariées; le revenu moyen des personnes âgées vivant dans un ménage propriétaire était de 11 % plus élevé que celui des personnes vivant dans un ménage locataire.

La sécurité du revenu

Les revenus de travail et de placement occupent une place de moins en moins significative dans les revenus des aînés. En 1981, la proportion des revenus de travail par rapport à l'ensemble des revenus était de 12 % et celle dont la source provient de placement, de 20 %, alors que pour l'année 1987 les proportions étaient respectivement de 9 % et de 15 %.

Les revenus des personnes âgées proviennent, dans une forte proportion, de transferts gouvernementaux. En 1987, près de 60 % des revenus des aînés provenaient de transferts gouvernementaux, alors que seulement 10 % des revenus du reste de la population étaient de même provenance.

Plus de la moitié des aînés sont prestataires d'un programme de sécurité du revenu qui repose sur une logique d'assistance. En 1987, 60 % des personnes âgées devaient recourir au supplément de revenu garanti.

Les femmes âgées et les personnes plus âgées (75 ans ou plus) des deux sexes, en plus de dépendre davantage des transferts gouvernementaux que les hommes âgés et les personnes moins âgées des deux sexes, sont également dans une situation financière plus précaire. Toujours en 1987, le pourcentage du revenu provenant des transferts gouvernementaux était chez les hommes âgés de 50 % et chez les femmes âgées de 64 %.

II- PRÉOCCUPATIONS GLOBALES

Dans quelle mesure l'accroissement de l'autonomie financière des personnes vieillissantes et âgées s'oppose-t-il à l'accès des jeunes au marché du travail? C'est en ces termes que se pose d'emblée la problématique que suivra le débat tout au long de l'atelier.

Les jeunes ont de la difficulté à se trouver un emploi. Il y a une disjonction systématique entre les sources de revenu des populations vieillissantes et âgées; soit de retraite, soit de travail. Peut-on penser diminuer le temps de travail tout en maintenant le même salaire dans un contexte de restrictions budgétaires?

Peut-être revient-il à l'État de favoriser le plein emploi des ressources et de redistribuer les richesses puisque trop de sous-groupes de la population n'ont pas l'occasion de s'assurer un minimum de sécurité financière pour leurs vieux jours?

Il faut rappeler qu'un revenu plus adéquat pour la population vieillissante signifie le maintien de son pouvoir d'achat et ainsi contribue à une meilleure santé économique pour l'ensemble de la société; sachant que la source principale de revenu pour la majorité des aînés provient de transferts gouvernementaux; également que le pourcentage des personnes qui continuent de travailler après l'âge de 65 ans est très bas. Comment penser que le travail des aînés puisse leur assurer une autonomie financière? Devrions-nous privilégier des mesures d'assurance (Régime de rentes du Québec, régimes complémentaires de retraite, régimes enregistrés d'épargne retraite) plutôt que des mesures d'assistance (supplément de revenu garanti) au détriment de ceux qui ont peu d'accès au marché du travail? En réponse à ces questions, les orientations privilégiées sont décrites à chacune des présentations des objectifs de ce volet.

Avant d'aborder la troisième partie, mentionnons que le Rapport Pelletier demeure assez général. Il lance le débat. Ce qu'il faut maintenant ce sont des actions spécifiques et réalistes. Comment faire en sorte que le Rapport Pelletier puisse porter fruit dans la pratique quotidienne?

Dans l'ensemble, il s'agit d'un projet de société afin que les aînés soient non seulement reconnus à leur pleine valeur mais que celle-ci puisse être mise à contribution. Un tel projet exige créativité et audace afin de sortir des sentiers battus, en plus d'une volonté politique bien affirmée. Un tel projet implique également que le phénomène du vieillissement et les besoins et habiletés des aînés soient étudiés plus en profondeur.

III- OBJECTIFS ET RECOMMANDATIONS

Augmentation de l'autonomie financière

L'objectif de l'augmentation de l'autonomie financière des travailleurs et travailleuses vieillissants en favorisant le maintien en emploi est reçu avec enthousiasme. Certains, par contre, s'interrogent: «Faudra-t-il qu'il soit rencontré aux dépens d'autres groupes d'âge?» S'il en est ainsi, est-il réaliste? Ce à quoi d'autres répliquent que le problème est mal posé: «Augmenter l'autonomie financière, c'est accroître un pouvoir d'achat qui contribue à une saine économie; c'est peut-être aussi aider à faire diminuer la demande en services de santé». Les échanges entre les divers participants témoignent d'une prudence certaine mais laisse entrevoir une perspective sociale à privilégier et un ensemble de moyens à préconiser.

Une politique globale d'emploi et de formation

> *Que l'élaboration d'une politique globale d'emploi et de formation professionnelle constitue une priorité pour le gouvernement du Québec et qu'elle soit mise en œuvre dans les plus brefs délais sous sa juridiction exclusive.*

D'emblée, l'application d'une politique globale d'emploi et de formation professionnelle afin de favoriser le maintien en emploi de la main-d'œuvre vieillissante engendre, selon les intervenants, deux obstacles majeurs: d'un côté, la concurrence avec des groupes exclus du marché de l'emploi tels les chômeurs et une partie des jeunes; de l'autre, le préjugé social voulant que les exigences de spécialisations technologiques soient hors de portée de la main-d'œuvre vieillissante. Faudra-t-il au moment de l'élaboration d'une politique globale d'emploi privilégier un groupe au dépens des autres?

Les intervenants recommandent que soit promu socialement, et auprès des diverses instances concernées, le principe de complémentarité des compétences des différents groupes d'âge, c'est-à-dire la compétence récemment acquise des jeunes, leur dynamisme, leur ouverture à de nouvelles idées et d'autre part, l'expertise et l'expérience de la population vieillissante, sa fiabilité, sa stabilité.

Selon les participants, il convient également de promouvoir l'investissement dans la formation comme plus-value dans un marché concurrentiel; cette suggestion, fortement appuyée, s'adresse de façon plus spécifique aux milieux patronal, syndical et coopératif. C'est qu'en plus de contribuer à la valorisation de l'employabilité de la main-d'œuvre vieillissante, elle vise également à ébranler le discours social sur le droit à la retraite qui sert trop souvent à légitimer le rejet de plus en plus hâtif des travailleurs et travailleuses vieillissants.

Ainsi, de l'avis des intervenants, ce n'est que dans cette perspective que peut prendre forme l'élaboration de nouvelles activités économiques génératrices d'une autonomie financière satisfaisante des personnes vieillissantes.

De nouvelles activités économiques

> *Que soit privilégié, dans le cadre de cette
> politique, le développement de nouvelles acti-
> vités économiques tenant compte du vieillis-
> sement de la main-d'œuvre.*

Cette recommandation soulève l'attention à porter sur le type
d'emploi à créer. C'est qu'il faut éviter la valorisation aux dépens
de la nature réelle de l'emploi. Ainsi des dénominations du type
«Conseiller en immersion de valeurs hôtelières» ou des attribu-
tions comme «Garant de la sécurité nocturne de sujets de zoothé-
rapie» sont peut-être attrayantes mais trompeuses.

Il ressort également que le développement de nouvelles activités économiques doit être élaboré à partir de la reconnaissance
de l'expertise de la main-d'œuvre vieillissante. Ces nouvelles
activités seront alors caractérisées par l'apport particulier que
peut avoir cette main-d'œuvre plus expérimentée dans le tour-
billon du marché de l'emploi. Expertise qui demande reconnaissance par les différentes instances concernées.

Par ailleurs, le tableau précis des emplois possibles ne pouvant être tracé à cause de l'absence de données minimales, il est
fortement suggéré de commander des études exhaustives qui
devront tenir compte à la fois de l'approche sociale privilégiée et
de la reconnaissance de l'expertise de la main-d'œuvre vieillissante.

Collaboration active des diverses instances

> *Que le Ministre responsable de la Condition
> des aînés, en concertation avec les Ministres
> du Travail, de la Main-d'œuvre, de la Sécuri-
> té du revenu et de la Formation profession-
> nelle, engagent leurs ministères respectifs en
> ce sens et sollicitent, à cette fin, la collabora-
> tion active de la Commission de la santé et de
> la sécurité au travail, de la Régie des rentes
> du Québec ainsi que des milieux syndicaux,
> patronaux et coopératifs.*

Aux priorités préconisées par cette recommandation, les participants ajoutent les points suivants:

• Les mesures de mise à la retraite à caractère trop incitatif et
subtile doivent être proscrites. Les mesures de retraite antici-

pée doivent être réservées aux personnes qui exercent un choix éclairé.

- Les gouvernements doivent adopter des mesures incitatives à caractère économique pour encourager les entreprises privées à valoriser l'embauche et le maintien en emploi des aînés.

- Les employeurs doivent offrir un support économique visant à aider les victimes de maladies professionnelles ainsi que le développement de mesures préventives facilitant le maintien en emploi.

- L'ensemble des acteurs concernés doivent élaborer des mesures d'intégration harmonieuse au travail; cette recommandation vise plus particulièrement le milieu syndical dans son action en faveur de la qualité des conditions de vie au travail.

Sensibilisation à la discrimination

> Que le Ministre de la Condition des aînés s'assure que les milieux syndicaux et patronaux soient sensibilisés à la discrimination dont sont l'objet les travailleurs et travailleuses vieillissants et qu'il propose des mesures concrètes visant à contrer cette discrimination.

Les participants rappellent qu'ils sont d'accord pour dire que l'incitation à la retraite hâtive repose souvent sur une évaluation négative du travail des travailleurs et travailleuses vieillissants. À cet effet, les ministères responsables doivent promulguer des mesures incitatives afin d'encourager l'employeur à revoir sa vision du travail; il faut promouvoir une conception du travail qui tienne compte de l'expertise de la main-d'œuvre vieillissante. Ce changement pourrait se manifester sur le marché de l'emploi de plusieurs manières. La valorisation et la diffusion du rôle de consultant, rôle que pourraient souvent assumer des personnes à la retraite est donné en exemple.

Diffusion des conséquences de l'inactivité

> Que le Ministre responsable de la Condition des aînés s'assure que les agents socio-économiques concernés soient informés des consé-

quences de l'inactivité croissante des tra-
vailleurs et travailleuses vieillissants.

Pour donner plus de poids à cette recommandation, il serait approprié de faire connaître les conséquences de l'inactivité économique des personnes vieillissantes, à savoir que:

«Si l'approche privilégiée jusqu'à ce jour en ce qui a trait à la contribution économique des personnes vieillissantes et âgées n'est pas bientôt repensée, non seulement se privera-t-on d'une main-d'œuvre au potentiel important, mais on s'exposera également à devoir assurer, avec peu de moyens, la sécurité financière d'une cohorte de personnes âgées d'un poids démographique inédit.»

Formation, recyclage, orientation et placement

Que soient mis en œuvre, le plus tôt possible, des mesures appropriées de formation et de recyclage ainsi que des services d'orientation et de placement adaptés au vieillissement de la main-d'œuvre.

Cette recommandation, fort bien reçue, doit être précisée pour que soient développées des techniques d'apprentissage à l'informatique adaptées aux habitudes et aux caractéristiques de la population vieillissante.

À l'égard des services d'orientation et de placement, les participants suggèrent l'implantation de centres d'emplois et que s'ajoutent à leurs services le mandat:

– de définir les types d'emplois selon les besoins des travailleurs et travailleuses potentiels;

– de les diffuser auprès de ceux-ci et des agents socio-économiques;

– d'évaluer leurs qualifications;

– de diriger ces personnes, si besoin est, vers la formation ou le recyclage;

– de promouvoir une sensibilisation, auprès des entreprises, de l'employabilité de ces personnes.

Élimination des entraves à l'emploi pour les 65 ans ou plus

Que soient éliminées toutes les entraves ins-
titutionnelles ou réglementaires qui font obs-

> *tacle à l'emploi des personnes de 65 ans ou plus.*

Il est fortement suggéré que cette recommandation soit appuyée par des mesures dissuasives à caractère économique appliquées par les instances concernées.

Modifier les conditions de travail

De l'avis des intervenants, les modifications des conditions de travail pour permettre un vieillissement en emploi sans vieillissement prématuré seront rencontrées à la condition que la perspective sociale privilégiée ci-haut le soit également.

Révision de l'organisation des milieux de travail

> *Que l'organisation des milieux de travail et la gestion des ressources humaines soient revues et, au besoin, modifiées de manière à intégrer dans leurs préoccupations le vieillissement de la main-d'œuvre. Cette recommandation vise plus spécifiquement l'organisation et les charges de travail, les mouvements de personnel ainsi que le passage du travail à la retraite.*

De prime abord, les participants pensent que la révision de l'organisation et des charges de travail, des mouvements de personnel ainsi que du passage du travail à la retraite peut se réaliser dans la mesure où le milieu patronal conçoit que l'expertise des plus âgés compense pour une éventuelle diminution de productivité. Par ailleurs, des moyens concrets, simples, peuvent être privilégiés, par exemple, des horaires flexibles, de nouveaux aménagements du travail qui tiennent compte de l'ensemble des aspects de la vie de la personne vieillissante.

Développement de techniques de gestion prévisionnelle

> *Que soient développées des techniques de gestion prévisionnelle de la main-d'œuvre.*

Au chapitre du développement des techniques de gestion prévisionnelle, l'ensemble des participants soulignent que les demandes de productivité doivent être adaptées au rythme des travailleurs et travailleuses vieillissants.

Adaptation des techniques et des outils de production

> *Que les techniques et les outils de production soient adaptés aux exigences de la santé et du bien-être des travailleurs et travailleuses vieillissants.*

Cette recommandation est fortement appuyée. Par ailleurs, on s'entend pour dire qu'il faut que soient mises sur pied, par les ministères responsables, des mesures incitatives à caractère économique.

Des enquêtes longitudinales

> *Que soient réalisées des enquêtes longitudinales permettant de mieux connaître le processus du vieillissement de la main-d'œuvre et ses conséquences dans les divers secteurs d'activités économiques.*

Le milieu patronal porte un grand intérêt aux résultats des diverses enquêtes. En effet, l'absence de données concernant le processus du vieillissement de la main-d'œuvre et ses conséquences dans les divers secteurs de l'activité économique est vivement déplorée.

FREINER L'APPAUVRISSEMENT DE LA MAIN-D'ŒUVRE VIEILLISSANTE

Groupe de travail sur la sécurité du revenu

> *Étant donné l'incapacité des régimes actuels de sécurité du revenu de répondre adéquatement aux besoins financiers de la population vieillissante (50-64 ans) affectée par la diminution des emplois disponibles, qu'un groupe de travail sur la sécurité du revenu soit mis sur pied par le gouvernement, avec le mandat de recommander les modifications nécessaires pour répondre aux besoins des travailleurs et travailleuses vieillissants éprouvant de la difficulté à se dénicher un emploi de qualité.*

Les participants appuient cette proposition mais souhaitent que les membres de ce groupe de travail proviennent des milieux patronaux et syndicaux et qu'ils comptent des représentants de la population vieillissante. Par ailleurs, on craint que les recommandations de ce groupe de travail débouchent sur la ségrégation des âges.

RÉDUIRE L'INCIDENCE DE LA PAUVRETÉ CHEZ LES AÎNÉS EN GÉNÉRAL ET PLUS SPÉCIFIQUEMENT CHEZ LES FEMMES ET LES PERSONNES SEULES

Privilégier des mesures d'assurance plutôt que d'assistance

> *Que soit mieux équilibrée la capacité de toutes les personnes à se doter d'un revenu de remplacement en privilégiant des mesures d'assurance (Régime de rentes du Québec, régimes complémentaires de retraite, régimes enregistrés d'épargne-retraite) plutôt que des mesures d'assistance (supplément de revenu garanti).*

L'inquiétude porte sur l'application d'une telle recommandation dans le contexte économique actuel. C'est qu'on anticipe que le groupe des «baby boomers» sera privilégié aux dépens des autres.

De plus, l'idée d'une mesure fiscale comme l'augmentation du plafond des REER n'est pas retenue, parce que, dit-on, ces montants ne sont pas retournés dans l'économie, ce qui ne favorisera pas l'emploi.

ADAPTER LE SYSTÈME DE SÉCURITÉ DU REVENU À L'ÉVOLUTION PRÉVISIBLE DES BESOINS DE L'ENSEMBLE DE LA POPULATION ET AU CONTEXTE SOCIO-ÉCONOMIQUE DES ANNÉES 1990

Un système de sécurité du revenu revu

> *Procéder à l'évaluation critique de l'ensemble du système de sécurité du revenu en vue de l'adapter à la réalité du vieillissement démographique et de prévenir les conséquences potentiellement inquiétantes de ce vieillissement.*

Cette recommandation, compte tenu de la conjoncture économique actuelle et de ce qu'elle présage, soulève des appréhensions. On craint de se retrouver avec une révison à la baisse et, afin de l'éviter, l'ensemble des participants soulignent d'emblée que la politique qui la déterminera doit être définie de façon telle qu'elle ne laisse aucune équivoque.

Quant à l'élaboration de la réforme du système de sécurité du revenu, les participants proposent que soient impliqués des représentants de la jeune génération, des aînés, des femmes au foyer ainsi que des chefs de familles monoparentales. Si des mesures spécifiques sont privilégiées pour ces «groupes à risque», ils doivent tout au moins être consultés. Certains participants font remarquer que la nécessité d'une redistribution des ressources par l'État existe toujours. D'autres recommandent une hausse du taux de cotisation aux différents régimes, étant donné que les caisses collectives semblent insuffisantes pour répondre aux besoins anticipés. Les discussions sur le travail et la sécurité du revenu soulignent l'importance d'effectuer des changements dans les politiques et les pratiques d'aujourd'hui afin de permettre aux personnes vieillissantes de profiter pleinement de leur vie, et à la société québécoise de profiter d'une ressource importante, ses aînés. Les recommandations dans ce chapitre montrent qu'il serait souhaitable d'agir au plus tôt sur la situation des travailleurs d'âge mûr (45-64 ans) et qu'une politique globale du travail devrait comporter une collaboration active de l'ensemble des instances concernées. Compte tenu de la croissance de la proportion de la population âgée au Québec dans les prochaines années, il est essentiel d'établir de nouvelles politiques aussitôt que possible.

CHAPITRE 4

Habitat

ANIMATEURS:
André BERGERON
Société d'habitation du Québec

François RENAUD
Société d'habitation du Québec,
membre du comité Pelletier

I- POINTS DE REPÈRE

En général, les aînés passent plus de temps chez eux que les personnes plus jeunes. Compte tenu de leurs besoins spécifiques (étant donné, par exemple, qu'ils n'ont pas de jeunes enfants à charge, et qu'ils ont une probabilité plus élevée de handicaps), on peut se demander comment nous pourrons faire en sorte que des logements adéquats soient disponibles pour répondre aux besoins d'une population vieillissante. Le comité Pelletier a mis l'accent sur la diversification des formules d'habitation, soutenant une meilleure intégration sociale des aînés et l'adaptation de logements existants aux besoins des aînés afin de favoriser le vieillir chez soi. Le Rapport considère aussi l'utilisation des développements technologiques récents pour aider les personnes malades ou handicapées et l'adoption des nouveaux modèles pour faciliter l'utilisation du patrimoine financier et foncier des personnes âgées.

Pour mieux situer le débat sur les recommandations relatives à l'habitat des aînés, nous rappellerons brièvement les quelques chiffres* qui donnaient un aperçu de la situation résidentielle de cette partie importante de la population.

Bien que représentant 10 % de la population totale du Québec, les ménages âgés comptent pour 16 % du nombre total de ménages québécois, si on exclut les 70 000 personnes âgées de 65 ans ou plus qui vivent dans des logements collectifs. Parmi ces 373 000 ménages âgés, qui regroupent 585 000 personnes, on dénombre 53 % de propriétaires chez les 65 à 74 ans et 42 % chez les 75 ans ou plus.

De plus, seulement 38 % des ménages dont l'âge du soutien est de 65 ans ou plus habitent une maison unifamiliale et en sont pour la plupart propriétaires, 12 % habitent dans des immeubles de quatre étages et plus et sont alors locataires neuf fois sur dix; finalement, 51 % habitent d'autres types de logements (duplex, triplex) et y sont locataires dans une proportion de trois sur quatre. Rappelons enfin qu'en 1990, environ 15 % de tous les ménages âgés locataires du Québec résidaient dans un logement subventionné HLM.

Par ailleurs, le Rapport Pelletier présente les principaux programmes d'aide à l'habitation disponibles à ce moment. On y

---

* À la rédaction du Rapport, seuls les chiffres du Recensement de 1986 étaient disponibles.

apprend, entre autres, que le programme d'allocation-logement Logirente a rejoint, en 1989-1990, 42 000 ménages locataires de 60 ans ou plus, leur accordant une somme moyenne de 665 $ par année. Un autre programme relatif au logement, le remboursement d'impôt foncier (RIF), a permis de distribuer 65 millions de dollars à 253 000 personnes de 65 ans ou plus. Et en plus du programme de logement social, les programmes de rénovation PARCQ et PRIL comptent un grand nombre de ménages d'aînés parmi leur clientèle.

II- RÉACTIONS GLOBALES

D'une façon générale, toutes les recommandations du Rapport Pelletier portant sur l'habitat ont été favorablement accueillies. Cependant, on a reproché le caractère théorique de certaines d'entre elles et les participants ont émis le souhait qu'elles soient plus précises et éventuellement mesurables afin d'être opérationnalisées.

Les *réactions d'ensemble* des participants aux quatre ateliers qui ont porté sur le thème de l'habitat peuvent se résumer aux éléments suivants:

- il faut impliquer les aînés dans les décisions les concernant: ce sont eux qui savent le mieux ce qu'ils veulent, ce sont eux qui peuvent «le mieux bâtir le terrain et voir venir»;

- des aînés différents impliquent des besoins variés: il faut éviter l'uniformisation, même lorsqu'on traite du phénomène de la mixité;

- il ne faut jamais oublier de bien informer les aînés de l'évolution probable de leur état de santé et de leurs besoins (pertes graduelles d'autonomie) et des conséquences pratiques de cet état de fait dans l'adaptation de leur habitat;

- les normes de construction et d'adaptation doivent avoir la souplesse nécessaire pour répondre à l'évolution des besoins;

- les aînés doivent se regrouper et s'entraider afin d'inciter le gouvernement à adapter les normes de construction à leurs besoins;

- il faut favoriser l'aménagement de lieux propices à la vie communautaire dans les grands ensembles immobiliers;

- le gouvernement devrait supporter financièrement les initiatives en matière de logement pour les aînés, tout en harmonisant les différents programmes d'aide en habitation entre eux;

- finalement, on ne doit pas perdre de vue que les aînés en perte d'autonomie ne forment qu'une minorité parmi l'ensemble des personnes âgées.

Dans l'ensemble, on reconnaît donc que les aînés ont des problèmes de logement mais que, par ailleurs, on ne doit pas les considérer comme un groupe homogène et devant être pris totalement en charge.

III- RÉACTIONS SPÉCIFIQUES AUX RECOMMANDATIONS

Les rapports d'ateliers ne révèlent aucun débat majeur portant sur un aspect ou un autre des recommandations. Cependant, les diverses réactions demeurent intéressantes en soi parce qu'elles permettent de mieux saisir tout ce que les propositions suscitent en terme pratique pour les aînés et les intervenants du milieu. Nous les retrouvons donc ici regroupées et synthétisées sous les diverses rubriques qui ont été discutées. Notons finalement que la durée restreinte des ateliers, par rapport au nombre de propositions et de participants, n'a pas permis d'aborder toutes les recommandations de cette section du Rapport Pelletier.

La diversification des formules d'habitation

> Que la SHQ révise tous ses programmes actuels afin qu'ils répondent aux besoins des aînés;
>
> Que la SHQ développe un gamme élargie de programmes d'aide au logement permettant aux aînés d'exercer pleinement leur autonomie. Ces programmes devraient porter sur:
>
> - l'adaptation de domicile;
>
> - le logement supplémentaire;
>
> - le pavillon-jardin;
>
> - le partage de logement.

Ce thème a amené les participants à réagir par rapport à différents *types* de diversification. Ainsi, on se demande si on pense «regrouper à l'intérieur d'une même habitation des logements subventionnés et des logements "plein-prix"» ou si l'on fait réfé-

rence plutôt à divers types de logements ou encore à une diversification du type de clientèle, en termes d'autonomie. «Il se crée un
phénomène d'entraide. Ainsi, ça évite les "parkings". On a alors
plus besoin d'animateurs de vie que de dispensateurs de soins.»

On soutient, par ailleurs, que le Québec a *ghettorisé* une
grande partie de la population aînée et qu'il faudrait revenir à des
milieux de vie mieux intégrés, définis par une politique globale
d'intégration. La réflexion sur l'implication que peuvent avoir les
différentes formules résidentielles sur le style et la qualité de vie
des personnes s'impose. On suggère même que «les "clubs de
l'âge d'or" amènent leurs membres à réfléchir aux diverses formules afin de les sensibiliser au problème et de les aider à faire
leur choix». Un participant avance d'ailleurs une observation
inattendue mais supportée par diverses recherches, à savoir que
«dans les résidences où il y a beaucoup de services, ne rend-on
pas les aînés trop dépendants? Ne risque-t-on pas d'accélérer la
perte d'autonomie?» Cette simple interrogation nous ramène à la
constatation initiale: à une variété de besoins doit correspondre
une diversité de solutions.

Quelques participants ont remis en question le *leadership* de
la Société d'habitation du Québec (SHQ) dans le développement
de solutions novatrices de logements pour les aînés. On soutient,
entre autres, qu'elle «expérimente à trop petite échelle. Ses programmes ne sont pas suffisamment diversifiés. Qui plus est, les
programmes existants sont eux-mêmes mal connus. Il y a un
sérieux effort de mise à jour et d'information à faire de ce côté-là».
Dans le même ordre d'idée, un participant propose qu'il y ait
possibilité de jumeler les différents programmes et que, par
exemple, au programme d'allocation-logement, on puisse joindre
un programme d'adaptation ou de rénovation et une hypothèque
inversée.

Les participants ont, sur cette question, réussi à mieux cerner
le concept de la diversification des formules en donnant des
exemples concrets de modifications à apporter aux interventions
actuelles afin de les rendre plus conformes aux besoins variés des
aînés.

Maintien à domicile/adaptation du domicile

Plusieurs participants entérinent la recommandation du Rapport
sur la nécessité d'un programme gouvernemental universel
d'adaptation de domicile, car de nombreux propriétaires aînés
n'ont pas les ressources financières qui leur permettraient de

demeurer chez eux et d'y effectuer les quelques adaptations né-cessaires à leur bien-être*.

Mais bien que souhaitée, cette intervention ne doit pas être isolée. «Il ne faut pas seulement penser à des adaptations physi-ques, mais aussi à la sécurité. Il faut des gens autour.» Cette remarque soulève le problème de l'intégration des différentes mesures qui visent à favoriser le maintien à domicile. On a repro-ché également aux recommandations sur l'habitat de «s'adresser plus aux aînés propriétaires qu'aux aînés locataires et, dans le cas de ces derniers, l'adaptation du logement devient difficile».

Partage de logement et pavillon-jardin

Les recommandations concernant ces sujets ont suscité peu de débats, reflétant peut-être le stade embryonnaire de développe-ment de ces solutions au Québec. Néanmoins, on a souligné qu'il existe diverses expériences en cours, dont celle de l'Outaouais, qui favorise la cohabitation entre aînés et étudiants. «Cela semble une bonne formule, même si sa mise sur pied est très longue et difficile.»

Quant au pavillon-jardin, seulement quatre unités ont été installées au Québec, on trouve que «cette solution est intéres-sante, d'autant plus que c'est la famille qui est le premier réseau de l'aîné». On ajoute cependant qu'il faut «affecter des ressources suffisantes et dépasser le stade des projets-pilotes».

L'utilisation du patrimoine financier des aînés

> Que la SHQ, de concert avec la Société cana-dienne d'hypothèques et de logement (SCHL), lève les barrières qui empêchent le développement du programme d'hypothèque inversée par les institutions financières;
>
> Que la SHQ, en collaboration avec le minis-tère des Affaires municipales, détermine les conditions nécessaires au développement

---

*   Depuis les Journées d'échange sur le Rapport Pelletier, un nouveau programme de subvention pour aider les personnes âgées à apporter des adaptations à leur domicile, le *Programme de logements adaptés pour aînés autonomes (LAAA)* a été développé dans le cadre de l'entente Canada-Québec sur le logement social. Le programme est géré par la SHQ et accorde jusqu'à 2 500 $ de subvention pour la réalisation d'adaptations mineures aux ménages âgés de 65 ans ou plus, proprié-taires ou locataires de leur logement.

d'un programme de report de taxes foncières
par les municipalités.

Les participants se sont particulièrement attardés à l'hypothèque inversée. Bien qu'on ressente le besoin d'avoir accès à cette source possible de revenu que constitue la valeur de la maison pour répondre aux besoins quotidiens des aînés, on émet certaines craintes à son sujet. «Avec l'hypothèque inversée, il y a danger de gruger le patrimoine familial. Ce système est peu recommandé par la Fédération des Caisses populaires. Les coûts d'intérêt et l'étude du dossier sont très coûteux.» On trouve cette solution intéressante *si* tout le capital accumulé dans la maison ne disparaît pas au bout de trois ou quatre ans seulement.

On souhaite également que le futur Conseil des aînés se penche sur toute la question du patrimoine financier des aînés, en impliquant dans ses travaux les municipalités, les institutions financières et différents ministères et organismes gouvernementaux. On suggère également d'analyser de façon globale les impôts fonciers et la fiscalité, en donnant comme exemple que «les taxes foncières puissent être déductibles d'impôt, ce qui aiderait les aînés, dans la mesure où leur revenu de retraite n'est pas indexé».

Favoriser l'intégration sociale des aînés au moyen de certaines formules d'habitation

Que la SHQ développe et encourage le développement de projets résidentiels proposant une mixité de clientèles (où, du moins, l'âge ne sera plus retenu comme critère premier d'admissibilité).

C'est probablement cette recommandation qui a soulevé le plus d'échanges. Plusieurs tendances ont été défendues par les participants, démontrant encore une fois l'importance d'avoir une gamme variée de solutions résidentielles pour répondre aux besoins diversifiés des aînés.

Le programme de logement HLM pour personnes retraitées a été attentivement examiné et des opinions contradictoires ont parfois été émises à son sujet. Alors que certains trouvent qu'il s'agit d'une bonne solution qui fonctionne bien, d'autres considèrent que «l'accès y est limité à une classe de gens; il y a moins d'intégration au quartier et les gens y sont plus isolés; il est préférable de supporter financièrement les gens pour qu'ils restent chez eux; ceci est particulièrement vrai pour les gens entre deux niveaux de revenus, qui n'ont pas accès aux HLM et qui n'ont, autrement, pas les moyens de continuer à habiter chez eux».

On reproche aux HLM pour personnes aînées en milieu urbain d'isoler les aînés; alors, pour ces ensembles immobiliers, il faut envisager la possibilité «de développer des services et des salons communautaires ouverts sur la communauté». On prend l'exemple du Foyer Laurentien, à Montréal, où l'on retrouve une cafétéria servant des repas à prix modique. On y invite les aînés de la communauté pour le dîner et cette résidence devient ainsi une vraie ressource du milieu. Cependant, un participant souligne que l'ouverture sur la communauté suppose une approche architecturale nouvelle.

On donne également différents exemples de mixité de clientèles, comme ce centre d'accueil qui possède également des logements pour personnes autonomes: on remarque alors une certaine entraide entre les *autonomes* et ceux en perte d'autonomie. À la Cité des âges, un complexe résidentiel *multi-âge* de Montréal, «la mixité, ça marche oui et non, les personnes âgées ont tendance à se retrouver entre elles; même s'il y a harmonie dans les relations, il n'y a pas nécessairement entraide». Un participant suggère de fixer l'âge minimum d'admission en HLM à 55 ans afin d'assurer la relève!

Mais la mixité à tout prix n'est pas une meilleure solution car il y a des personnes qui préfèrent demeurer avec des personnes de leur groupe d'âge et qui y trouve plus facilement paix et sécurité, comme à Québec où les aînés en HLM apprécient bien ce retrait dans des logements réservés pour eux.

En somme, il faut des formules multiples, des possibilités de choix. À cette fin, il faut que la personne aînée puisse donner son opinion, manifester ses désirs et se savoir écoutée, «qu'elle soit, en définitive, au centre de la décision». Tout devient vite plus clair et plus facile à vivre lorsque la personne a accès à toute l'information sur les options possibles. Sur la participation des aînés, on a relevé que la réalité est différente du discours officiel sur la participation. «Les personnes aînées ont peur de celles qui revendiquent, peur que ça leur apporte des ennuis.» On souligne d'ailleurs que les aînés n'ont pas pris toute la place qui leur revient. On donne l'exemple des représentants des bénéficiaires dans les conseils d'administration des résidences qui ne peuvent, semble-t-il, s'exprimer. Certains parlent également d'une «mentalité de consommation de services».

Favoriser le «vieillir chez soi»

> *Que le mandat du comité gouvernemental habitation/santé chargé de coordonner les actions de chacune des parties en matière d'hébergement et de logement des personnes âgées soit élargi afin d'explorer de nouvelles avenues d'intervention complémentaires aux deux secteurs.*

Tous s'entendent pour trouver que cette solution est, de loin, la plus avantageuse et celle qu'on doit viser en priorité. On a dit que vieillir chez soi, «c'est moins coûteux que le centre d'accueil, requiert souvent peu de rénovation tout en évitant le traumatisme du déménagement pour ceux qui souhaitent rester chez eux». Un participant a même proposé «que le gouvernement subventionne les personnes directement afin qu'elles puissent demeurer dans leur logement, soit habiter dans un logement ordinaire plutôt que de construire des logements spéciaux alors qu'il y a tant de logements libres. Que 25 % du revenu, par exemple, soit consacré au logement, toute somme en excédent soit payée par le gouvernement.»

On a soulevé, cependant, que le *vieillir chez soi* implique des actions d'autres secteurs d'activités pour permettre aux personnes de préserver leur qualité de vie. Par exemple, on a identifié le secteur du transport comme un point essentiel, particulièrement en milieu rural. Une proposition est d'ailleurs avancée pour «établir une concertation entre le transport scolaire, celui des personnes handicapées et celui du Centre de jour local».

Faire bénéficier les aînés des développements technologiques

> *Que soient encouragés l'expérimentation et le développement de programmes de surveillance et d'assistance de faible et haute technologie, en favorisant également le recours à des systèmes domotiques.*
>
> *Que le programme de recherche et développement de la SHQ aborde spécifiquement tout le champ des innovations technologiques destinées aux aînés.*

Ces recommandations ont également soulevé passablement d'intérêt chez les participants qui ont parfois émis certaines réserves sur une utilisation massive de la haute technologie. Rappelons que les développements technologiques concernent les appareils de la sécurité ainsi que des équipements pratiques tels les fours micro-ondes, les cloches d'appel, les téléphones sans fil, etc. Certains ont mentionné que leur expérience leur avait démontré la réticence des aînés aux innovations technologiques, qu'ils ne comprennent pas toujours bien. D'autres relèvent le danger d'accentuer l'isolement des aînés, par un recours massif et généralisé à ces nouvelles technologies. Par contre, si ces technologies sont l'unique alternative à l'institutionnalisation, alors les aînés se disent prêts à apprendre à les utiliser.

Un participant a apporté l'exemple français où les systèmes de télésurveillance (de type ARGUS) sont répandus: «l'évaluation d'une expérience de 5 ans indique qu'il y a des économies d'échelle sur les déplacements mais, qu'en même temps, il y a accroissement des problèmes de santé mentale, moins de contacts avec les membres de la famille. Il existe un réel danger d'isoler davantage les aînés». Cependant, d'autres personnes apportent des témoignages très positifs sur un système de télésurveillance québécois jumelé à la visite régulière d'une infirmière. Finalement, élément non négligeable, on a suggéré «de développer une domotique québécoise simple et pratique, adaptée aux aînés et aux circonstances. Qui plus est, on aura donc pas besoin de l'importer et cela créera des emplois[*].»

CONCLUSION

Les débats entourant les recommandations sur le secteur de l'habitat que l'on retrouve dans le Rapport Pelletier ont permis aux aînés et aux participants de souligner un thème qui a servi de trame de fond au Rapport dans son entier, soit la nécessité d'avoir une diversité de solutions afin de répondre à la variété des besoins des aînés. Presque chacune des recommandations analysées par les participants ont été reçues positivement, avec une réserve cependant: il ne faut pas s'en tenir à cette unique recommandation car elle ne convient pas aux besoins et attentes d'une partie

---

[*] Le ministère de l'Industrie, du Commerce et de la Technologie a créé récemment une sous-grappe domotique afin de favoriser le développement de ces systèmes au Québec. Plusieurs compagnies sont maintenant actives dans le domaine.

des aînés. En fait, les aînés ne forment pas un bloc homogène et il faut que les solutions proposées en tiennent compte.

Si le *vieillir chez soi* reçoit une approbation quasi générale, c'est probablement la recommandation sur l'intégration sociale des aînés qui a suscité le plus la discussion, faisant l'objet de positions parfois opposées, reflétant bien cependant les tendances très diverses au sujet des nombreuses formules possibles pour y parvenir. Ici encore, il n'y a pas de solutions miracles si ce n'est que de permettre le développement d'une panoplie de solutions accessibles tant aux propriétaires qu'aux locataires, afin de répondre aux désirs du plus grand nombre d'aînés québécois, soucieux d'apporter une contribution tangible à leur milieu.

CHAPITRE 5

Sécurité

ANIMATRICES:
Marie BEAULIEU
Université du Québec à Rimouski

Patricia CARIS
Ministère de la Santé et des Services sociaux,
membre du comité Pelletier

Daphné NAHMIASH
Université McGill,
membre du comité Pelletier

I- POINTS DE REPÈRE

Depuis quelques années, les situations d'abus envers les aînés soulèvent de plus en plus d'inquiétude. Il est toujours difficile de documenter correctement ces situations et les moyens d'intervenir demeurent souvent restreints.

En 1981, le Rapport Bélanger donnait un premier aperçu des situations d'abus dans les centres d'accueil. Puis, en 1989, le comité sur les abus exercés envers les personnes âgées déposait son rapport «Vieillir en toute liberté». Un an plus tard, le colloque «Vieillir sans Violence» venait rappeler qu'aucune mesure n'avait encore été prise. Depuis, les organisateurs du colloque sont restés actifs: la coalition Vieillir sans Violence a mission de donner suite aux recommandations du colloque. Le comité Pelletier a tenu compte de tous ces travaux, de même que de ceux du comité sur l'accessibilité à la justice (Rapport McDonald).

Les formes d'abus les plus courantes semblent être la fraude, le vol. Les cas des personnes ayant confié la gestion de leurs biens, en tout ou en partie, à de sympathiques inconnus, vite disparus, sont très fréquents. Ces fraudes sont peut-être plus faciles à déclarer que les abus psychologiques. Il est peut-être aussi plus aisé d'accepter de s'être fait berner par un étranger que d'avouer, même à soi, subir les pressions de ses proches, souvent de ses enfants. En milieu familial, l'abus est très difficile à déceler et, surtout, l'intervention est très délicate et se heurte souvent au refus d'aide de la personne âgée elle-même.

Les principaux facteurs de risque sont souvent associés au degré de dépendance ou de vulnérabilité. En cela, la situation des aînés ne diffère pas de celle des victimes qui appartiennent à d'autres groupes d'âge. Plus grande est la dépendance, plus le réseau familial est restreint et plus la charge est grande pour une personne... et plus importants sont les facteurs de risque. L'épuisement des proches mène souvent, et parfois bien involontairement de leur part, à des situations pénibles.

D'autres facteurs sont inhérents à l'éducation et aux valeurs sociales. Les générations actuelles d'aînés ont moins l'habitude de penser à faire valoir leurs droits ou à utiliser les recours existants. D'ailleurs, les aînés les connaissent peu.

Certains facteurs sont plus directement liés aux événements qui accompagnent le vieillissement. Ainsi, la violence conjugale survient parfois dans la vie de couples pourtant sans histoire, au moment où l'un des conjoints prend sa retraite. Bien qu'ayant partagé leur vie des années, quelquefois plus de quarante ans, jamais les conjoints n'avaient passé tout leur temps ensemble. Le passage ne se fait pas toujours sans problème.

Une autre situation difficile: la perte des facultés cognitives de l'un des deux conjoints. En plus des difficultés et inquiétudes de toute sorte occasionnées par une telle épreuve, s'ajoute, dans certains cas, une agressivité liée à l'incapacité d'accepter la perte d'autonomie graduelle.

En milieu d'hébergement, la situation est différente en partant. Si le milieu de vie est plus protégé, il ne faut pas oublier que les aînés qui y vivent sont beaucoup plus vulnérables compte tenu de leur état de santé. Souvent, les abus en milieu d'hébergement sont le fait de règles administratives conçues, semble-t-il, plus pour les gens qui travaillent dans ces milieux que pour les personnes qui y vivent. Il s'agit là d'une forme généralisée et insidieuse d'abus qui va de la manière paternaliste dont on parle aux aînés jusqu'à une utilisation excessive des contentions, particulièrement des contentions chimiques.

Parmi les situations qui paraissent pouvoir favoriser les abus, les participants soulignent l'utilisation des ressources clandestines. Les personnes âgées qui s'y retrouvent hébergées ont souvent eu recours aux petites annonces des journaux pour trouver une «chambre et pension» ou une «maison pour personnes âgées autonomes ou semi-autonomes». Mais, elles peuvent aussi être référées par une agence privée de placements ou encore, tout simplement, par le CLSC du coin parce qu'il n'y a plus de place dans le réseau public*. Le principal problème ici touche les personnes qui ont besoin de services de façon continue soit parce qu'elles se retrouvent en perte d'autonomie ou qu'elles sont aux prises avec un problème de santé chronique. Comment arriver à suivre ces personnes si l'on ne peut les rejoindre ni intervenir?

Finalement, il ne faut pas oublier tous les services à domicile. De plus en plus, les aînés les préfèrent. Dans certains cas, ce sont les équipes des CLSC qui se rendent chez les personnes, dans d'autres cas, il s'agit d'agences privées. Il y a également l'allocation directe qui permet à la personne de choisir de rémunérer un travailleur. Bien souvent, il s'agit de travail *au noir*, financé par des fonds publics et personne ne se soucie trop d'évaluer la

---

* Pour plus de détails, voir les résultats d'une consultation sur le secteur privé menée par M.J. Lévesque pour le comité Pelletier.

compétence du personnel ou la qualité des services. Il n'est pas certain que pour les aînés, les risques d'abus soient très différents, qu'ils se retrouvent dans un foyer clandestin ou qu'ils soient soignés à domicile par des aidants improvisés.

Les participants ne sont pas enclins à croire que l'octroi de permis puisse solutionner ces problèmes ou permettre de contrôler adéquatement les situations à risque. Une approche grâce à laquelle il serait possible de suivre les aînés leur paraît devoir être privilégiée. L'obligation de suivre ces aînés devrait toujours être maintenue qu'ils habitent ou non des ressources sans permis (ou clandestines). Il serait alors plus facile de dépister les personnes devenues trop malades pour que les services fournis par les résidences puissent encore convenir.

II- PRÉOCCUPATIONS GLOBALES

Les participants sont unanimes à dire que le problème est très réel et que l'abus est répandu, particulièrement l'abus financier, mais aussi l'abus psychologique et ce, d'autant plus qu'il faut souvent faire face au silence de la part des aînés victimes de ces abus. Les associations d'aînés sont considérées comme pouvant grandement contribuer à prévenir les problèmes ou à intervenir plus facilement auprès des aînés. Cependant, il faut tenir compte du fait que seulement 20 % des aînés sont regroupés en association. Comment rejoindre les 80 % qui restent? Qui plus est, on a tendance à oublier les aînés en milieu d'hébergement qui, souvent, sont particulièrement négligés. Quelques-uns reprochent au Rapport Pelletier de ne pas avoir suffisamment traité de la violence physique de laquelle les aînés sont victimes.

Tous s'entendent sur la nécessité de développer une solidarité entre toutes les personnes qui travaillent avec les aînés, incluant les aînés eux-mêmes.

Les points particuliers qui ont été couverts par les interventions des participants touchent les questions légales, l'information, la publicité, le dépistage et la collaboration entre intervenants et entre les réseaux privé et public. Concernant les moyens, il a été question, entre autres, d'un secrétariat permanent de lutte aux abus envers les aînés et d'un mandat confié aux régies régionales à l'intérieur desquelles on retrouverait une représentation équitable des mouvements d'aînés.

Un participant aborde un sujet dont il n'avait pas été question jusqu'alors. Le danger d'incendie particulièrement élevé chez les aînés vivant seuls.

Enfin, de l'avis général, même si l'on sent une volonté gouvernementale pour une action concertée, cela ne peut se faire sans apport financier pour mieux supporter les organismes impliqués.

III- RÉACTIONS SPÉCIFIQUES

Prévenir et contrer abus et négligence

Les participants à l'atelier considèrent ces termes trop restrictifs, certains voudraient voir ajouté à abus et négligence le terme de *violence*.

Une des premières questions qui s'est posée est celle de la marge de manœuvre de chacun des nombreux organismes susceptibles d'être aux prises avec ce problème. Quels sont les droits et pouvoirs de chacun des organismes? — «Les organisations bénévoles n'ont aucun pouvoir au plan juridique.» Jusqu'où peut-on aller? De quelle protection légale les organisations bénévoles peuvent-elles bénéficier? Où trouver les appuis au plan légal qu'il faudrait? — «On nous dit que même un papier signé n'a pas de valeur!» Dès lors, où et comment obtenir l'information légale nécessaire pour savoir comment agir de façon efficace?

La question de la qualité des services dans le réseau privé a aussi été discutée ici. Comment assurer cette qualité? Comment assurer surtout que l'on puisse suivre les personnes qui font appel au réseau privé sans permis?

- «Comment peut-on espérer suivre les personnes faisant appel à ces ressources quand on ne connaît même pas leur nombre? Une telle recommandation est beaucoup trop générale. Je pense que c'est délibéré dans le Rapport Pelletier. Si on n'en dit pas plus long dans le rapport, est-ce parce qu'on veut protéger le privé? Suite au Rapport Marchand sur les abus, on a demandé au gouvernement de s'assurer de la sécurité des personnes dans ces ressources. Le Rapport Pelletier ne donne aucune réponse là-dessus!»

- «Le Rapport Pelletier ne règle pas l'utilisation massive que le secteur public fait du réseau clandestin qui demeure absolument sans aucun contrôle. Investir massivement dans le privé représente un réel danger pour la qualité des services. En fait, ce qu'on ne sait pas ne peut pas nous faire mal. Référer, comme le secteur public le fait, au privé est une voie d'évitement qui peut nous amener de sérieux problèmes par la suite. On ne connaît que leur dehors, cela paraît bien beau, mais souvent cela cache de nombreux problèmes. On voit trop nos mauvais côtés et on idéalise ce qui est à l'extérieur. Je crois qu'on peut encore développer beaucoup de choses très valables dans le public à partir des gens qui y travaillent. Ne l'oublions pas.»

Ces remarques expriment les craintes de plusieurs participants concernant le risque du désengagement de l'État face à ses responsabilités. Une participante a relevé le fait que «le privé représente des réalités très diverses et il faut que l'État porte une attention particulière aux personnes qui se retrouvent, graduellement, en perte d'autonomie de plus en plus prononcée». Là-dessus, elle réclame une position claire de l'État, dont la responsabilité s'applique où que la personne soit.

Plusieurs participants considèrent essentielles les collaborations entre le réseau public et le réseau privé. Les CLSC pourraient répondre aux demandes de formation de la part du réseau privé ou même s'impliquer dans cette formation, aller de l'avant et la proposer au réseau privé. Ils pourraient intervenir comme agents-conseils auprès du réseau privé puisque celui-ci semble devoir immanquablement augmenter en importance.

Ce rôle des CLSC devient particulièrement important pour déceler les ressources privées devenues inadéquates lorsque les personnes se retrouvent en perte d'autonomie croissante. L'État doit continuer à assumer sa responsabilité envers les aînés en perte d'autonomie. Réseaux public et privé pourraient collaborer pour identifier les services privés qui ne sont pas recommandables et les exclure d'office de leurs listes de références.

Cependant, plusieurs participants soulignent le fait qu'à l'avenir, les aînés ne se retrouveront pas tant dans des ressources publiques ou privées qu'à domicile, et qu'il ne sera pas toujours possible de tout contrôler. L'accent devrait dès lors être plutôt mis sur le soutien aux aînés à domicile et le développement d'une solidarité communautaire.

En matière d'abus associés au logement, certains ont proposé une intervention légale sous forme de nouvelles lois dont l'objet serait, entre autres, d'établir des hausses de loyer fixes. D'autres ont signalé les problèmes liés à l'application des lois et sont plutôt favorables à un changement de mentalité et à une plus grande *conscientisation* de la part des principaux intéressés. Cette question s'est posée surtout à cause de la difficulté qu'ont les aînés à affirmer leurs droits et de la lourdeur, pour les organismes, du traitement des situations cas par cas.

Certains veulent dénoncer le danger de trop judiciariser à cause de la lenteur d'un tel processus et de la crainte qu'il inspire, au lieu de favoriser la solidarité. — «Il faut que les personnes puissent se plaindre *incognito* parce qu'elles ont trop peur.» — «Il faut que les victimes puissent être représentées par d'autres dans un contexte autre que judiciaire.»

Les animatrices précisent que ce n'est pas tant par le biais de la loi qu'il faut agir. Les lois peuvent entraîner une surprotection, sans compter les problèmes d'application de ces lois. Le plus grand problème serait plutôt que l'abus demeure trop souvent caché et que le système judiciaire ne semble pas fonctionner suffisamment bien. Elles recommandent plutôt un meilleur accompagnement et une meilleure organisation sur le plan communautaire. On mentionne la nécessité d'une formation légale des intervenants et de la création d'un guide de principes généraux faciles d'application disponible pour les intervenants et pour toute personne intéressée.

> *En matière de diffusion d'information et d'identification de mesures préventives des abus, favoriser l'implication des groupes d'aînés.*

Certains ont indiqué que l'implication des aînés ne devait pas être favorisée mais devait être fondamentale, en ce sens que les aînés devaient être les premiers engagés dans cette responsabilité. Quant à l'information, «elle doit se rendre jusqu'aux individus et pas seulement jusqu'aux groupes ou aux associations».

On dénonce aussi comme dangereuse une information qui ferait prendre conscience aux aînés de leur situation d'abus mais qui n'aboutirait pas à une aide et un suivi concrets. «Informer sans fournir des moyens concrets ou sans donner suite crée la panique et la paranoïa.»

Il reste beaucoup de travail pour disposer d'une information pertinente et adaptée à la clientèle: «L'utilisation de documents créés ailleurs ne permet pas à la clientèle visée de se reconnaître dans ce qui est présenté. L'information ne doit pas seulement s'adresser aux abusés mais également aux abuseurs afin de leur venir en aide aussi».

Concrètement, les participants proposent: «qu'un projet pilote soit mis sur pied pour identifier les paramètres, développer un moyen concret de collaboration et, par la suite, définir une politique d'intervention. Étant donné qu'actuellement il est difficile pour chacun de trouver sa place, une période d'arrêt pour consolider l'intervention paraît souhaitable».

> *Que soient développés des outils de dépistage des situations d'abus par les pairs et les intervenants appelés à rencontrer des aînés en besoin de protection.*

Comment identifier l'aîné en besoin de protection? Il n'y a pas d'autre moyen que de développer une stratégie d'intervention qui procède par petits pas et qui tienne compte du rythme, des valeurs et du mode de vie des aînés dans leur milieu respectif.

Quant au dépistage par les pairs et les intervenants, certains signalent que les pairs sont habituellement au courant des situations d'abus mais qu'ils ne sont pas suffisamment *équipés* ou conscients pour en parler, alors que les intervenants savent ce qu'ils doivent faire mais sont incapables de voir ou de décoder les situations d'abus. D'où la nécessité d'une collaboration entre pairs et intervenants et une formation adéquate.

Il y aurait un grand avantage à une concertation communautaire en ce qui a trait au dépistage. Un programme dans Lanaudière a été cité en exemple. Il semblerait qu'y collaborent la Sûreté du Québec, les organismes bénévoles, le regroupement des CLSC, le corps de police, la municipalité, les caisses populaires et les banques. Il ne faut pas oublier non plus le médecin soignant, qui est une autre porte d'entrée importante et qui doit être mis à contribution pour le dépistage. Celui-ci devrait être plus particulièrement sensibilisé au problème de la surconsommation des médicaments.

La simplification des outils d'intervention pourrait mener à leur utilisation par un plus grand nombre de personnes impliquées auprès des aînés. Ainsi, il existe deux protocoles mais ces outils ne sont accessibles qu'aux intervenants. La création d'un protocole de dépistage simple et facilement accessible à tout le monde, et non seulement aux intervenants, favoriserait le dépistage. Il pourrait s'agir, par exemple, de quatre ou cinq questions servant de signal d'alarme et décrivant les symptômes d'une situation.

> *Que l'expertise nécessaire à une intervention adéquate en situation d'abus soit rendue disponible aux niveaux local et régional.*

Tous se disent favorables à cette recommandation et aux moyens proposés pour l'appliquer: programme de solidarité communautaire sur le plan local, surveillance de quartier, vigilance postale, accessibilité d'intervenants outillés, etc.

Un débat cependant a lieu concernant ce qu'un participant a appelé le «principe du devoir d'ingérence». Les moyens d'action utilisés pour contrer les abus ne doivent pas devenir eux-mêmes abusifs. Il faut trouver un moyen de protéger la personne tout en respectant son cheminement. D'autres insistent pour rappeler qu'informer et agir doivent se faire dans le respect de la liberté de choix de l'aîné victime d'abus: même malade, une personne garde ses droits humains fondamentaux et la liberté de choisir. À ceci, d'autres rétorquent qu'à force de respecter la personne, on en vient à ne plus rien faire, qu'il y a un danger dans trop de respect. Certaines communautés culturelles sont plus sensibles à cet aspect. En définitive, la question n'est pas simple à résoudre: existe-t-il des recettes générales ou doit-on plutôt faire confiance à l'intuition et à l'initiative des intervenants dans le cas par cas? Sans doute faut-il des deux, mais surtout, avant le dépistage, il faut «une information adéquate qui se rende là où elle doit, c'est-à-dire, directement à l'aîné».

La solidarité communautaire ne se limite pas aux organismes et aux intervenants. Elle signifie aussi outiller l'entourage immédiat de l'aîné afin qu'il puisse assurer un certain suivi d'une manière presque naturelle. Pour assurer le développement de cette solidarité communautaire, certains proposent la création d'un secrétariat permanent à la lutte contre les abus envers les aînés. Ce secrétariat développerait des outils pour les aînés et les intervenants, assurerait la diffusion des informations, constituerait un point de référence permanent pour tous les intéressés, verrait à favoriser la concertation et la complémentarité entre les différents organismes et intervenants. Un terme a été proposé pour nommer le type de solidarité qu'il faut chercher à créer, celui d'une *solidarité communautaire organique* plutôt que simplement *mécanique*. Cette dernière réfère à l'existence d'une structure qui devrait favoriser le développement d'une plus grande solidarité sans que ce soit nécessairement le cas, tandis que la première implique une interdépendance systémique, pour ainsi dire «organique», impliquant une transformation des mentalités et du cœur et une interdépendance vitale entre chacun des membres de la communauté.

CHAPITRE 6

TABLE-RONDE:
Habitation, rentes, justice

Jean-Louis LAPOINTE
Vice-président à l'administration et au développement,
Société d'habitation du Québec

Jean-Claude MÉNARD
Directeur de la statistique et du développement des programmes,
Régie des rentes du Québec

Pierre AUDET
Conseiller juridique au bureau du sous-ministre,
secrétaire du groupe de travail sur l'accessibilité à la justice,
Ministère de la Justice

ANIMATEUR:
Norbert RODRIGUE
Conférence des Conseils régionaux de la santé
et des services sociaux

Chaque invité a tout d'abord présenté son point de vue sur les défis pour l'avenir des aînés au Québec liés à l'habitation, aux rentes et à la justice. Par la suite, les participants dans la salle ont réagi aux présentations en posant des questions. Nous présentons ici le verbatim des présentations ainsi que les commentaires et réactions dans les discussions qui les ont suivies.

Le thème de l'habitat est présenté dans le Rapport Pelletier comme un élément essentiel de qualité de vie. L'orientation qui y est suggérée est de permettre aux personnes âgées de continuer de vivre le plus longtemps possible dans leur milieu de vie habituel. Par ailleurs, l'attention portée par les pouvoirs publics à la situation résidentielle des aînés n'est pas nouvelle. À la SHQ, 56 % du parc HLM public est destiné à cette clientèle. Toutefois, depuis quelques mois, même quelques années, le dossier des besoins résidentiels des personnes âgées a connu la même évolution rapide que la société et nous avons entrepris une réflexion sur l'impact du vieillissement de la population sur l'habitat. Dans ce contexte, il n'est sans doute pas sans intérêt de passer en revue les objectifs proposés par le Rapport Pelletier et de les comparer avec les orientations déjà mises de l'avant par la SHQ ou avec celles qui sont envisagées, et d'essayer d'en dégager les principales implications pour l'avenir. Évidemment, les recommandations du Rapport ne s'adressent pas exclusivement, même au plan de l'habitation, à la SHQ. J'accorderai plus d'attention à celles qui nous sont dirigées.

Le *premier objectif*, c'est-à-dire *la diversification et les formules d'habitation offertes aux aînés*, est le plus englobant et le plus important. À la SHQ, on gère déjà un nombre important de programmes qui s'adressent exclusivement ou partiellement aux aînés. Du côté des programmes d'habitation, un virage a été amorcé depuis 2 ou 3 ans, en utilisant le programme de logement sans but lucratif privé. D'abord, on a voulu, dans nos appels de propositions, viser une clientèle un peu plus précise, celle des personnes âgées en légère perte d'autonomie. On l'a fait aussi dans le volet public du programme, on est allé vers quelques projets-pilotes, et, aujourd'hui, on en est à l'étape de réviser notre cadre normatif, donc tout le concept architectural de base, pour les HLM-personnes âgées. C'est un concept qui sera plus souple, qui va prévoir plus d'espace communautaire, plus d'espace aussi pour la consultation, plus de facilité de circulation, donc qui va tenter de s'adapter à la perte graduelle d'autonomie de nos clients. En matière d'aide à la restauration, il y a eu plusieurs programmes, on pourrait même dire qu'il y a presque une concurrence entre les programmes. Mais la révision de ces programmes est à peine amorcée, le processus a été plus lent que prévu, en partie en raison des coupures budgétaires, puisque comme vous le savez la

SHQ n'agit pas seule, le gouvernement fédéral aussi participe largement à plusieurs de nos programmes.

Beaucoup de nouvelles solutions résidentielles retiennent présentement notre attention. Pour la plupart, elles se heurtent à des obstacles de réglementation, réglementation locale en particulier. J'espère qu'on sera en mesure prochainement, concernant l'aide à la restauration (ce n'est pas facile dans les contextes budgétaires actuels), d'annoncer un volet de restauration qui viserait précisément les logements adaptés pour aînés autonomes. C'est une initiative conjointe avec la SCHL, c'est une aide qui serait modeste mais qui correspond à l'une des préoccupations avancées dans le Rapport Pelletier.

D'autres formules, d'autres solutions en résidentiel ont commencé à retenir notre attention. C'est ainsi qu'on a parlé du *pavillon-jardin*, une petite maisonnette, qui vise un peu à recréer, via la famille, des liens de solidarité entre les générations. La SHQ, depuis deux ans, en a réalisé quatre. C'est une formule qui se heurte à des contraintes réglementaires. L'évaluation de la formule, même si elle est récente, est complétée, et on devrait être en mesure bientôt d'annoncer une extension de l'expérimentation et une diversification. Au lieu de viser seulement les clients considérés en besoin impérieux, on voudrait viser aussi des personnes âgées qui ont des revenus modestes. D'autres alternatives, avancées dans le Rapport Pelletier, ont aussi (même si elles sont peut-être moins avancées à la SHQ) commencé à être étudiées. L'une, entre autres, paraît assez prometteuse: le *logement supplémentaire*, qui est une formule qui tend à miser sur la cohabitation, mais cette fois en s'attaquant au problème des logements devenus trop grands et en tentant d'en permettre l'usage à la fois à de jeunes familles et à des personnes âgées. L'une des formules qu'on a un peu testée parmi ces nouvelles solutions résidentielles, qui s'est avérée assez peu concluante jusqu'à maintenant, c'est celle du partage du logement. Peut-être que les projets étaient un peu ambitieux, on visait des personnes âgées déjà en perte d'autonomie. Ces nouvelles formules sont souvent moins exigeantes en ces périodes de contraintes budgétaires, mais ce sont des formules qui se heurtent quand même à la réglementation et qui, dans certains cas, doivent être étudiées de façon plus systématique.

Le *deuxième objectif*, proposé par le Rapport en matière d'habitation, vise à *promouvoir l'utilisation du patrimoine financier accumulé par les aînés* pour développer des programmes. Très pertinent cet objectif, si je considère l'élément de la problématique. De plus en plus de personnes âgées maintenant sont propriétaires, le HLM est une solution qui s'adressait beaucoup aux locataires. Maintenant, il faut diversifier nos formules. Par contre, dans le cas du programme d'hypothèques inversées, il y a encore beaucoup de recherche à faire. La principale contrainte est la variabilité des taux d'intérêt. Ainsi, sur une période de quatorze ou quinze mois, il doit avoir varié de plus de quatre points. Dans ce contexte, pour instaurer des formules intéressantes il y a encore beaucoup de travail, non seulement de recherche, mais de consultation avec les milieux financiers, avec des associations de consommateurs. Le report des taxes foncières est aussi une avenue très pertinente, en continuité avec nos orientations. Le concept est intéressant; il y a un certain essoufflement au sein du gouvernement du Québec, parce que déjà on a des formules de remboursement d'impôt foncier qui sont plus avantageuses pour les personnes âgées, soit au niveau des revenus, soit au niveau des montants des taxes admissibles. Mais il y aurait vraiment place pour une intervention municipale. Par ailleurs, peut-être est-ce dû au contexte de turbulence des relations fiscales entre Québec et les municipalités, mais une seule municipalité jusqu'à maintenant, la ville de Montréal, a fait connaître ses intentions en la matière. Mais la table de concertation en habitation, où les municipalités sont présentes, pourrait fouiller cette question assez rapidement.

Le *troisième objectif, favoriser l'intégration sociale des aînés*, demeure tout aussi louable. Je voudrais quand même attirer l'attention sur des contraintes qui paraissent incontournables. Même s'il est question de mixité des clientèles en fonction de l'âge et des revenus, une des contraintes associée à l'attribution des logements à loyer modique est le revenu des aînés. Dans le contexte actuel, les ménages de personnes âgées compétitionnent pour des logements d'une taille donnée. Or, des personnes âgées de moins de 65 ans et des personnes âgées de plus de 65 ans n'ont pas nécessairement des chances égales à ce moment-là et donc, c'est une contrainte qu'il faut mesurer avant de nécessairement prôner une intégration sans distinction sur l'âge.

La deuxième contrainte, évidemment, c'est le vieillissement. Le vieillissement de la population qui augmente le nombre de personnes âgées dans le besoin. Il n'en demeure pas moins qu'un assouplissement de la réglementation est en vue, particulièrement lorsque le parc HLM est sous-utilisé. En gros, on n'a pas le choix d'aller dans cette direction, les dispositions des chartes sont déjà très claires, mais ce point mérite plus d'étude.

Le *quatrième objectif* touche *l'adaptation des logements existants et des logements destinés aux personnes âgées*. Évidemment cet objectif paraît pertinent. La première recommandation du Rapport s'adresse d'abord aux municipalités. Je soulignerais quand même que pour rendre opérationnel le concept d'accessibilité universelle, dans la révision de notre cadre normatif, il faudrait qu'il soit applicable non seulement dans les logements publics mais aussi dans les logements COOP ou SDL. Évidemment, dans le cas de construction, la SHQ assume d'abord un rôle d'expertise, elle n'a pas nécessairement tous les pouvoirs. Mais c'est un domaine auquel on s'intéresse, on a quelques projets-pilotes, en particulier, dans le secteur privé, de la relation entre des banques de logements accessibles et des personnes en mobilité réduite. Je m'arrêterais là, pour vous laisser la chance de réagir. Je dirais qu'en gros les recommandations qui ont été développées par le Rapport Pelletier nous paraissent compatibles avec nos orientations, même si à la fois plus de recherches et sans doute plus de consultation et de coordination sont nécessaires avant d'aller plus loin sur certaines d'entre elles.

Présentation de M. Jean-Claude Ménard

La croissance de la population des aînés et ses implications. Au cours des années 1960 et 1970, le Québec a mis sur pied différents programmes sociaux pour offrir à sa population la sécurité du revenu et l'accessibilité aux services de santé. Ces régimes devaient se financer à même les ressources courantes d'une économie en développement. Toutefois, depuis le milieu des années 1970, le Québec a connu une évolution économique et démographique moins favorable que ce qui avait été anticipé initialement. Le gouvernement du Québec fait donc face à une situation problématique: les aspirations élevées de sa population face à des ressources limitées. La plupart des programmes sociaux sont financés par répartition, c'est-à-dire que le coût de ces régimes est supporté par les cotisations de l'année courante. Le Régime de rentes échappe un peu à cette règle, avec une réserve de 15 milliards de dollars disponible pour payer les prestations futures. Étant donné que la réserve constituée actuellement est inférieure aux engagements futurs du Régime, le vieillissement a un impact considérable sur le financement de ce Régime. Le vieillissement de la population est causé, comme vous le savez, par deux raisons principales: l'arrivée de la génération d'après-guerre, nous tous, les «baby-boomers». Cette cohorte a été créée par la forte fécondité des années 1950 à 1965, suivie d'une faible fécondité depuis ce temps. Parallèlement à la baisse de la fécondité, la longévité de la population québécoise s'est accrue depuis 1966, passant de 68 à 73 ans chez les hommes et de 75 à 80 ans, chez les femmes. Une amélioration similaire est prévue pour les 50 prochaines années. À cause de ces deux raisons, le vieillissement de la population s'accentuera au cours des 50 prochaines années, puisque, durant cette période, le ratio de la population âgée de 65 ou plus sur celle âgée de 20 à 64 ans passera de 18 % à 48 %. Il y aura donc 2 personnes actives pour 1 personne à la retraite d'ici 50 ans. La maturité du régime entraînera aussi une hausse du coût dans l'avenir. Comme le Régime de rentes est un régime relativement jeune (26 ans), une part importante de la population actuelle n'est pas admissible à une rente de retraite parce qu'elle n'a pas contribué au régime. Actuellement environ 65 % des personnes âgées de plus de 65 ans reçoivent la rente de retraite du Régime. D'ici 30 ans, plus de 90 % la recevront. Cela est dû principalement à l'augmentation de la participation des femmes sur le marché du travail.

  Le taux de cotisation et le financement de la Régie des rentes. Les dispositions actuelles de la loi sur le Régime de rentes du Québec stipulent que le taux de cotisation à être appliqué en 1992 sera de 4,8 %. Il continuera d'augmenter de 0,2 % par année jusqu'en 1996, pour atteindre 5,6 %. La dernière analyse actuarielle prévoit qu'en maintenant après 1996 une hausse annuelle des cotisations de 0,2 % jusqu'à ce que le taux atteigne 13,2 %, les fonds accumulés du Régime de rentes demeureront suffisants pour payer les prestations dues. L'existence d'une réserve atténue la hausse prévue du taux de cotisation, en réduisant le coût annuel du Régime imposé aux cotisants. En effet, en 1992, comme c'est le cas depuis 1983, une partie des revenus de placement générés par la réserve est utilisée pour combler l'écart entre les sorties de fonds et les cotisations. S'il n'y avait aucune réserve (la pension de la sécurité de la vieillesse en est un exemple), le taux de cotisation actuelle devrait être fixé à 6,3 % plutôt qu'à 4,8 %. Ceci constitue une économie tangible pour chaque travailleur. De plus, la réserve est disponible pour absorber, le cas échéant, les effets de fluctuation économique à court terme, qui autrement seraient directement reflétés dans le taux de cotisation. L'augmentation du taux de chômage en période de récession entraîne une diminution de la masse salariale, ce qui entraîne une augmentation immédiate du taux de cotisation si aucune réserve n'est constituée. Toutefois, la réserve ne doit pas être trop importante, car les taux de cotisation qu'elle aurait générés pourraient être trop élevés et pourraient nuire à la compétitivité de l'économie québécoise. Rappelons que le Régime de pension du Canada, qui couvre les 9 autres provinces canadiennes, est l'équivalent du Régime de rentes et que c'est un partenaire important lorsque vient le temps de déterminer les taux de cotisation. Une réserve, maintenue à un niveau égal à 4 ou 5 fois les sorties de fonds de l'année, permettra de réduire de façon importante le taux de cotisation imposé aux générations futures. Des revenus de placement équivalents au tiers des entrées (les deux autres tiers proviennent des cotisations) permettront de réduire le taux de cotisation d'environ 20 %. La réserve actuelle est d'ailleurs supérieure à 4 fois les sorties de fonds. Il sera donc nécessaire, au cours des prochaines années, d'augmenter le taux de cotisation. Cela n'est nullement une indication que la situation financière du Régime est moins bonne maintenant que ce qui avait été prévu lors de l'instauration du régime. Il aurait été possible, dès l'entrée en vigueur du régime, de prévoir un taux de cotisation beaucoup plus élevé que 3,6 % et ce taux aurait pu demeurer uniforme pendant une période de 50 à 75 ans. Le financement choisi a plutôt été l'utilisation d'un taux de cotisation plus faible pendant les 20 premières années, suivi d'une augmentation graduelle par la suite. Cette augmentation graduelle a débuté en 1987 et se poursuit maintenant.

Le rôle de la Régie des rentes dans l'avenir. Depuis quelques années, on assiste à un changement important dans l'opinion publique concernant l'ampleur du phénomène de la pauvreté chez les personnes âgées. Certaines études ont montré que les revenus des personnes âgées ont augmenté plus vite que les revenus du reste de la population. De même, d'autres études mentionnent que les 65 ans ou plus ont cédé leur place aux jeunes comme groupe majoritaire vivant sous le seuil de la pauvreté. Malgré cela, 35 % des personnes âgées ne bénéficient d'aucun régime de retraite, qu'il soit privé (régime complémentaire de retraite) ou public, comme le Régime de rentes. La principale source de revenus des personnes âgées demeure les prestations provenant de programmes publics. En 1987, 55 % des revenus provenaient des régimes publics, 16 % des régimes privés de retraite, 15 % de l'épargne privée et 14 % des revenus de travail et autres revenus. Dans l'avenir, la Régie aura un rôle de premier plan à jouer pour s'assurer que l'ensemble des travailleurs recevra un niveau de remplacement du revenu à la retraite adéquat par le biais des régimes publics, des régimes complémentaires de retraite et de l'épargne privée. D'ailleurs, la loi sur le régime complémentaire de retraite confie à la Régie une mission de promotion de la planification financière de la retraite. La Régie a un rôle à jouer quant à la sensibilisation des travailleurs à la nécessité d'épargner en vue de la retraite et quant aux moyens à prendre pour s'assurer que cette épargne servira aux fins de la retraite. La Régie devra également collaborer avec le secteur privé afin de répondre aux besoins de ses travailleurs. Finalement, en réaction à l'évolution démographique et socio-économique du Québec, la Régie est l'organisme gouvernemental le mieux outillé pour assumer un leadership efficace en matière de protection financière à la retraite. Il s'agit d'un complément logique à son mandat de base. En ce sens, la Régie des rentes ne peut qu'être en total accord avec la recommandation du Groupe d'experts sur les personnes aînées, à savoir que soit mieux équilibrée la capacité de toutes les personnes à se doter d'un revenu de remplacement à la retraite, en privilégiant des mesures d'assurance plutôt que des mesures d'assistance. C'est la raison d'être de la Régie des rentes.

Présentation de Me Pierre Audet

Le ministère de la Justice est interpellé, mais il est aussi intéressant pour lui d'écouter ce que vous avez à dire. Puisqu'on parle d'interpellation du ministère de la Justice, le Rapport Pelletier a fait écho à certaines recommandations du Rapport MacDonald sur l'accessibilité à la justice. Très brièvement, je vous rappelle que le Rapport MacDonald sur l'accessibilité à la justice a été publié en juin 1991 et faisait suite au mandat donné par le ministre de la Justice à quelques personnes, dont le président Rodrigue MacDonald, pour essayer d'identifier des mesures facilitant, d'une façon générale, l'accès à la justice à l'ensemble de la population. Or, au cours de nos travaux, nous nous sommes rendus compte qu'il y avait des besoins particuliers auxquels les mesures générales proposées pour l'ensemble de la population ne correspondaient pas, ce qui impliquait aller plus loin. En ce sens, le Rapport MacDonald a formulé sept recommandations.

Cinq de ces recommandations se retrouvent dans le Rapport Pelletier: *une première recommandation propose un programme d'in-*

formation juridique aux bénéfices des personnes aînées, un des groupes cibles identifié par le rapport MacDonald. À cet égard, le ministère de la Justice est considéré comme ayant la responsabilité ou un leadership à exercer en la matière, en collaboration avec d'autres intervenants, le Barreau et la Chambre des notaires, notamment. Également, on a proposé *l'adoption d'une politique d'intervention pour lutter contre la violence à l'endroit des personnes aînées,* ce fléau social qui affecte la population aînée au Québec. Évidemment, le Rapport MacDonald n'a pas inventé ce problème-là, il existe depuis plusieurs années, vous le connaissez sans doute mieux que moi; cependant, le Rapport MacDonald a peut-être rappelé au milieu juridique qu'il existait un problème à cet égard. On a souhaité *la collaboration des bureaux d'aide juridique avec les CLSC.* On a également souhaité *que la formation des étudiants (soit aux facultés de droit, soit au sein des corporations) fasse en sorte que les membres ou futurs membres du Barreau et de la Chambre des notaires soient mieux sensibilisés aux questions juridiques concernant les personnes aînées.* Il a été question également *de mise sur pied de cliniques juridiques par des étudiants,* donc une implication des facultés de droit auprès de la population aînée, et également de *cliniques juridiques communautaires,* c'est-à-dire *faire en sorte qu'un bureau d'aide juridique se spécialise plus particulièrement sur les problèmes juridiques pour les personnes aînées.* Le Rapport Pelletier ajoute également, service d'aide et d'accompagnement (à la page 78 du Rapport Pelletier). Le Rapport MacDonald a servi de document de réflexion lors du sommet de la justice qui, comme vous le savez peut-être, s'est tenu à Québec du 17 au 21 février 1992. Ce sommet a été l'occasion finalement de prendre des engagements, pour le Ministère mais aussi les différents partenaires. Or, lors de ce sommet, le ministère de la Justice a pris quelques engagements qui intéressent plus particulièrement les personnes aînées.

Une première mesure extrêmement importante (il en a été question lors de la discussion cet après-midi dans l'atelier sur la sécurité) concerne *l'adoption par le ministère de la Justice, dans les meilleurs délais, d'une politique d'intervention pour lutter contre la violence à l'endroit des personnes aînées.* Cette politique serait de même nature que celle qui est déjà appliquée à l'égard de la violence conjugale. Dans le cadre de cette politique, les policiers et les substituts du procureur général, donc le procureur de la couronne, seront appelés à recevoir une formation spéciale. Évidemment, les personnes aînées, les organismes qui les représentent ou travaillent auprès d'eux seront dûment informés. Cette politique devrait viser en principe tant la violence physique que psychologique. Elle devrait être établie en collaboration avec les différents ministères et organismes impliqués, et en consultation, dans la mesure du possible, avec les organismes intéressés.

Une deuxième mesure, qui s'adresse à différents groupes cibles, dont les personnes aînées, *est le programme de soutien financier auprès des organismes communautaires.* À l'occasion du sommet de la Justice, le ministre de la Justice a reconnu l'importance de l'action communautaire et la nécessité d'un partenariat avec les groupes sociaux et communautaires, en matière d'éducation, d'information et de prévention. À cet égard, il a annoncé la mise sur pied d'un programme de soutien financier aux organismes communautaires de 1,1 million de dollars. Le but de ce programme est de favoriser l'accessibilité à la justice pour certains groupes cibles qui sont plus particulièrement défavorisés en matière d'accès à la justice ou qui ont des besoins particuliers, et la mise en place de services juridiques spécialisés et adaptés à ces clientèles. Aussi, l'un des buts de ce programme est de renforcer le rôle de partenaire des organismes communautaires auprès des intervenants traditionnels en matière de justice. Quels genres d'activités pourront être soutenus par ce programme? On peut énumérer, sans que ce soit exhaustif ni limitatif, les activités d'information et d'éducation qui visent à aider les groupes cibles à mieux comprendre le système judiciaire notamment; les activités d'assistance et d'accompagnement, ici on rejoint les recommandations du Rapport MacDonald et celles du Rapport Pelletier, qui visent à intervenir concrètement pour faciliter l'accessibilité à la justice à ces groupes cibles. Il va sans dire que le Ministère a identifié les personnes aînées comme étant un groupe cible devant être favorisé par ce programme de soutien financier aux organismes communautaires. Donc, au fur et à mesure que les travaux avanceront, le Ministère annoncera, probablement vers l'automne, quelque chose de plus précis au niveau du programme comme tel.

Le *Sommet de la justice* a été l'occasion pour plusieurs intervenants de prendre des engagements; le thème du sommet d'ailleurs était «Une responsabilité à partager», certains d'entre vous ont participé à ce sommet, et même aux travaux préliminaires, et le Barreau du Québec et la Chambre des notaires, associés au Ministère et à d'autres organisations, se sont engagés à faire en sorte qu'on s'intéresse plus particulièrement, ou qu'on vienne en aide aux personnes aînées. Pas plus tard que la semaine dernière, il s'est tenu, organisé par le Barreau du Québec, un premier colloque sur le droit des personnes aînées, colloque qui a permis de produire un document de base sur le droit des aînés, fort intéressant, qui traite de différentes questions, et qui pourrait être utile. Le ministère de la Justice a collaboré à la tenue de ce colloque. Il y a actuellement un mouvement, du moins du point de vue justice et juridique, un mouvement d'intérêt vers les personnes aînées.

DISCUSSION AVEC LES PARTICIPANTS

Les services juridiques spécialisés pour les travailleurs et les travailleuses vieillissants

Q.: Je suis un peu étonné d'entendre le représentant du ministère de la Justice souscrire fortement à la création de services juridiques spécialisés pour les personnes aînées quand le gouvernement par ses projets de loi affaiblit des droits existants. Il reste deux provinces à ma connaissance au Canada qui n'ont pas ce qu'on appelle un service de conseillers aux travailleurs et aux employeurs en matière d'accidents du travail et de maladies professionnelles. Celui qui est probablement le mieux équipé, c'est celui de la province d'Ontario, et il ne coûte que 9 millions de dollars par année. En Ontario, n'importe quel travailleur ou travailleuse (et ça s'applique à tous les travailleurs et à toutes les travailleuses accidentés, mais particulièrement aux personnes vieillissantes au travail, celles de 55 et plus) qui a des difficultés peut se présenter à l'un des 13 bureaux régionaux, où se trouvent quelque 60 conseillers et conseillères en accidents du travail et obtenir, aux frais du gouvernement — des budgets du bureau des conseillers des travailleurs —, par exemple les expertises médicales pour que sa cause soit poursuivie devant toutes les instances d'appel à l'intérieur de la Commission des accidents du travail de l'Ontario, et à la Commission d'appel, qui est indépendante de la CAT elle-même. À quand un tel mécanisme ici, pour protéger les travailleurs vieillissants et les travailleuses vieillissantes victimes de maladies professionnelles et d'accidents?

P.A.: C'est une question qui va au-delà peut-être du mandat que j'ai reçu, puisqu'il s'agit de choix politiques. La question est pertinente, et intéressante, et je la soumettrai aux autorités compétentes. Il demeure une chose très claire: lorsque le ministère de la Justice met sur pied le programme de soutien financier, il ne choisit pas les outils qu'utiliseront les groupes communautaires intéressés, travaillant auprès des personnes aînées, ou les outils qu'ils voudront se donner pour venir en aide à leur clientèle. Si les groupes communautaires veulent mettre sur pied des cliniques spécialisées, le programme de soutien sera là mais ce n'est pas le Ministère qui décidera. En ce sens, si effectivement il y a des groupes qui étaient intéressés à une telle clinique, le programme de soutien financier sera là pour répondre à ce type de demandes.

Les effets d'une augmentation possible des naissances

Q.: Ma question s'adresse à M. Jean-Claude Ménard. Vos statistiques concernant la population âgée sont très belles et très bonnes, mais n'auriez-vous pas oublié quelque chose? Par exemple, l'augmentation des naissances ne survient pas au même rythme que la population vieillissante et dans 20 ans ne croyez-vous pas que tout ça s'équilibrera et que les coûts ne seront pas plus élevés? J'aimerais beaucoup si vous pouviez faire une recherche là-dessus.

J.C.M.: Je pense que votre intervention était très pertinente et effectivement, concernant l'augmentation des naissances, les bonnes nouvelles sont que depuis 1987 jusqu'à aujourd'hui, 1991, l'indice de fécondité est passé de 1,35, à 1,7. Il y a une augmentation des naissances; cependant, il y a une augmentation de l'immigration aussi. Ces deux phénomènes retardent le vieillissement de la population et vont certes améliorer le coût du régime à long terme. Maintenant, il y a quand même eu une période où l'indice de fécondité se situait autour de 4 dans les années 1960 et tous les graphiques et tableaux sur la répartition de la population québécoise montrent qu'un bloc de personnes, âgées présentement de 30 à 45 ans, sont plus nombreuses que les générations précédentes. Donc, effectivement, ça peut baisser les coûts, quoiqu'ils vont quand même être à la hausse, à l'avenir.

Questionnement sur les priorités gouvernementales

Q.: Je suis retraité et j'ai trouvé intéressant que les trois programmes qui sont exposés, que ce soit Régie des rentes, SHQ, fassent des progrès et essaient d'améliorer de l'intérieur. Mais je ne peux pas m'empêcher de penser au titre du Rapport Pelletier qui est «le nouvel équilibre des âges». Et ça me fait penser que souvent ces programmes-là ont été faits au moment où notre société était très jeune, où les 65 ans ou plus représentaient peut-être 5 % ou 6 % de la population et on prévoit combien en l'an 2000, vous l'avez dit M. Ménard, peut-être 13 % ou 14 %. Et alors, une question que je me pose, où est la politique globale du vieillissement, en tenant compte du vieillissement de la population. Je suppose que ce qui a été fait pour une population disons de 5%, ça ne vaut plus quand il y a peut-être deux ou trois fois plus. Est-ce que la Régie des rentes s'ajuste à ce nouvel équilibre des âges, est-ce que les HLM aussi, est-ce que les autres aussi? Il me semble qu'on a de la difficulté à voir les objectifs d'une politique globale. Est-ce que c'est l'autonomie des personnes âgées, est-ce que c'est la participation sociale des personnes âgées, est-ce que c'est la qualité de vie, et comment vos programmes peuvent se rajuster en fonction des priorités? Et j'ai beaucoup aimé l'approche de monsieur Pierre Audet du ministère de la Justice, où on essaie de cibler, d'identifier les groupes à risque, les groupes cibles, qui peuvent constituer des objectifs de programmes. Et dans le cas des rentes, on sait bien que même si la moyenne est bonne actuellement, il y a un vieillissement différentiel, il y a beaucoup de gens qui ne sont pas couverts par la Régie, que ce soient les familles monoparentales, que ce soient les personnes qui sont restées à la maison, parce que ça fait pas partie de l'assurance. Alors, qu'est-ce qu'on fait pour ces gens-là? On a parlé des ouvriers à risque qui doivent subir un environnement qui est assez dommageable pour la santé; les cas de locataires, je veux bien croire que les propriétaires c'est très bien, mais il y a une situation de locataires, surtout dans la région de Montréal. Et alors, la question que je me pose, c'est comment priorisez-vous vos programmes en fonction d'une hypothétique politique du vieillissement de la population?

Justice pour les femmes qui n'ont jamais été sur le marché du travail continu

Q.: Ma question s'adresse à M. Ménard. Vous avez dit tantôt qu'actuellement 65% des gens de plus de 65 ans reçoivent les rentes du Québec. J'émets l'hypothèse que l'autre 35% doit être composé en partie de femmes qui n'ont jamais travaillé. Pourquoi ne peut-on calculer le travail domestique de ces femmes-là? Actuellement, si on prenait la base du salaire industriel moyen, environ 550 $/sem. Si on calculait sur une base de la moitié de ça, 225 $/sem. pour que ces femmes puissent se constituer une rente de retraite. Elles arrivent à 65 ans, si elles sont seules, obligées de se fier seulement au régime des pensions du fédéral et du supplément de revenu garanti. C'est une question d'équité. On doit absolument ne pas exclure ces femmes qui ont travaillé toute leur vie. Moi-même quand j'enseignais, j'ai perdu mon emploi quand je me suis mariée, j'ai été plusieurs années à la maison, et il me manque des années parce que j'ai élevé mes enfants. C'est pas juste. Il me semble que c'est au gouvernement à redresser ces injustices-là.

L'adaptation de la Régie des rentes aux réalités des aînés

N.R.:   On va demander maintenant aux invités, lequel ou lesquels sont intéressés à aborder la première question: Comment s'arrime l'ensemble des programmes en fonction d'une éventuelle politique du vieillissement?

J.C.M.: Je répondrais qu'en 1966, lorsque le régime a été instauré, si on avait eu le vieillissement qu'on aura disons dans une vingtaine d'années, on aurait dû demander aux travailleurs à cette époque, 10 %. Parce que c'était l'instauration d'un nouveau régime et que, lors de l'instauration de régimes de retraite, il y a plus de cotisants que de bénéficiaires, le gouvernement a choisi un taux de cotisation plus faible. La Régie des rentes s'adapte, elle se dirige vers le coût réel du régime de rentes. Je pourrais vous dire qu'actuellement, un bénéficiaire de la rente de retraite reçoit environ six fois le montant de ses cotisations versées. Donc, à l'heure actuelle, c'est intéressant pour toute personne de bénéficier du régime de rente. Évidemment, on s'en va vers le coût réel, donc vers une augmentation du taux de cotisation. Mais je voulais peut-être laisser un message additionnel, c'est qu'actuellement, si on n'avait pas de réserve, on paierait 6,3 % du taux salarié-employeur, alors qu'on en paie présentement 4,8 %. Pour un salarié, ça veut dire à peu près 1 000 $ pour quelqu'un qui gagne 30 000 $ au lieu de 700 $ actuellement.

La reconnaissance du travail domestique

N.R.:   Et pour la question de Madame, est-ce que vous avez une réponse? Madame posait une question relativement à la reconnaissance du travail domestique par exemple.

J.C.M.: Question très embêtante! Ça a fait partie des priorités gouvernementales en 1985, si vous vous rappelez; le gouvernement à l'époque a parlé d'une couverture potentielle des conjoints au foyer au régime de rentes. C'est vrai la question d'équité que Madame soulève. On a eu des travaux à faire à ce sujet et c'est une mesure qui est dispendieuse. Et je ne peux pas vous dire beaucoup plus que ça. J'imagine que, s'il y a des pressions additionnelles, on réagira peut-être en produisant des études et des travaux additionnels sur ce sujet.

L'intersectoriel et une politique globale du vieillissement

N.R.:   Alors deux autres questions, monsieur Lapointe en un premier temps et monsieur Audet, eu égard aux questions qui ont été posées.

J.L.L.:   En ce qui a trait à la politique globale de vieillissement, disons que, évidemment, je pense que c'est souhaitable. J'irai simplement de deux commentaires parce qu'au fond je pense que chaque secteur devrait adapter ses interventions au vieillissement de la population. Cependant, il y a quand même des points communs dans la mesure où, devant l'importance accrue du nombre de personnes âgées, il faut une harmonisation plus grande entre les interventions des différents ministères. Harmonisation plus grande par exemple de la SHQ avec le MSSS, je sais qu'il en a été question ce matin. Un des objectifs qui est au cœur du Rapport Pelletier, c'est de prolonger la vie chez soi, et il y a un allongement de l'espérance de vie, donc ça commande des solutions plus fines, où il ne s'agit pas seulement pour nous de prévoir le meilleur concept architectural pour les aînés, mais aussi de s'assurer que les services soient disponibles, et cela commande des solutions au niveau national mais aussi au niveau local. C'est la même chose en matière de sécurité du revenu où, encore là, la frontière entre l'aide au logement et l'aide au revenu est bien ténue, et souvent, il faudra pour arrêter les meilleures solutions — puisque le nombre de personnes dans le besoin va augmenter, même si la situation financière des aînés s'est améliorée dans les années 1980 — encore là, il faudra s'assurer de rendre complémentaires nos interventions. La même chose au niveau du régime fiscal. On a parlé d'intervention municipale concernant le remboursement d'impôt foncier, l'État est déjà actif. Mais il faut s'adapter à des phénomènes comme ceux qu'on mentionnait, c'est-à-dire de plus en plus de gens choisissent de demeurer propriétaires. Donc, en matière d'habitation, il faut une intervention peut-être un peu plus cossue en matière de restauration, en matière de taxes et elles sont en mesure de le faire, ces personnes-là. Et il faut s'assurer évidemment qu'il y a des services. En ce sens, je pense que ça rejoint une de vos préoccupations.

La loi 120 et la défense des droits

Q.:   Moi, je travaille dans un organisme communautaire, et avec la loi 120, on attend beaucoup d'un organisme régional qui

aura à voir à la défense des droits et l'aide à apporter aux personnes qui ont des difficultés à faire respecter leurs droits ou à
obtenir des services d'aide et d'accompagnement. Mais la question que je me pose, est-ce que l'argent qui va être dévolu à
l'organisme communautaire sur une base régionale va venir du
ministère de la Justice ou c'est quelque chose d'indépendant,
donc l'argent viendrait d'un autre ministère? Par ailleurs, il est
question d'un organisme régional, mais lorsqu'on est en région,
et que le territoire est relativement vaste (dans les Laurentides, il
y a au moins 250 km de distance). Si l'organisme est à 200 km de
là, comment fera-t-il pour bien défendre les droits des gens qui
vont être à l'autre bout du territoire?

P.A.:   En ce qui regarde la défense des droits, je ne suis pas, loin
de là, un spécialiste de la loi 120, d'autres personnes pourront
préciser certaines choses. Mais en ce qui regarde spécifiquement
la justice, il est clair que c'est un programme complètement différent. Le Ministère ne distribue absolument pas l'argent d'un autre
ministère. C'est une somme totalement différente. Il va sans dire
qu'au niveau de la conception, et de l'élaboration du programme,
il y aura peut-être des concertations au sein de l'appareil gouvernemental, mais il reste que c'est une chose qui est complètement
différente, qui fait en sorte que les critères seront probablement
différents, la clientèle différente, dans la mesure où c'est le soutien au système judiciaire ou à l'information qu'il peut y avoir en
regard de la mission du ministère de la Justice comme tel. Ça ne
veut pas dire qu'il n'y a pas de chevauchements possibles, mais
comme tel l'objectif de la loi 120, à moins qu'on me corrige, je
pense que c'est en regard des institutions hospitalières, centres
d'accueil, et de la défense des droits dans le milieu hospitalier
périphérique sans doute. Mais en ce qui concerne le programme
de soutien financier du ministère de la Justice, c'est vraiment en
regard de la mission du ministère de la Justice.

N.R.:   Et peut-être, si je pouvais ajouter mon grain de sel sur la
question du territoire, ou sur le souci de l'étendue du territoire en
rapport avec les organismes qui auront à assumer ou à accompagner en ce qui concerne l'exercice des droits. Il y a un souci réel
de tenir compte du sous-régional, de manière à ne pas noyer, dans
l'ensemble d'un territoire, les perspectives ou les possibilités
pour les gens d'exercer des recours, mais aussi de participer à
d'autres égards au cheminement dans le secteur de la santé et des
services sociaux.

La collaboration des bureaux d'aide juridique avec les CLSC

Q.: Monsieur Audet, le Rapport Pelletier interpelle également le ministère de la Justice surtout en ce qui a trait à la mesure 98, soit la collaboration des bureaux d'aide juridique avec les CLSC. Est-ce que, de la part de votre Ministère, il y a eu un engagement en ce sens?

P.A.: Je n'ai pas entendu comme tel de prise d'engagement ferme là-dessus. Mais est-il vraiment besoin d'en prendre un dans la mesure où les bureaux d'aide juridique ont déjà pour mandat de desservir des régions. On l'a mentionné dans le cadre des travaux préliminaires du sommet de la Justice, il y a beaucoup de bureaux d'aide juridique qui font cette collaboration-là. Mais il y a encore beaucoup à faire. Je sais qu'au niveau de la Commission des services juridiques, ils sont sensibilisés à cela. Maintenant, concrètement, il faut que ça descende dans la machine, si vous permettez l'expression. Il doit y avoir un travail qui doit se faire à ce niveau, mais déjà ils sont sensibilisés comme tel.

La violence contre les personnes aînées et les relations entre la SHQ et les municipalités

Q.: Je voudrais d'abord adresser un commentaire à Me Audet. Il nous a dit qu'il y avait eu une mesure annoncée sur une politique d'intervention concernant tout le domaine de la violence envers les personnes âgées. Je sais qu'il ne répondra pas à mon commentaire, mais je vais le lui dire pour qu'il en fasse le message au ministre. Lui rappeler que la Fédération de l'Âge d'or du Québec fait partie de la coalition pour l'abolition de la vente itinérante des préarrangements funéraires, et que depuis cinq ans nous demandons cette abolition et, malheureusement, le ministre ne répond pas. Alors peut-être faut-il lui faire le message. Mon autre question, c'est à M. Lapointe, concernant les rapports de la SHQ avec toutes les municipalités. Vous avez parlé des problèmes de zonage, entre autres avec les pavillons-jardins; je crois qu'il y a également des problèmes concernant l'amélioration du code de bâtiment, particulièrement dans le domaine de la sécurité des centres d'accueil dans certaines villes. Quels sont les travaux que vous avez déjà amorcés à ce sujet?

J.L.L.: Essentiellement, le ministère des Affaires municipales est tenu au courant de l'évolution des travaux parce que, pour arriver à tester certaines formules d'habitation, il a fallu se servir de dispositions de la Loi de l'aménagement et de l'urbanisme. Nos discussions avec le Ministère se poursuivent donc quant à des amendements éventuels, parce qu'on n'en est encore qu'à l'expérimentation, ce que le cadre législatif actuel nous permet. La prochaine étape serait d'obtenir des amendements à la loi ou soit des amendements aux réglementations locales selon le cas. Dans le cas des pavillons-jardins, il y a aussi des contraintes au niveau de la réglementation. Par ailleurs, lorsqu'on pense au code du bâtiment, notre rôle à la SHQ sur les codes de construction en est un d'expertise. Il est vrai qu'il y a des délais dont je suis informé au niveau de la promulgation du code du bâtiment, mais on ne peut pas nécessairement l'imputer aux municipalités. La prochaine étape implique des contacts avec le ministère du Travail. Je peux dire qu'il y a eu une refonte de structures, en février, il y a une nouvelle régie du bâtiment qui a été mise en place, mais on vit certains délais au niveau de la publication du code du bâtiment.

La violence faite aux personnes aînées

Q.: Je suis très content d'entendre Me Audet dire que le ministère de la Justice va mettre de l'avant une politique d'intervention. Mais par contre quand il dit «sur le modèle de la violence faite aux femmes», ça me fait peur un peu. Première question, est-ce que cette politique d'intervention va être faite en collaboration avec le ministère de la Sécurité publique telle que la recommandation avait été modifiée lors des travaux du sous-comité l'automne passé? Et mon second point, c'est que lors de ces discussions, lors des comités préparatoires, plusieurs intervenants avaient émis le souhait que, lors de la préparation de cette politique d'intervention, on tienne compte de ce qui se fait déjà sur le terrain. Plusieurs intervenants se sont impliqués à fond pour essayer de trouver des solutions, des modes d'intervention, et plusieurs intervenants ont peur un peu que la politique d'intervention qui sera proposée ne tienne pas compte de ce qui se fait. La coalition «Vieillir sans violence» regroupe une cinquantaine d'organismes, tous concernés par cette problématique; je suis certain que la majorité d'entre eux aimerait être consultée ou qu'on tienne compte de ce qu'ils ont fait dans le passé, et de ce qu'ils font dans le présent pour tenter de lutter contre la violence faite aux personnes âgées. Alors, est-ce que le Ministère a l'intention de consulter ceux qui déjà sont impliqués avant de formuler sa politique d'intervention et de formation?

P.A.: Question fort pertinente. Au niveau de la collaboration des ministères de la Justice et de la Sécurité publique, je pense que c'est acquis. Il va sans dire que des discussions vont avoir lieu au plan gouvernemental, MSSS, Justice, Sécurité publique, de la même manière que la politique d'intervention en matière de violence conjugale. Lorsqu'on dit que le modèle sera celui-là, ça ne veut pas dire qu'il sera exactement le même. Il s'agit d'un modèle que le Ministre a annoncé. Comme il en existe déjà un en cette matière, alors aussi bien penser regarder ce qui se passe là, et voir si l'on peut pas prendre des choses pour l'instaurer pour la violence envers les personnes aînées. Maintenant, concernant la consultation et l'importance de tenir compte de ce qui se fait, je pense qu'une des premières étapes avant d'adopter une politique est de faire un bilan. Or ce bilan impose de vérifier ce qui existe déjà et à partir de là de décider ce qu'on doit faire pour aller plus loin. Tout ça est imbriqué. Au niveau de la consultation, je ne peux m'engager au nom du ministère de la Justice, mais vous comprendrez que, s'il y a un bilan à être dressé de ce qui se fait actuellement, le ministre de la Justice l'a dit lors du sommet de la justice: il est de son intention de partager la responsabilité en matière de justice. Un des corollaires, c'est de consulter, partager les responsabilités, travailler ensemble.

Les propriétaires de 65 ans ou plus

Q.:   Ma question s'adresse à M. Lapointe. Il m'a provoqué une question, et je voudrais partir tranquille. Il a dit que les gens de plus de 65 ans étaient plus propriétaires qu'avant. Je me demande si sa référence est provinciale ou nationale, ou locale. Parce que c'est très important au point de vue des politiques dont vous venez de parler Monsieur. Les politiques globales, ça touche beaucoup la question des résidences, et il y a beaucoup de différences entre l'aide apportée au propriétaire et au locataire, et je suis inquiète à ce sujet.

J.L.L.:   Ma référence était évidemment nationale. Globalement, c'est vrai, il demeure que dans l'île de Montréal, et c'est important, on peut presque inverser les proportions observées à l'échelle du Québec. Il n'empêche que ça commande quand même une intervention plus variée, puisqu'il faut s'adapter à ces phénomènes. Bien sûr, on a déjà adopté les formes d'intervention qui visent à donner des solutions résidentielles, et on est plus à l'aise avec ça à Québec. Il faut prendre le virage vers les solutions mixtes: la restauration peut-être pour les propriétaires, et une intervention plus souple aussi pour les locataires.

N.R.:   Dans les ateliers, d'ailleurs, il y a beaucoup de préoccupations à cet égard qui sont venues sur la table. Que ce soit le fait que certains pensent qu'on subventionne trop les bâtiments plutôt que les personnes, d'autres qui ont exprimé des réserves sur la mixité, le partage des logements, etc. Alors, ce sont des préoccupations qui ont cours.

Le statut des recommandations au sommet de la justice

Q.:   Ma question s'adresse à Me Audet. Est-ce que vous pourriez me préciser quel est le statut des recommandations ou des engagements pris au Sommet de la justice. Quel est leur statut, qu'est ce qui va certainement en advenir. Et deuxièmement, le ministère de la Justice, dans tous les domaines dont nous parlons ici, entend collaborer avec quels autres organismes, quels autres ministères, de façon à ce que son action, tout en étant spécifique, ne soit pas isolée? Est-ce que vous pourriez nous donner des précisions sur les organismes avec lesquels le ministère de la Justice va collaborer pour la mise sur pied de choses favorables à la situation des personnes âgées?

P.A.:   Encore là, une question très pertinente. Au niveau du statut des engagements, ce que je peux vous dire à ce moment-ci, c'est que, suite au sommet, le Ministre s'est engagé à publier les Actes du sommet, qui devraient être publiés à l'automne (mais je ne peux garantir quoi que ce soit à ce moment-ci). Un document qui comprendra non seulement les états de situation qui avaient été produits dans le cadre des travaux préparatoires, mais également les comptes rendus des discussions au sein des groupes de travail, ce qui peut paraître très pertinent au niveau de la préparation du sommet, qui va également comprendre les discussions tenues lors du sommet et les engagements. Tout cela sera un document public qui comprend les engagements non seulement du Ministère mais d'autres partenaires en matière de justice: Barreau, Chambre des notaires, organismes communautaires et tout autre organisme et ministère qui sont impliqués. Le Ministère étudie actuellement différentes formes que prendra le suivi. Il est question d'un secrétariat. Je sais que par ailleurs d'autres intervenants se sont annoncés comme étant les chiens de garde du suivi du Sommet, le Protecteur du citoyen et quelques autres organismes qui vont examiner avec un très grand intérêt ce qui va ressortir du Sommet. C'est un engagement formel qui fait en sorte qu'il devrait y avoir un suivi dans les meilleurs délais, compte tenu évidemment des contraintes budgétaires, des ressources humaines, et de la participation des différents organismes qui se sont montrés intéressés. Au niveau de la collaboration, l'idéal est la collaboration de tous ceux et celles intéressés. Je ne suis pas en mesure à ce moment-ci de vous donner une liste exhaustive. Évidemment ce sont les partenaires habituels, plus tous ceux qui œuvrent auprès des personnes aînées: la Commission des droits de la personne, c'est bien sûr un organisme qui s'intéresse aux droits des aînés, même chose pour la Justice, le curateur publique, on pourrait en ajouter d'autres comme ça, mais faire une liste exhaustive à ce moment-ci serait prématuré.

Q.:   Concernant les ministères, avec quels autres ministères la Justice entend-elle mettre en œuvre?

P.A.:   Je ne crois pas qu'il y ait de discussions formelles en cours. Il faut se rappeler qu'il y a un Secrétariat des affaires sociales, qui fait en sorte qu'il y a une coordination de toutes les politiques adoptées par les ministères. Donc, au sein de l'appareil gouvernemental, même si on ne voit pas toujours les résultats, il y a une consultation, une concertation qui se fait, qu'elle soit officielle, officieuse, il y en a toujours une qui se fait à l'interne.

Un salaire pour les femmes au foyer

Q.:   Ma question s'adresse à M. Jean-Claude Ménard. Puisque la richesse d'un pays c'est son peuple, et que la femme au foyer joue un rôle important dans l'éducation des jeunes, et qu'il semble trop coûteux de lui offrir un salaire, peut-on considérer un boni annuel?

N.R.:   M. Ménard, mandat, exécution!

J.C.M.:   Je suis content que vous rameniez ça sur le plancher, même si c'est un sujet très délicat, parce que je voulais ajouter un peu à ce que j'ai dit à la dame, tantôt. Il existe présentement une mesure pour reconnaître jusqu'à un certain point le travail au foyer, et c'est le partage de la rente de retraite entre conjoints, au moment de la retraite. Cette mesure est disponible pour le Régime de pensions du Canada, et elle est actuellement à l'étude pour le Régime de rentes du Québec. Maintenant, le Régime de rentes, c'est un régime de retraite, c'est un régime d'assurances. Donc, on verse une prestation lorsqu'il y a cotisation. Je ne vois pas ce qui empêcherait des cotisations volontaires au chapitre du travail au foyer comme au chapitre de tout autre travail. Mais je pense que la présence de la cotisation est nécessaire.

Le taux de cotisation de la Régie des rentes

Q.:   Ma question s'adresse à M. Ménard. Vous avez parlé du rôle que joue la Régie des rentes en ce qui concerne la sécurité financière, en parlant des rentes, un régime de retraite et que vous aviez un second rôle, celui de vous assurer que les régimes complémentaires, c'est-à-dire ceux qui appartiennent au secteur privé, aient suffisamment de provision pour garantir les obligations du régime, c'est-à-dire les prestations. Avec ce que vous nous avez dit, ça prendrait 5,6 % de cotisation de Régime des rentes pour assurer une provision suffisante pour payer la génération future, si j'ai bien compris tout à l'heure. Quel sera le taux de cotisation que vous avez fixé pour garantir les prestations dans le cadre de la Régie des rentes, parce que ça monte graduellement.

J.C.M.: Actuellement, 4,8 % en 1992. La loi stipule que ce taux-là augmente jusqu'à 5,6 % en 1996, la loi est muette, quant à la suite. Le Régime de pensions du Canada, lui, prévoit une hausse du taux de cotisation pour les 25 prochaines années, et on va atteindre quelque part 11 % ou 12 %. C'est le coût réel du régime. Maintenant, si on ne maintient pas une réserve suffisante, comme la dernière analyse actuarielle le montrait, on paiera 13 %, peut-être même 14 %.

Les prestations futures de la Régie des rentes

Q.:   Est-ce qu'il est dans l'idée du gouvernement de garantir les obligations du régime ou d'abaisser ce qu'on appelle les obligations du régime, et je fais référence à 1982, où les gens avaient payé un régime et où, aujourd'hui, les prestations dont bénéficient les retraités du gouvernement ne sont plus celles prévues initialement. C'est donc baisser les bénéfices. Aujourd'hui, les retraités reçoivent une indexation à l'indice des prix à la consommation moins trois, ce qui fait que cette année, ils ne reçoivent rien. Si l'indexation est à deux, et bien, il n'y a rien. Et pourtant, ils ont payé pour une prestation, ce qu'on appelle les obligations du régime, c'est ça l'obligation. Alors, qu'est ce qui garantit à la population en général que la Régie des rentes va assumer ses responsabilités?

J.C.M.: Très bonne question. Actuellement, il n'est aucunement dans l'intention du gouvernement de diminuer les bénéfices d'une quelconque façon, et je vous ferais référence à l'état de participation que chacun d'entre vous ici peut demander auprès de la Régie des rentes. Vous recevez l'état de vos gains depuis 1966 avec une estimation de votre prestation. Ça, c'est un contrat, je pense à tout le moins solide, entre individu et gouvernement. C'est plus solide que ce qui est en train d'arriver à la pension de sécurité et de vieillesse où dans ce cas, on rembourse. Tout retraité dont les revenus annuels sont de plus de 50 000 $ doit rembourser la pension de sécurité et de vieillesse (en 1992, je pense que c'est 53 000 $). Actuellement, ça semble gros ce chiffre-là, mais il est indexé à l'indice des prix à la consommation, moins 3 %. Dans 25-30 ans, la pension de sécurité et de vieillesse, si rien n'est apporté pour corriger le tir, va devenir un supplément de revenu garanti, plus. Mais on n'a jamais eu de contrat individu vs gouvernement au niveau de la pension de sécurité et de vieillesse, pour dire combien est-ce que j'ai accumulé de droits pour la pension de sécurité et de vieillesse, alors que pour le Régime de rentes, vous pouvez demander votre état de participation et vous savez ce à quoi vous aurez droit, lorsque vous serez à la retraite ou invalide. Ou lorsque vous décéderez, le montant que les ayant droits recevront.

Q.:   Et la prestation que tout Québécois reçoit de sa Régie des rentes, elle est connue, on connaît les règles, et le gouvernement entend-il les modifier dans l'avenir, c'est ça le sens de ma question?

J.C.M.: Aucunement.

Q.:   Alors, il va respecter l'obligation du Régime des rentes?

J.C.M.: Absolument.

Q.:   Mais pourquoi le gouvernement ne respecte-t-il pas lui-même ses propres obligations dans le cadre de son régime de retraite des employés. Vous n'avez pas de réponse à donner, mais je la pose quand même?

J.C.M.: J'aimerais bien le savoir, étant moi-même employé.

N.R.:   Alors, on va chercher! Madame.

L'assurance au lieu de l'assistance

Q.:   M. Rodrigue, vous avez parlé tantôt de concertation entre divers ministères. Quand on regarde la recommandation du Rapport Pelletier, où on dit qu'on devrait privilégier des mesures d'assurance plutôt que des mesures d'assistance, il me semble que là, il faudrait rejoindre le ministère du Travail, pour qu'une politique de plein emploi soit mise sur pied. Comment voulez-vous que les gens, surtout les jeunes aujourd'hui, les jeunes femmes, puissent se ramasser de l'argent, contribuer à des Régimes de retraite complémentaires, ou des REER, ou toutes ces mesures-là, quand elles ont des emplois précaires, des emplois à temps partiel. Jamais ces personnes-là ne pourront se ramasser 35 années complètes de cotisation. Alors, c'est là qu'il faut faire des pressions, pour une politique de plein emploi pour tous ces jeunes-là.

CONCLUSION

N.R.:   Cette question du plein emploi, je pense que c'est une des réponses à un certain nombre de problèmes, tout au moins pour notre jeunesse, pour nos aînés, pour ceux qui sont entre les deux, qui ont des difficultés de revenu. Le ministère du Travail est un acteur important en ce qui concerne la planification de la main-d'œuvre, mais les autres acteurs sont importants aussi, que ce soit le revenu, l'habitation, les rentes, etc. en perspective du vieillissement de la population. Si l'ensemble des secteurs ne se concerte pas, on va en perdre un bout. Et on va toujours être obligé de se courir comme un chien court après sa queue pour essayer de rattraper les conséquences, et de les corriger. Alors, en ce sens, l'harmonisation, la concertation, personnellement, je suis vendu à cette perspective, sans laquelle je ne vois pas d'issue. Je voudrais remercier les participants et les inviter à poursuivre à l'intérieur de leur secteur les efforts pour qu'on se retrouve à une même table éventuellement plus formelle, une table qui traduirait les intentions gouvernementales et non pas sectorielles pour se mettre collectivement à la recherche de solutions concernant le vieillissement de la population, et surtout le sort fait aux aînés au moment où on se parle.

J'oserais ajouter un petit mot sur l'enrichissement des aînés, c'est une question qui me tracasse beaucoup. Je pense qu'on a effectivement connu des cohortes de personnes âgées qui sont un peu mieux nanties que d'autres. Mais ce n'est que temporaire. Il me semble que les cohortes à venir, de ceux qui ont entre 30 et 40 ans, qui sont à temps partiel, qui sont contractuels, etc., ce n'est pas vrai qu'on pourra dire que ces gens-là, dans 10 ou 15 ans, lorsqu'ils seront à la retraite, se sont enrichis, ou sont riches. Si on ne prend pas de mesures collectives, on va individuellement payer un gros prix. Et, en ce sens, les cotisations dont M. Ménard parlait, moi ça ne me fait pas trop peur. C'est donc cher se payer un Régime de retraite à 5 %, 6 %, 7 %, mais quand on calcule les effets sociaux, et les effets sur les gens quand ce régime de protection n'existe pas, ça fait mal aussi. Mais on ne calcule pas ces

maux-là, on ne les voit pas. C'est soulageant, on ne les voit pas, ça
ne fait pas mal. Mais quand on se met à regarder ça tout ensemble, ça commence à compter. Alors, merci beaucoup à M. Audet,
on va lui dire de dire à M. Rémillard de ne pas lâcher, parce qu'on
va le suivre effectivement, on suivra les résultats du Sommet, j'ai
écouté attentivement cet après-midi, et je vais suivre cela de près,
comme d'autres j'espère. M. Ménard et M. Lapointe et à vous
toutes et tous, merci beaucoup.

CHAPITRE 7

Jalons pour une politique sociale du vieillissement

Pierre JOUBERT
Département de médecine sociale et préventive, Université Laval,
et Département de santé communautaire, CHUL

Marc-André MARANDA
Direction de la planification,
Ministère de la Santé et des Services sociaux

Les principaux éléments de contenu de cette présentation sont tirés de la matière d'un cours offert par le Département de science politique de l'Université Laval, dans le cadre du certificat en gérontologie, et portant sur *L'État et le vieillissement*. Ce cours a été initié en 1986-1987 par Daniel Tremblay, un des membres du comité Pelletier, et repris par la suite par Pierre Joubert. Marc-André Maranda s'est joint à Pierre Joubert en 1990 pour en partager la responsabilité. Patricia Caris (1992), Pierre J. Durand (1987 et 1990), Suzanne Moffet (1987) et François Renaud (1992), tous membres du Groupe d'experts, ont également participé à ce cours, à titre de conférenciers invités.

À partir d'informations provenant tant du Québec que d'autres pays industrialisés, cette présentation vise à mieux comprendre l'impact du vieillissement sur les structures sociales et, en particulier, celles de l'État. Par contraste avec l'usage répandu qui consiste à observer les répercussions de ce phénomène (non seulement québécois, mais planétaire) à travers le développement de programmes et de services, le vieillissement sera abordé comme un objet sociopolitique. Il sera analysé comme un phénomène ou une problématique de société, qui touche à la fois les processus d'allocation des ressources et de production des services, tout en interpellant l'ensemble des acteurs sociaux, de même que l'ensemble des «technologies du dispositif gouvernemental». L'adoption d'une perspective d'analyse comparative des politiques sociales est une approche intéressante pour dégager certaines implications inhérentes à l'élaboration d'une éventuelle politique du vieillissement, au Québec comme ailleurs.

LE VIEILLISSEMENT COMME OBJET POLITIQUE

Considérer le vieillissement comme un objet politique renvoie, selon Anne-Marie Guillemard (1984), à un «travail permanent de construction et de reconstruction de la réalité sociale de la vieillesse, qui s'opère en interaction avec la transformation des prises en charge publiques». Une politique du vieillissement désignera donc «l'ensemble des interventions publiques structurant les rapports entre vieillesse et société» (Guillemard, 1984, p. 120). Cette perspective, très englobante, indique que la conception et l'élaboration d'une politique du vieillissement représente un processus complexe de transformations qui n'est jamais fini, qui évolue en fonction des valeurs et des intérêts des différents secteurs ou groupes d'acteurs (acteurs individuels et institutionnels). Autour de ces intérêts se structurent des enjeux et des débats de société (ex.: les débats sur les retraites, sur l'universalité et le financement des programmes publics, etc.). Ainsi, anticiper une politique du vieillissement au Québec, au stade de développement où l'on se trouve, revient, pour l'essentiel, à questionner ou à requestionner d'abord le rôle de l'État, ensuite les interactions nécessaires entre différents acteurs sociaux ou secteurs de l'activité publique, à la gestion du phénomène dans son ensemble. Parce que la *vieillesse* (et maintenant le *vieillissement*) a émergé comme un problème social, au cours des deux dernières décennies, entraînant la définition d'un ensemble d'orientations et d'interventions étatiques, comme la mise en œuvre de programmes et de services publics spécifiques aux personnes âgées ou retraitées; compte tenu également que la *gestion du problème* est passée de la sphère privée, de type plus familial, à diverses formes de prise en charge publique, en passant par l'assistance publique, ce questionnement du rôle de l'État peut être formulé globalement de la façon suivante:

- Doit-on concevoir un *État-providence-pour-la-vieillesse?*

- Est-ce le rôle de l'État de gérer le phénomène d'éclatement des structures ou mécanismes de support social et de soutien à la famille?

- Doit-on réinvestir la famille ou les proches du rôle prédominant dans la gestion des prises en charge spécifiques ou individuelles?

Autant de questions parmi d'autres qui nous obligent à analyser simultanément tous les secteurs de l'activité publique, aussi bien sous l'angle des politiques et des programmes, que sous l'angle des pratiques institutionnelles et professionnelles, ou encore des interventions collectives et individuelles. Voilà pourquoi il faut poser la question du vieillissement de la façon la plus large possible et la considérer dans une perspective évolutive, en évitant de faire et de penser comme si tout était statique et ne devait se régler que par la seule magie des statistiques.

CONSÉQUENCES POUR LA POLITIQUE SOCIALE

La question du vieillissement figure comme la véritable toile de fond de la politique sociale des pays industrialisés. Pour l'illustrer, on peut utiliser une équation qui a été développée par l'OCDE, en 1988, dans un ouvrage intitulé *Le vieillissement démographique: Conséquences pour la politique sociale.* Cette équation a deux avantages: elle est extrêmement simple et extrêmement claire. En outre, on y retrouve deux points d'intérêt: premièrement, le vieillissement est un phénomène commun à tous les pays industrialisés, le Québec n'étant donc pas une exception; deuxièmement, la question du vieillissement est considérée de façon globale, c'est-à-dire qu'elle ne peut être isolée du contexte culturel, social et économique dans lequel elle se pose et qu'elle ne peut non plus être confrontée par de simples mesures ponctuelles. Cette équation est représentée à la figure 1.

Dans un premier temps, le Québec connaît une très faible fécondité alors que, depuis une vingtaine d'années déjà, le taux est inférieur à deux enfants par femme en âge de féconder. Pour

Figure 1
Québec — Perspective 2001

	1991	2001
1- Population totale	6 996 M	7 349 M
2- Équation		
A- Fécondité faible	1,7 e.f.f.	
Remplacement des générations (2,3)		
Boom économique		
Changements dans l'échelle de valeurs		
B- Mortalité faible	H: 72,8	74,9
	F: 80,2	83,0
C- Augmentation (%)		
Personnes âgées + 65	10,9	13,1
Personnes très âgées + 75	4,2	5,6
D- Augmentation des dépenses sociales		
ex. Sécurité de la vieillesse	3 630 M $	4 560 M $
Services sociaux (hébergement)	+ 4 000 p.	− 8 000 p.
− de main-d'œuvre active		(300 M $)
? taux de chômage (+10 %)		
+ taux de pauvreté		
E- Augmentation des charges sociales pour les individus		
directes: via contribution «intergénérationnelle»		
indirectes: via la taxation		

remplacer les générations, il faudrait que ce taux soit de 2,3. Il faut immédiatement noter que cette situation est impossible à infléchir à moins que l'on ne connaisse au Québec un boom économique à peu près similaire à celui de l'après-guerre, à moins également, et simultanément, que l'on assiste à un changement radical dans l'échelle des valeurs, changement au moins aussi important que celui de la Révolution tranquille. De toute façon, l'effet ne pourrait être perceptible que dans une vingtaine d'années si, encore une fois, on effectuait des renversements complets de tendances.

Il y a un deuxième temps à l'équation: une faible mortalité ou un allongement de l'espérance de vie. En projetant la tendance des vingt dernières années, c'est-à-dire en demeurant très conservateur sur le plan du développement scientifique et des progrès de la médecine, il faut ajouter deux ans d'espérance de vie chez les hommes et trois ans chez les femmes, et ce, d'ici 10 ans. Encore ici, il s'agit d'une tendance à peu près impossible à infléchir, quelque chose qui va irrémédiablement se produire et qui fait nécessairement partie du portrait du vieillissement au Québec.

Quel est donc le résultat net de l'équation, de l'effet combiné d'une faible fécondité et d'une faible mortalité? La proportion de personnes âgées de plus de soixante-cinq ans dans la société québécoise va croître d'au moins 10 % au cours des dix prochaines années. La proportion de personnes très âgées (désignées arbitrairement comme les soixante-quinze ans ou plus) va croître, par ailleurs, de 30 %. On voit ici évidemment se profiler tout le poids des incapacités.

Le vieillissement n'est pas qu'une affaire de statistiques. Ces données prennent leur véritable signification non pas en soi, mais lorsqu'est anticipé l'impact sur les politiques sociales et la société en général.

Première conséquence du vieillissement démographique

Une augmentation des dépenses sociales. Il s'agit des dépenses de l'État, celles assumées par la collectivité, celles assumées par l'ensemble des citoyens puisque c'est un choix qui a déjà été fait au Québec. On peut utiliser deux exemples pour illustrer l'impact du vieillissement sur les dépenses publiques. Premièrement, en maintenant au niveau actuel les bénéfices du régime de sécurité de la vieillesse, en 2001, c'est un milliard de plus en dollars actuels, et au Québec seulement, qu'il faudra y consacrer. Au mieux, l'État va sûrement tenter de freiner l'accroissement de la dépense publique en concentrant les bénéfices d'un tel régime auprès des groupes qui en ont le plus besoin.

Deuxième exemple, en maintenant l'encadrement normatif au stade actuel d'une situation de surplus relatif en 1991, le Québec se dirige vers un important déficit en ressources d'hébergement et de soins de longue durée qui, pour être comblé, nécessiterait des frais de fonctionnement supplémentaires d'au moins 300 millions de dollars par année. Ici, l'État va poser l'aménagement des services à partir des alternatives les moins lourdes pour les individus et les moins coûteuses pour la société.

L'absence d'une marge de manœuvre dans les premiers termes de l'équation a déjà été soulignée. Par contre, lorsque sont abordées les conséquences sur la politique sociale, sur les choix qui ont été faits dans un tout autre contexte, commencent à être esquissés les véritables enjeux. Ce scénario va de plus se situer dans une période de diminution de la main-d'œuvre active, c'est-à-dire de citoyens et de citoyennes qui, par les impôts qu'ils ou elles assument, contribuent au financement de ces dépenses publiques. Il faut finalement compter sur un taux de chômage élevé (supérieur à 10 % depuis déjà longtemps) et un taux de pauvreté qui ne cesse de croître.

De façon générale, au Québec comme dans les autres sociétés développées, on pourrait donc assister à une augmentation importante de la dépendance sociale. La tentation pour le modèle américain du laisser-faire en matière de politique sociale pourrait ainsi être renforcée, alimentée au surplus par le contexte du libre-échange. C'est le genre d'enjeu sous-jacent à toute perspective d'augmentation des dépenses sociales.

Seconde conséquence du vieillissement démographique

L'augmentation des dépenses sociales de l'État, l'accroissement des dépenses publiques, s'accompagne nécessairement de charges supplémentaires pour les individus (il faudrait d'ailleurs ajouter: pour les individus sur le marché du travail). Or, c'est une proportion de la population qui va en décroissant.

L'augmentation de la contribution des individus est de deux ordres. D'abord et de façon directe, on retrouve des transferts intergénérationnels, c'est-à-dire ce qu'un individu verse en taxes et en impôts, par la suite convertis par l'État en services ou en programmes publics; on retrouve aussi les régimes de retraite que ce même individu va s'offrir pour assurer sa sécurité au moment de la retraite. De façon indirecte, alors que l'on va demander à l'individu d'investir temps et argent auprès de son entourage vieillissant pour pallier une partie de ce que l'État ou les services publics ne pourront plus offrir, c'est notamment ici que vont apparaître différents incitatifs à prendre soin de parents âgés. Le vieillissement de la population québécoise aura inévitablement un impact sur l'organisation de la vie des individus.

C'est ainsi qu'en raison de l'augmentation des charges pour les individus et de la croissance des dépenses pour la collectivité, le vieillissement démographique va être au cœur même de la politique sociale québécoise pour quelques décennies et il va même en définir les principaux enjeux.

VIEILLISSEMENT ET POLITIQUE SOCIALE

La transposition de l'équation de l'OCDE sur la situation du Québec conduit à poser une question centrale: de quelle politique parle-t-on? Il faut au préalable émettre deux réserves sur l'emploi du terme «politique». Premièrement, on fait référence essentiellement à un ensemble d'interventions et non à un document écrit. Deuxièmement, une politique publique doit être considérée dans un cheminement, un continuum tracé par les enjeux que l'État semble déceler de la lecture qu'il fait des différents rapports sociaux.

Le modèle développé à la figure 2 est applicable à l'évolution de la politique sociale au Québec où le vieillissement démographique occupe une place centrale. On peut y remarquer le passage progressif de préoccupations pour des caractéristiques particulières de santé chez une partie des personnes âgées vers la question du vieillissement dans son ensemble, touchant donc toute la population et tous les secteurs de l'activité publique.

Le premier volet de ce modèle porte sur une politique à l'égard des personnes âgées en perte d'autonomie et concerne principalement l'aménagement des services de santé et des services sociaux à l'égard de la minorité de personnes âgées qui se distinguent par d'importantes pertes d'autonomie. C'est bien sûr incomplet et il serait surprenant qu'on utilise cette seule base pour construire une politique, compte tenu du stade de développement de l'analyse des politiques au Québec. Il s'agit d'un morceau qui doit être situé dans un ensemble beaucoup plus large. En 1985, le ministre des Affaires sociales de l'époque publiait un document de politique appelé *Un nouvel âge à partager* qui s'inscrit uniquement dans ce volet du modèle. Le résultat net conduit pratiquement à la seule logique du développement des ressources, c'est-à-dire plus de lits, plus de places, plus de services à domicile, mais en même temps cloisonnement important des organisations qui offrent ces services. Depuis ce temps, il y a eu la Commission Rochon dont un des principaux mérites aura été de signaler le manque de complémentarité entre les différentes organisations qui dispensent des services et d'insister sur la nécessité d'élargir la perspective en interpellant l'ensemble des secteurs concernés par les questions sociales.

Le deuxième volet du modèle concerne une politique à l'égard des personnes âgées. On déborde très largement le seul système de santé et de services sociaux pour rejoindre les caractéristiques spécifiques des personnes âgées en regard du logement, du transport, de la sécurité du revenu. Au fond, il s'agit de l'actuelle politique du gouvernement à l'égard des personnes âgées. Il est difficile de parler d'une politique d'ensemble parce que les actions ne sont pas coordonnées, parce qu'il n'existe pas de centre de décision unique. Il ne s'agit donc pas d'actions intégrées, mais de la simple addition des activités dans divers secteurs. C'est notamment dans cette perspective qu'est souhaitée la création du Conseil des Aînés.

Le troisième volet porte sur une politique à l'égard de la vieillesse. À la différence du second, les actions sont ici intégrées, coordonnées et conçues dans une perspective de cohérence par rapport à des objectifs de société à l'égard des personnes âgées. Les actions touchent tous les secteurs qui ont un lien direct avec la qualité de vie des personnes âgées. Le Rapport Pelletier, bien que timidement encore, introduit à ce type de politique. Ainsi, le prochain effort de définition d'une politique publique va probablement se situer autour de ce volet parce que l'État n'a plus le choix. Les pressions sont beaucoup trop fortes, l'action est nécessairement trop éparpillée et l'état des connaissances actuelles est assez explicite.

Le quatrième volet propose une véritable politique du vieillissement, qui va porter sur l'ensemble de ses conditions déterminantes. Il s'agit du type de politique qui prend en considération et tente de modifier tous les termes de l'équation abordée précédemment. Il serait étonnant que, dans un horizon de dix ans, ce soit le type de politique qui pourra être développé au Québec, parce que la tâche est considérable. Il faut jouer sur tous les fronts à la fois, sur ceux des conditions familiales, des services de santé et de services sociaux qui mettent l'accent sur la qualité de la vie et les activités préventives, sur le front de la main-d'œuvre, sur le front de la pauvreté, etc. C'est une construction globale et de long terme qui suppose, au préalable, l'installation au sein des organisations publiques d'une espèce de contre-culture apte à entraîner la disparition des cloisonnements administratifs et corporatifs.

En somme, ce dernier volet se confond avec la politique sociale du Québec et, avant d'en arriver à définir cette politique, il existe d'importants débats à faire au sein de la société québécoise. Il faut aussi que les appareils publics apprennent à développer les politiques dans un contexte d'intersectorialité, ce qui, au-delà du discours, apparaît comme une condition nécessaire au décloisonnement des structures, des programmes et des services.

Avec l'adaptation des pratiques, au quotidien, à l'évolution des besoins des clientèles de plus en plus diversifiées, cette question du décloisonnement apparaît comme l'un des deux principaux enjeux, qui sont en définitive au cœur du Rapport Pelletier (lire en particulier la page 61).

Figure 2
Quelle politique?

Personnes âgées en perte d'autonomie	Personnes âgées	Vieillesse	Vieillissement
Adaptation des technologies du dispositif des services de santé et des services sociaux aux besoins de la minorité de personnes âgées qui se distinguent par d'importantes pertes d'autonomie et ajustement graduel du système de soins et de services en fonction des impacts du vieillissement.	Addition des actions de chaque secteur visant à ajuster chacune des technologies du dispositif de façon non coordonnée aux besoins des personnes âgées et à certaines conditions particulières.	Politique d'ensemble touchant tous les secteurs et visant à ajuster, de façon coordonnée, les technologies du dispositif aux besoins globaux et conditions générales des personnes âgées.	Politique d'ensemble visant une action concertée de tous les secteurs impliqués face à la question du vieillissement avec préoccupations pour les facteurs et les conditions déterminantes.

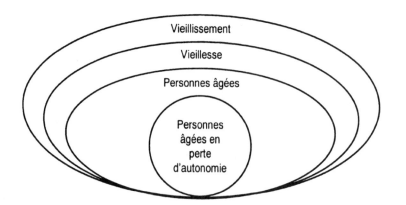

VIEILLISSEMENT ET INTERSECTORIALITÉ

Lorsqu'il est question de développer des politiques dans un contexte d'intersectorialité, on parle d'agir, selon l'Organisation mondiale de la santé, sur l'ensemble des facteurs déterminants du phénomène, en l'occurrence le vieillissement. Dès lors, on convient de ne pas s'intéresser uniquement à l'aspect services, mais aux conditions qui entourent l'émergence du phénomène, la compréhension du phénomène, comme les conditions de vie, les conditions familiales, etc. Si l'on vise à développer une politique du vieillissement dans un contexte d'intersectorialité, il faut agir sur l'ensemble des déterminants, avec une préoccupation de saisir le phénomène dans sa totalité, comme affectant l'ensemble des structures et des programmes publics. Il faut aussi tenter de rejoindre l'ensemble des besoins des personnes concernées, c'est-à-dire les personnes qui ont des problèmes particuliers, des besoins particuliers. On ne peut donc concevoir une véritable politique du vieillissement sans penser aux interactions ou à une intégration de l'ensemble des sphères d'activité. Par exemple, une véritable politique du vieillissement doit toucher à la fois la sécurité du revenu, le logement, les loisirs, les transports. Il faut de plus que ce soit interrelié, sinon, l'action reste cloisonnée: on procède par addition plutôt que par intégration. Bref, qui dit intersectorialité dit action sur l'ensemble des déterminants.

Élaborer une politique qui se situe dans un contexte d'intersectorialité constitue une opération complexe. Il existe un certain nombre de contraintes qui affectent la construction des politiques sociales ou publiques à l'égard du vieillissement. C'est le cas pour l'ensemble des politiques sociales d'ailleurs, mais le vieillissement représente probablement une problématique beaucoup plus lourde que d'autres en termes de gestion intégrée. Pourquoi donc est-ce si difficile d'envisager des politiques sociales reposant sur l'intersectorialité?

Une des premières contraintes relativement bien connue, c'est la variabilité et la diversité des besoins. Si on pense en termes d'intersectorialité, on ne doit pas uniquement s'intéresser aux besoins des personnes âgées en perte d'autonomie, mais à ceux de l'ensemble des aînés et des personnes vieillissantes. Il faut aussi penser à rétablir les rapports entre les générations; on doit se soucier des besoins de l'ensemble des citoyens et des citoyennes, concernant la sécurité du revenu, les prestations de toutes natures, etc.

Une deuxième contrainte, lorsqu'il est question d'élaborer une politique sociale du vieillissement, c'est d'être limité à l'âge comme base d'analyse, alors qu'existent des variations observables à l'intérieur même des différentes cohortes de personnes âgées. À l'intérieur de la population des 65 ans ou plus, on retrouve toute sorte de personnes: les 65 ans ou plus ne constituent pas un groupe homogène et représentent, plutôt, des personnes dont les caractéristiques, les conditions et les situations de vie sont aussi variées que celles des autres citoyens et citoyennes dans la société. Il y a évidemment la féminisation du vieillissement dont il faut tenir compte; il y a aussi des gens plus ou moins scolarisés, des gens de différents milieux, d'origines diverses, etc. Par exemple, si on s'en tient uniquement à l'âge de 65 ans pour allouer les ressources, on se retrouve devant ce qu'on observe aujourd'hui; une série de ressources qui sont plus additionnées qu'intégrées, parce qu'on ne tient pas compte du fait qu'il y a des variations, qu'il n'y a pas un individu qui soit semblable. Donc, dans la procédure d'allocation, on ne peut plus se permettre, si on pense à une politique du vieillissement, de n'envisager que l'âge comme base d'allocation; il faut tenir compte des variations et des caractéristiques observées à l'intérieur de différents sous-groupes.

Une troisième contrainte qui affecte la construction d'une politique du vieillissement, c'est le fait qu'on ne dispose pas toujours d'indicateurs fiables de ce qu'il est convenu d'appeler les conditions sociales (ex.: la pauvreté). On ne dispose pas toujours des bons indicateurs pour mesurer le moment à partir duquel une personne est plus ou moins défavorisée. Les indicateurs actuels sont souvent relativement larges et ne permettent pas de mettre en évidence des conditions sociales sur lesquelles il faudrait cibler l'intervention. Il faut donc revoir tous les indicateurs utilisés à ce jour, les améliorer; il faut envisager du développement, soit sous la forme d'études, d'analyses ou de recherches, pour améliorer les bases d'information qui servent à l'allocation des ressources et à la production des services.

Au-delà de ces trois contraintes dont on peut réduire la portée, ne serait-ce qu'en les mettant en évidence, il existe deux autres sources de contraintes qui ont un caractère plus inéluctable et avec lesquelles il faut apprendre à composer. La première renvoie aux «définisseurs de besoins». Selon les valeurs ou conceptions individuelles, professionnelles, organisationnelles ou autres, qui prévalent à un moment donné et dans un environnement donné, la compréhension de la gestion du vieillissement peut évoluer dans le temps. C'est d'ailleurs ce que permet d'illustrer la figure 2. Il s'agit en quelque sorte d'une contrainte permanente qui implique, dans la logique d'Anne-Marie Guillemard, une construction et une gestion permanente des processus d'interactions entre les acteurs sociaux.

L'autre situation, ou source de contrainte largement répandue, renvoie à la relation entre le *problème* et les *besoins*. Il y a souvent de la confusion entre les deux. Lorsqu'il est question, par exemple, du problème de la violence à l'endroit des personnes âgées, on n'a pas encore parlé de besoins. Pour les individus qui sont aux prises avec un problème, les besoins concernent la présence ou l'absence de moyens dont ils disposent pour réagir ou agir sur le problème. La perception du ou des problèmes sera traduite par les divers intervenants en besoins de services. Cette opération reste toujours de nature subjective. Aucune instrumentation ne parviendra jamais à éliminer complètement cet aspect subjectif. Il demeure toutefois possible d'améliorer les procédures établies pour effectuer cette transposition, comme il est possible d'améliorer les rapports entre acteurs impliqués dans des prises de décision de cette nature, en misant par exemple sur l'interdisciplinarité et la recherche de consensus. Les expériences d'autres pays industrialisés, comme les pays scandinaves, peuvent sans doute s'avérer utiles pour réduire la portée de ces contraintes.

DES QUESTIONS POUR L'ÉTAT

Au terme de cet exercice de réflexion critique, condensé et forcément incomplet, quelles sont les questions qui subsistent pour l'État et pour la société québécoise dans son ensemble? Ces questions peuvent être regroupées autour d'écrits ou de documents qui jalonnent l'évolution de ce qu'on s'entend de plus en plus pour appeler la gestion (publique) du vieillissement. Le premier ordre de questions vient de Nicolas Zay, un des pionniers de la gérontologie sociale au Québec, et peut être formulé de la façon suivante: est-on prêt à une véritable prise de conscience du phénomène du vieillissement qui débouche nécessairement sur des modifications radicales des façons de faire (Zay, 1984)? À partir du moment où l'on prend conscience du fait que le vieillissement est un phénomène de société, qui entraîne inévitablement à la fois des modifications structurelles et des adaptations de pratiques, est-on prêt collectivement à effectuer ces changements? L'État est-il prêt à poursuivre l'exercice amorcé dans le Rapport Pelletier pour passer d'une «politique des personnes âgées» à une «politique de la vieillesse» et, ultimement, du «vieillissement», pour reprendre le modèle présenté à la figure 2?

Le deuxième ordre de questions a été structuré à partir des travaux de la Commission Castonguay-Nepveu, à la fin des années 1960 et au cours des années 1970: est-ce que l'État doit garder la mainmise sur le développement de l'ensemble des services? C'est une question que la Commission Castonguay-Nepveu posait à l'époque pour tous les services de santé et les services sociaux, le secteur des affaires sociales en général. On peut la transposer à la question du vieillissement: est-ce que le tout doit être géré intégralement et complètement par l'État?

Le troisième ordre de questions vient de l'Organisation de coopération et de développement économique (OCDE). L'État doit-il limiter la part que les personnes âgées peuvent recevoir du secteur public ou les types de services à garantir? Autrement dit, est-ce qu'il revient à l'État d'assumer la gamme complète des services ou ne doit-on pas penser à limiter le pouvoir de dépenser et l'offre de services et la moduler en fonction d'autres façons de faire? Il existe ici deux blocs d'enjeux qui sont posés dans l'ensemble des pays industrialisés: d'une part, la logique de libre marché à l'américaine et de l'autre la logique qui consiste à parler d'équité, de justice sociale, de redistribution des ressources de façon complète. Il y a par ailleurs cette tendance à poser les questions de mérite en opposition aux besoins ou aux droits des individus. Est-ce qu'il faut d'abord reconnaître le mérite, le fait d'avoir travaillé toute sa vie; est-ce suffisant pour exiger une rente de retraite; ne faut-il pas envisager tenir compte davantage des gens qui sont plus dans le besoin? Les pays industrialisés naviguent entre ces pôles, lorsqu'on débat des questions de vieillissement. Dans les pays de l'OCDE en général, les enjeux sont toujours posés dans ces termes: le libre-échange, le libre marché, la concurrence, par contraste avec une socialisation complète des services, la question du mérite des individus par rapport aux droits collectifs et individuels et les besoins des individus.

Finalement, le dernier genre de question, important encore plus maintenant, est tiré des travaux de la Commission Rochon: dans quelle mesure peut-on impliquer dans la gestion du système de services, les personnes directement concernées surtout dans le contexte d'un appareil bureaucratique généralement lourd? Dans quelle mesure peut-on impliquer les aînés à la prise de décision, à la planification des services, les faire participer à toute l'organisation et la planification des services publics qui leur seront destinés?

Dans une perspective d'analyse de politiques, c'est sur ce genre de questions et d'enjeux qu'il faut s'arrêter si l'on considère essentielle l'élaboration d'une politique sociale du vieillissement.

RÉFÉRENCES

GROUPE D'EXPERTS SUR LES PERSONNES AÎNÉES (1991). *Vers un nouvel équilibre des âges*, Québec, Ministère de la Santé et des Services sociaux, 96 pages.

GUILLEMARD, A.-M. (1984). «Jalons pour une sociologie des politiques sociales: le cas de la politique française de la vieillesse», *Sociologie et sociétés*, vol. XVI, n° 2, p. 119-128.

O.C.D.E. (1988). *Le vieillissement démographique: conséquences pour la politique sociale*, Paris, Collection «Évolution démographique et politiques gouvernementales», 100 pages.

TREMBLAY, D. (1985). *Le dispositif gouvernemental québécois de gestion de la vieillesse: 1970-1981*, Thèse de doctorat, Université Laval, Québec.

ZAY, N. (1984). «Analyse critique des politiques et des institutions québécoises concernant les personnes âgées», *Sociologie et sociétés*, vol. XVI, n° 2, p. 105-118.

PÉRIODE DE QUESTIONS

Q.: À une des questions qui a été posée hier sur l'éventuelle politique du vieillissement au Québec, je crois qu'il y a certains éléments, certaines recherches et certaines réflexions issues de la table ronde qui nous amènent à nous réjouir. Maintenant, un aspect de la question, c'était pas simplement la politique de cette catégorie de gens qui ont 65 ans ou plus, ça interpellait l'ensemble de la société. C'est qu'on assiste, depuis vingt ou vingt-cinq ans, à une transformation de la nature même de la société. C'est un nouvel équilibre des âges, ce n'est plus une société jeune. Or, en l'an 2000, avec 14 % des 65 ans ou plus, c'est une société qui change de dynamique, qui change sa nature même. Et alors, cette politique ne doit pas s'adresser simplement à cette catégorie d'âge mais doit s'adresser à une dynamique de changement de l'ensemble de la société.

Deuxièmement, je veux bien croire que les ressources, les services, par un certain équilibre vont nous emmener à une planification stratégique approximative. Mais force nous est de constater qu'il y a des contradictions. Au moment où la société est vieillissante, l'âge de la retraite est de plus en plus jeune, comme on sait tous ça va à 55 ans, à 50 et des fois à 45 ans. On parle de la pauvreté, par contre la Régie des rentes semble privilégier un certain nombre de travailleurs, laissant de côté un certain nombre de personnes qui ne sont pas couvertes par la Régie des rentes. Un autre programme, celui de l'habitation; on parle de propriétaire alors qu'on dénonce la pauvreté. Quand on reste au niveau des ressources et des services, on est en pleine... stratégique qui nous permet de saisir la question. Par exemple, on parle de maintien à domicile, de maintien en emploi. Ça m'apparaît des politiques administratives, mais c'est fonction de quoi? Est-ce qu'on veut faire l'autonomie des personnes âgées? À ce moment-là, ça peut être les services à domicile, ça peut être l'hébergement. Mais on part dans un sens et dans un autre, et on a l'impression quand on est retraité, vu de l'extérieur, du communautaire, que les impératifs administratifs nous gouvernent plutôt que des visions stratégiques et une politique adaptée à une société vieillissante. Je m'arrête ici, mais je me demande s'il y a un progrès qui pourrait être fait à tous les niveaux, stratégique, tactique et des ressources. Et aussi, met-on l'accent sur la prévention primaire? Ne pas attendre que les gens soient malades, etc. mais qu'on fasse de la prévention. Mais pour faire de la prévention, il faut avoir une vision stratégique, il me semble.

Q.:   Vous nous dites que le problème n'est pas seulement québécois, il est global. Et je ne veux pas être impertinente, mais dans votre étude démographique et dans vos projections, avez-vous tenu compte du risque d'épidémie? Je me rapporte par exemple au SIDA, au méningocoque et à d'autres épidémies qui sont arrivées soudainement... à un accident nucléaire qui semble de plus en plus probable, parce que moins contrôlé, à cause des incidents dans les pays qu'on connaît, aux guerres, aux conflits continuels sur le globe où l'être humain est traité pire qu'un animal, et qui peut arriver à nous et bloquer les sphères d'activité des cohortes de la population et changer l'accroissement ou la diminution de notre population?

R.:   Je voulais dire à notre premier interlocuteur qu'il pour-rait offrir ses services au ministère de la Santé et des Services sociaux, parce qu'au cours de son intervention, il était quasiment en train d'élaborer la politique du vieillissement. Ce que nous voulions mettre en évidence, c'est qu'il s'agit d'un processus très graduel. Au Québec, on ne fait que commencer à être confronté au phénomène, contrairement à d'autres pays, comme la Suède, qui le sont depuis déjà plusieurs décennies. Il y a un processus évolu-tif à respecter. Une première étape vers la politique du vieillisse-ment est en train d'être franchie et probablement que si on appli-que les recommandations qui découlent du Rapport Pelletier, la moitié du chemin, peut-être même un peu plus, sera accomplie. En utilisant une perspective d'analyse des politiques, il faut faire plus que voir ce qui se passe actuellement, de façon limitée, il faut élargir et c'est ce que vous avez fait à mon sens.

R.:   Pour la seconde question, sur les risques d'épidémie, de guerres, de conflits, évidemment les projections démographiques qui sont utilisées ne prévoient pas ce genre d'événements. Ce sont des risques extérieurs, donc à peu près impossible à prévoir. Il faut à peu près juste se souhaiter bonne chance pour que ça ne nous arrive pas sur la tête.

Q.:   Un commentaire, une question. Lorsque vous parlez des contraintes pour l'élaboration des politiques sociales, il y en a une qui paraissait également évidente, qui n'était pas mentionnée, et c'est la volonté politique de le faire. Quand on voit par exemple le Sommet de la justice, quand on voit des résistances très corpo-ratistes ou professionnelles à vouloir accepter certains change-ments, j'ai l'impression qu'on peut faire tout un listing d'indica-teurs, et qu'à partir du moment où un changement va s'amorcer, le listing va être à recommencer.

Ma question touche particulièrement les résidences privées d'hébergement. Lorsque vous parliez du modèle américain de laisser-faire ou de libre concurrence qui s'installe, est-ce que l'hébergement privé n'est pas un bon exemple? Quand on remarque que 54 % du marché des lits est occupé par le secteur privé et que ce nombre va croissant, sans qu'il y ait réglementation, sans contrôle de la qualité, que le Ministère en est vraiment conscient et ne semble pourtant pas avoir de réaction, de mise en place de mécanismes de contrôle, il en va de même pour les ressources avec permis, est-ce que le Ministère n'est pas en train de faire son lit et de laisser le libre marché s'installer?

R.:   La question des résidences privées doit être abordée en la situant dans la perspective plus large du privé comme tel. C'est tout un autre débat qu'il faut ouvrir, et c'est un débat qui fait partie aussi du débat plus large encore sur les questions sociales.

Q.:   En premier lieu, concernant l'implication des aînés dans les décisions qui vont se prendre au niveau gouvernemental, j'espère bien que le gouvernement va impliquer des aînés dans la prise de décision. En deuxième lieu, vous avez parlé de la politique du vieillissement, de la nouvelle dynamique qui devait se créer autour des âges, de la répartition des âges. Vous avez également parlé de la Suède, de la France où l'on parle d'une politique de la vieillesse, y a-t-il des pays qui ont changé leur politique du vieillissement ou qui en ont une maintenant? Est-ce qu'il y a des pays qui sont plus mal en point qu'ici au Québec? Est-ce que vos recherches vous ont permis d'examiner ailleurs? On semble se poser les mêmes questions depuis longtemps, en discuter depuis longtemps, mais on ne semble pas ici avoir trouvé nécessairement les réponses. C'est vrai que les changements, c'est long. Il y a des changements de mentalité à opérer, c'est long à faire, mais est-ce que ça s'est fait dans d'autres pays, est-ce qu'il y a des pays qui sont plus avancés que nous?

Q.:   J'étais dans le temps l'expert-conseil à la Commission Castonguay, en ce qui concerne les services sociaux. Et je suis actuellement président du Conseil du vieillissement d'Ottawa-Carleton concernant l'assemblée des francophones. Et il y a une constance (qui d'après moi est très importante) qui se retrouvait dans le Rapport Castonguay, une tentative qui est plus implicite qu'explicite et qui est la reconnaissance que la réponse à des problématiques sociales doit aussi passer par une mise en valeur importante de la régionalisation, qu'il y a des façons culturellement différentes. On ne règle pas nécessairement les problèmes de la même façon en Abitibi qu'en Estrie. Et il me semble que ça manque dans l'ensemble de vos élaborations. Remarquez que dans le Rapport Castonguay, on avait essayé de prêter importance à cela sur deux aspects; d'abord sur ce qui est devenu les CLSC, d'abord et avant tout il y a une divergence entre le Rapport et la Loi, parce que le Rapport proposait réellement une réponse aux besoins locaux et régionaux d'une façon beaucoup plus accentuée. Malheureusement, les CLSC reçoivent autant de directives qui viennent du centre, qui nécessairement n'est pas au courant des divergences ou des différences qu'il faut appliquer par rapport à une région, ou au local. Le deuxième point de divergence entre le Rapport Castonguay et la législation, c'est qu'il donnait aux CRSSS des possibilités de jouer dans une enveloppe budgétaire globale afin de répondre d'une manière plus précise aux priorités régionales, que simplement une chose qui vient du centre, notre Ste-Foy, quelque part. Et ce sont quand même deux éléments importants à distinguer. Parce que ça résulte en une politique centralisatrice ou en une politique régionalisée ou décentralisée. Je suis maintenant au Conseil sur le vieillissement, une formule extrêmement efficace. Systématiquement, comme organisation de planification, on met ensemble tout le temps, un tiers des membres d'un comité (d'un conseil d'administration par exemple), un tiers des membres sont des personnes âgées et un autre tiers des personnes qui donnent des services aux personnes âgées, des aidants professionnels, ou des personnes qui ont une connaissance particulière de la problématique du vieillissement, des gens d'universités et d'autres lieux de ce genre. Chaque fois, il faut parvenir à un consensus devant n'importe quelle situation. Ce qui oblige à une bonne dose d'humilité. Parce que chacun de ces groupes, au début, pense qu'il a réponse à tout. Mais ils s'aperçoivent qu'ils n'ont pas la réponse. Comment se fait-il que dans le Rapport Pelletier, quand on parle d'un Conseil sur le vieillissement au niveau provincial, auquel j'applaudis, à part le fait qu'on demande que 50 % soient des femmes, chose que je pense très raisonnable, parce que le problème des personnes âgées est surtout celui des femmes (elles vivent plus longtemps que les hommes), comment se fait-il qu'on ne tienne pas compte de ces dimensions, et aussi comment se fait-il qu'on n'en tient pas compte pour avoir des Conseils, ou des Comités qui font partie du CRSSS mais qui représentent aussi régionalement les vœux, les désirs et la façon de voir tout le problème du vieillissement? Je pose la question: est-ce que c'est qu'on n'en est pas encore arrivé à cette compréhension, ou est-ce qu'il y a d'autres choses qui empêchent? Est-ce que ça provient de la notion centralisatrice de Ste-Foy, dont je parlais tantôt?

R.:   Cette intervention vient ajouter aux réflexions sur les modalités et notamment en ce qui concerne l'implantation de la réforme, les juridictions centrale ou régionale et le souci qu'on doit avoir des territoires, etc. et des problématiques des clientèles. Deux très brefs commentaires. Premièrement, il y a une contrainte qui n'est pas inscrite, qui pourrait devenir un avantage, c'est la volonté politique. Deuxièmement, si on doit se poser la question du vieillissement dans l'avenir, il ne faut surtout pas la poser en fonction d'un éventuel État providence. Il n'y en aura pas, d'État providence. Il va y avoir une collectivité, une société qui va s'organiser, qui va se donner des instruments collectifs. L'État providence a permis de faire croire que l'État verrait à tout. Par conséquent, on a un peu abandonné nos affaires. On va se mettre ensemble pour bannir ça, c'est peut-être une des choses qui nous a le plus nui au cours des vingt-cinq dernières années, cette appellation et l'utilisation qu'on en a fait.

Q.:   Vous avez retracé une évolution de la manière dont le vieillissement était pris en charge: du familial, pour aller à l'assistance sociale, et puis l'implication des collectivités et de l'État. Et vous abordiez à la fin les possibilités d'intégrer les intéressés eux-mêmes. Je voudrais vous poser la question: quelle place doit avoir la préoccupation d'intégrer la communauté sociale dans son ensemble, et non seulement les intéressés ni les aidants professionnels? Quelle est la possibilité d'intégrer la communauté, quelle place cette volonté doit avoir dans l'élaboration d'une politique? Ou bien est-ce une conception de type moralisante, encourageante, qui fait partie des discours, mais qui n'entre jamais dans le discours proprement technocratique ou politique que l'on mène là où on élabore les politiques. Est-ce que l'intégration de la communauté est un concept réaliste, ou un concept de type idéal, romantique un peu?

R.:   On considère que les acteurs politiques que sont les élus, que sont les planificateurs et les décideurs, sont autant de définisseurs de besoins qui agissent sur l'échiquier du vieillissement et qui vont contrôler ou non certaines pièces de l'échiquier. En ce sens, c'est évident que lorsqu'on parle des contraintes, on réfère beaucoup à la compréhension que les acteurs dans la société ont du phénomène et de l'importance d'agir sur le phénomène.

Même si on remet en cause l'État providence, dans les documents de l'OCDE, la question est posée textuellement comme ça. C'est peut-être un piège, c'est peut-être une illusion. Cependant, en tant qu'enseignants dans une université, il faut rendre compte de ce qui se publie et essayer de le traduire sous forme de questions pour notre propre société. Dès lors, l'État n'est pas en cause. Il y a également d'autres secteurs, certaines questions délicates comme le respect du choix des personnes tout en assurant la responsabilité de la qualité des services de santé et des services sociaux.

Les dernières questions concernant l'implication, la question de monsieur sur la Commission Castonguay. Moi je suis tout à fait d'accord, vous devriez offrir aussi vos services pour l'organisation concrète des arrangements à développer pour mettre en place une politique du vieillissement. Et ça rejoint aussi la question de l'implication de la communauté et la question des politiques ailleurs dans le monde. Les pays qui sont le plus proche d'une politique du vieillissement sont les pays qui ont fortement décentralisé, en régions, au palier local, l'application des politiques. Ce sont des pays qui sont allés dans le même sens que les recommandations de la Commission Rochon: régionaliser avec des gouvernements locaux, favoriser une prise de position locale, la gestion des solidarités locales. Parmi eux, il y a un certain nombre de pays scandinaves. Quand on parle d'implication de la communauté, dans ces pays, c'est plus qu'une vision de l'esprit. C'est que les gens sont impliqués dans des processus de prise de décision à l'échelle la plus proche d'où ils vivent, c'est-à-dire la localité, la municipalité. Dans certains pays scandinaves, ce sont les municipalités qui gèrent tous les services pour les personnes âgées, alors qu'ici on confie ça à des établissements, à des tiers. Là bas, c'est la localité qui le gère. À ce moment-là, on peut commencer à penser, dans un modèle aussi décentralisé, à l'implication des communautés. Alors, on commence à développer des solidarités locales. Je vous ferai remarquer qu'il y a quelque part, perdu dans le Rapport Pelletier, un gros titre «Favoriser le développement des solidarités locales». Mais il est là quand même. Il y a quand même une préoccupation au Québec d'aller vers ça. Sauf qu'on est loin de la vraie décentralisation.

CHAPITRE 8

Les services aux aînés

ANIMATEURS:
Patricia CARIS
*Ministère de la Santé et des Services sociaux,
membre du comité Pelletier*

Marie-Andrée TREMBLAY
*CLSC de Norois,
membre du comité Pelletier*

Germain HARVEY
*Résidence Yvon-Brunet,
membre du comité Pelletier*

Gilles VOYER
*Centre hospitalier d'Youville,
membre du comité Pelletier*

I- POINTS DE REPÈRE

Au Québec, les aînés ont à leur disposition une vaste gamme de services sociosanitaires. Cependant, les services actuellement disponibles ne répondent pas adéquatement aux besoins de nature et d'intensité variés des aînés et ne sont pas toujours bien ajustés aux demandes des personnes âgées. En se basant sur le profil des besoins des aînés d'aujourd'hui et de demain, le Rapport Pelletier présente une série de recommandations afin de s'assurer que les services offerts dans la communauté, en institution et en milieu d'hébergement, soient en mesure de répondre mieux aux besoins. Dans certains cas, les recommandations portent sur l'adaptation des pratiques actuelles aux besoins des aînés et de leurs familles. Dans d'autres cas, il s'agit d'assurer une meilleure collaboration et une meilleure concertation, y compris une plus grande participation des aînés à la prise de décision sur les services qui les concernent.

Afin de lancer le débat sur les objectifs et recommandations portant sur les services sociosanitaires offerts aux aînés, Mesdames Marie-Andrée Tremblay, Patricia Caris, Messieurs Germain Harvey et Gilles Voyer ont présenté un survol de l'ensemble de la situation des services actuellement disponibles. L'essentiel de leur présentation touchait les points suivants:

– le profil des besoins des aînés;

– la réponse de services qui leur sont offerts;

– le portrait des structures et pratiques professionnelles;

– la situation en milieu d'hébergement;

– les responsabilités de l'État.

Pour chacun des aspects, les orientations privilégiées par le groupe de travail ont été exposées ainsi que les éléments qui ressortent de l'examen de la situation des services sociosanitaires et qui justifient les recommandations.

Des besoins de nature et d'intensité variées

Il faut repenser et compléter la gamme de services existante de manière à ce qu'elle englobe l'ensemble des besoins, quels que soient le lieu de résidence des aînés (domicile ou milieu d'hébergement) ou les établissements en cause. Il faut également que cet ensemble de services variés soit disponible localement selon un mode d'accès souple, dans toutes les régions du Québec.

Une information disponible à tout moment

La plupart des aînés, mais encore bien plus les personnes âgées en perte d'autonomie et leurs proches, éprouvent très souvent un besoin d'information. Or, à leurs yeux, le réseau sociosanitaire est un dispositif complexe et opaque.

Les services de base pour les activités de la vie quotidienne et domestique

Des enquêtes récentes démontrent que 16,9 % des personnes âgées de 65 à 74 ans et 21 % des 75 ans ou plus souffrent d'un problème de santé affectant leur capacité à effectuer des activités de la vie quotidienne, ce qui représente une personne âgée sur cinq. Pourtant, l'organisation des ressources sociosanitaires, jusqu'à ce jour, a davantage été axée sur la résolution de problèmes à grande visibilité tels l'engorgement des urgences, la durée de séjour en milieu hospitalier, etc.

Le soutien aux familles

Malgré que la famille soit non seulement la principale et la plus sûre source d'aide pour les personnes âgées, que cette aide soit extrêmement diversifiée et qu'elle s'exerce souvent sur de longues périodes, bien peu de ressources existent pour les épauler dans leur engagement.

Les services psychosociaux

Presque tous les aînés subissent des pertes à un moment donné. Les réactions psychologiques au deuil et les dépressions sont fréquentes. Parmi les personnes âgées de 75 ans ou plus, 28 % vivent une forte détresse psychologique, surtout lorsqu'elles font face à des problèmes de santé chroniques ou de dépendance. Or, ces problèmes sont souvent traités comme de simples effets secondaires de leurs problèmes de santé. Il faut aussi noter que les pratiques professionnelles restent, encore aujourd'hui, plus teintées d'une préoccupation physique que psychosociale, alors que l'accessibilité aux ressources en matière de services psychosociaux, que ce soit à domicile ou en milieu d'hébergement, demeure limitée.

Les services gérontologiques, gériatriques et psychogériatriques

Nous avons souvent tendance à mésestimer le potentiel de réadaptation des personnes âgées qui vivent avec les séquelles d'un accident cérébro-vasculaire, d'une amputation, d'une fracture ou d'une maladie invalidante quelconque. Mais, nous sous-estimons aussi le potentiel des personnes âgées à profiter d'intervention thérapeutique.

Les services palliatifs

Toute personne atteinte de maladie terminale — et sa famille — devrait avoir accès aux services adéquats lui permettant, si tel est son désir, de vivre chez elle jusqu'à sa mort. Or, actuellement, ces soins ne sont disponibles qu'en milieu hospitalier et, le plus souvent, uniquement pour les personnes atteintes de cancer.

Une offre de services mal ajustée à la demande

Mis en place à la fin des années 1960 et au début des années 1970, notre réseau sociosaniaire a d'abord été dessiné pour répondre aux besoins d'une population plus jeune, c'est-à-dire à des besoins curatifs impliquant surtout des services à court terme. Les changements démographiques actuels impliquent une modification appréciable du type de besoins: une population vieillissante nécessite plus souvent des services à long terme. Notre réseau n'est pas toujours prêt, que ce soit au point de vue de la planification ou de la formation, à répondre à ce type de besoins. L'allocation financière actuelle reflète la façon dont on répond aux besoins des aînés. La majeure partie de l'investissement se fait dans le secteur institutionnel (hôpitaux, hébergement), ne laissant qu'une faible part des ressources au maintien à domicile.

Le plan de services

On observe un manque de continuité non seulement entre les composantes du réseau sociosanitaire, mais également avec les ressources des autres secteurs, notamment le logement, le transport, les loisirs etc.; les ressources communautaires et les ressources privées.

Les pratiques professionnelles

Les pratiques professionnelles doivent être modifiées pour mettre davantage l'accent sur une approche globale, qui tienne compte des besoins physiques et psychosociaux en intégrant les connaissances récentes en gérontologie et en gériatrie.

Connaissance du vieillissement normal

Le vieillissement est fréquemment perçu à travers un prisme de préjugés tenaces qui se traduisent, dans les faits, par des attitudes, des diagnostics et des interventions trop souvent inadéquats. Il ne semble pas dominer actuellement, chez les professionnels du réseau sociosanitaire, une vision objective, globale et graduelle du vieillissement. Les changements qui l'accompagnent sont trop souvent perçus et traités comme s'ils étaient de nature pathologique, ce qui incite à adopter à l'égard des personnes âgées des attitudes et des comportements qui ne favorisent pas toujours la continuité de leurs conditions de vie.

La formation

Le peu de confiance manifestée par les professionnels envers les capacités de réadaptation des personnes âgées a pour effet de les priver des soins auxquels elles ont droit et qui sont susceptibles de restaurer une fonction perdue ou d'en compenser la perte. On a également souvent tendance à considérer la perte d'autonomie comme un phénomène presque normal, qu'il n'est pas nécessaire de chercher à comprendre.

L'accès aux médecins

Les services médicaux restent souvent inaccessibles aux aînés qui ont de la difficulté à quitter leur domicile ou qui vivent en milieu d'hébergement.

Structures et pratiques professionnelles

Il faut que chaque direction hospitalière adopte un plan d'action spécifique en regard du mode de prise en charge des personnes âgées en perte d'autonomie au sein de leur milieu.

Les soins de courte durée

On estime qu'entre 40 % et 49 % des journées d'hospitalisation sont attribuables aux personnes âgées alors qu'elles ne représentent qu'environ 10 % de la population québécoise. Il faut pourtant déplorer l'existence, encore aujourd'hui, d'une certaine *géronto-phobie hospitalière*. Les personnes âgées, en effet, sont souvent perçues comme celles qui bloquent des lits et qui encombrent les urgences. Or, des recherches récentes démontrent que les aînés ont effectivement besoin de soins hospitaliers et qu'ils n'utilisent les services d'urgence que dans les cas extrêmes. La structure hospitalière est souvent mal adaptée aux besoins de ces personnes, notamment en ce qui concerne l'évaluation de leurs problèmes, la rapidité à répondre aux situations d'urgence et les mécanismes de coordination requis pour assurer le suivi des traitements.

Milieu d'hébergement

Les pratiques institutionnelles doivent être réorientées de manière à mieux répondre à l'ensemble des besoins liés au maintien d'une qualité de vie et à la création de véritables milieux de vie. Plusieurs milieux substituts ont développé un cadre de vie très éloigné de ceux que l'on retrouve dans l'environnement naturel.

On observe dans certains milieux un caractère rigide et non convivial, des règles de vie institutionnelles appuyées par la présence d'un discours et de pratiques outrancièrement «sécuritaires». Ces pratiques peuvent entraîner l'adoption de normes et de comportements non justifiés cliniquement, qui réduisent l'indépendance et l'autonomie des personnes.

Les interventions sont principalement centrées sur les soins physiques aux dépens des besoins psychosociaux.

Il ne faut pas perdre de vue l'augmentation des troubles du comportement ainsi que des désordres cognitifs, telle que révélée par une enquête récente auprès de comités régionaux d'admission, qui posera de nouveaux défis aux milieux d'hébergement et questionne déjà les pratiques actuelles.

Responsabilités de l'État

Normes et contrôle de la qualité

Le contrôle de la qualité des services dépasse la simple distinction public-privé. Quelle que soit la formule choisie par l'État pour assurer la dispensation des services, il lui incombe de veiller à ce que ces services soient conformes aux objectifs de santé et de bien-être et répondent à des critères de qualité. Les secteurs privés et publics devraient être tenus aux mêmes normes de qualité en fonction des clientèles desservies.

L'allocation directe

La formule d'allocation directe représente en ce moment 17 % des montants versés pour l'aide à domicile. Si elle s'avère utile en certaines circonstances, elle pose par contre aussi des problèmes dans le cas des personnes âgées en perte d'autonomie, particu-

lièrement lorsqu'elles éprouvent des problèmes cognitifs. Il faut
noter que le taux horaire faible (entre 4,75 $ et 6,00 $) rend un
recrutement adéquat difficile. Dans certains cas, si la personne est
laissée seule et qu'aucun contrôle n'est effectué sur la qualité des
services, des situations d'abus peuvent survenir. En outre, l'application de cette formule est compliquée parce que, pour les aînés
ou leur famille, assumer les responsabilités d'employeur ne va
pas de soi.

Contribution

Les personnes hébergées paient actuellement une contribution
pour leur hébergement. Cette contribution est fixée en fonction de
leur revenu. Nous savons que cette façon de fixer la contribution
conduit un certain nombre de ces personnes à se départir de leurs
biens pour payer la plus faible contribution possible. Les aînés
qui n'agissent pas ainsi trouvent injuste de payer pour le même
service un montant plus élevé.

Permis annuel

Certaines ressources d'hébergement offrent des services sociosanitaires à leurs résidents sans pour autant détenir de permis pour
le faire. Ce sont donc des ressources privées sans permis, leur
caractère clandestin étant relatif puisque, faute de place, ce sont
souvent les intervenants du secteur public ou les agences de
placement qui proposent ces maisons, résidences, etc. Quoi qu'il
en soit, il faut noter que ces ressources sont sans permis, non
parce qu'elles hébergent des personnes âgées, mais bien parce
que celles-ci requièrent des services sociosanitaires de manière
continue, services que les propriétaires de la ressource ne sont pas
autorisés à dispenser.

II- PRÉOCCUPATIONS GLOBALES

À quoi ressembleront *de meilleurs services* dans le contexte de la
nouvelle réforme, du vieillissement de la population et des contraintes budgétaires actuelles?

«Viser à compléter la gamme de services, sans dépenser tout
au moins le même effort à travailler les services et programmes
déjà existants, c'est risquer l'accessibilité.» C'est que, selon les
participants à l'atelier, les recommandations du Rapport Pelletier
ne se soucieraient pas suffisamment des programmes déjà im-
plantés, alors que l'on pense à offrir d'autres services. D'autres

craignent que la situation économique actuelle et à venir ne restreigne la portée des recommandations et n'engendre une offre de services basée sur l'urgence en évacuant toute tentative de prévention. D'autres participants croient que, dans la mesure où ces services sont réservés aux personnes en perte d'autonomie, il y a danger de traiter en parallèle les autres aînés.

Quant à la concertation, plusieurs participants ont des doutes. «Il nous faut trouver des moyens pour que vous, les médecins, vous vous asseyiez à ces tables.» — Le défi est grand, mais pas sans possibilité.

L'idée du milieu d'hébergement comme milieu de vie s'apparentant à un chez soi est bien reçue par certains, mais suscite aussi de grosses résistances: «Pourquoi tant se préoccuper de la perte d'autonomie, ce dont ils ont besoin c'est de sécurité.» Le problème: «les conventions collectives ou les façons d'aborder le travail, la clientèle, les besoins?»

Le souci de la qualité des services apporte aussi ces interrogations. «Allons-nous privilégier de meilleurs services aux dépens de l'accessibilité?» «Sera-t-elle caractérisée, de fait, par le même critère de rigueur au public qu'au privé?»

III- RÉACTIONS SPÉCIFIQUES

COMPLÉTER LA GAMME DE SERVICES SOCIOSANITAIRES

> *Que soit implantée une gamme de services accessibles aux aînés en perte d'autonomie, indépendamment de leur milieu de vie.*

La plupart des intervenants sont très favorables à l'objectif de compléter la gamme de services sociosanitaires, même si de nombreuses interrogations ont été soulevées quant à la distribution des rôles de chacun dans la prestation de tels services. D'autres affirment cependant que pareil projet est peu pertinent dans un contexte où l'on se soucie très peu des problématiques d'accessibilité et de continuité, notamment en ce qui a trait au programme *Maintien à domicile*.

Ces participants critiquent le Rapport Pelletier qui ne priorise pas suffisamment ce programme au sein de ses recommandations. Des intervenants estiment, quant à eux, qu'en regard de la nouvelle réforme «il est plus approprié de s'interroger sur l'accessibilité à une gamme complète de services dans un contexte où chaque région ne peut s'autosuffire». Ainsi, «il devient évident que les types de services à dispenser seront fonction des besoins les plus grands»; une appréhension importante est soulevée: «Privilégier l'urgence des besoins, n'y a-t-il pas là danger de provoquer l'évacuation de la prévention en réservant les fonds pour le curatif?» Dès lors, la nécessité de bien évaluer les besoins s'impose. Les intervenants sont divisés sur ce sujet. Les uns tiennent à ce que les évaluations soient supervisées par le CLSC alors que d'autres soulignent que ce pouvoir revient à des associations d'aînés.

Plusieurs participants soulignent l'absence de concertation entre les différentes ressources, ce qui explique le manque de coordination des services «alors que la collaboration dans la planification des services est essentielle à ce projet». «Ok, mais si, à la base, les ressources communautaires ou de bénévolat subissent des restrictions budgétaires, comme c'est actuellement le cas, elles n'ont d'autre choix que de couper dans la qualité des services ou de handicaper leurs ressources humaines, alors, il n'est pas étonnant de constater certaines réticences à la concertation vue que le discours risque de se définir à partir de l'autre qui jouit d'un pouvoir majoré, le CLSC.» Pour qu'il y ait concertation, il est nécessaire que la distribution des rôles soit bien établie, d'où le reproche au Rapport Pelletier de ne pas avoir tranché.

Quoiqu'il en soit, plusieurs intervenants proposent que les services soient élaborés à partir des consultations des aînés, sans oublier ceux qui sont en résidence, en famille d'accueil, au public comme au privé; «l'avantage d'être présent au privé étant de pouvoir exercer une certaine vigilance». De même, «il est aussi important d'obtenir l'avis des aînés sur les services offerts ou à développer puisque plusieurs personnes âgées se refusent certains services parce que trop complexes»; «ou afin de vérifier leur pertinence, c'est qu'on voit trop souvent des programmes se développer plutôt à partir des besoins des intervenants».

Quant aux problèmes d'accessibilité, les critères devraient être assouplis pour certains programmes dont celui du Maintien à domicile, afin de rendre un service plus adéquat aux aînés», «il le faut, parce que les normes sont si rigides, qu'actuellement, si l'on veut bien servir, on se doit d'être délinquant».

Une information disponible à tout moment

> Qu'un service d'information téléphonique
> ayant trait aux problèmes sociaux et de santé
> des personnes âgées, aux droits des aînés et

> *leurs recours, et à l'accès aux services et res-*
> *sources disponibles soit accessible 24 heures*
> *sur 24 et sept jours par semaine; son organi-*
> *sation pourrait être confiée aux régies régio-*
> *nales de manière à adapter ce service aux*
> *besoins et aux ressources de chaque région.*

L'inaccessibilité à l'information sur les ressources disponibles est bel et bien constatée, les participants appuient donc l'idée de l'élaboration de guides info-ressources pour les aînés «et leur famille». Quant à l'organisation de ce service, on suggère que les régies régionales définissent une entrée unique bien identifiée pour leur territoire, ou bien que l'organisation d'un service d'information soit chapautée par les CLSC, plus près des multiples ressources locales. Pour ce qui est du moyen de diffusion privilégié, bien que la télévision soit mentionnée, la plupart des intervenants préfèrent le téléphone qui offre la possibilité de personnaliser l'information.

Par ailleurs, on souligne la méconnaissance des divers services et ressources au sein même du réseau. Il serait donc très utile de préparer une synthèse de ces informations et de la diffuser dans tout le réseau. Il importe de ne pas oublier les médecins travaillant en cabinet privé, «vue que les personnes âgées ont l'habitude de les consulter à cette fin». Il serait également utile que des guides d'information soient distribués à l'accueil dans les CLSC.

D'autre part, des intervenants souhaitent que l'accessibilité à ce guide dépasse les services sociosanitaires, et qu'il soit diffusé en librairie ou dans les bureaux de poste afin d'atteindre l'ensemble de la population, pour que celle-ci puisse aussi jouer un rôle de diffuseur.

Les services de base pour les activités de la vie quotidienne et domestique

> *Que l'allocation des nouvelles ressources*
> *destinées à accroître les services sociosanitai-*
> *res aille en priorité au soutien à domicile et*
> *que l'octroi de ces ressources soit principale-*
> *ment axé sur les besoins de base (ex.: activités*
> *domestiques) des aînés en perte d'autonomie.*

Le débat porte ici sur les normes à établir concernant les limites du nombre d'heure par personne quant à la dispensation de ces services. C'est que: «Il ne faudrait pas que la dispensation de tels services demeure centrée sur un critère aux dépens des besoins nécessairement différents d'une personne à l'autre».

De plus, il est fortement suggéré que le programme Maintien à domicile s'ouvre à la continuité et à la stabilité des services, notamment en favorisant l'aide familiale régulière.

Le soutien aux familles

> *Que soient développés des services de garde à domicile et des services d'hébergement temporaire pour le répit, le dépannage, la convalescence, les situations d'urgence sociale et l'hébergement cyclique (durant les mois d'hiver pour les personnes isolées).*

D'abord, selon les intervenants, le répit doit être considéré comme une mesure de base. Afin d'assurer un répit aux familles, diverses propositions parfois divergentes sont émises: Pour les uns, «il faut ajuster les programmes déjà existants plutôt qu'ajouter des services». Ainsi, il suffit de prendre une partie des lits existants pour les utiliser à cette fin. «Les lits de qui?» «Peut-être que le répit peut être offert en dehors des heures normales de services.» «C'est une partie de la solution, mais il ne faut pas se méprendre, la fatigue n'est pas seulement une question d'horaire.» Pour d'autres, c'est surtout au développement de services d'hébergement temporaire et de services de garde à domicile qu'il faut travailler, «parce que des lits et de l'aide, il en manque vraiment». «Oui, mais les coûts? Ce n'est pas un bon placement que de surinvestir l'idée de famille providence.» Du côté des organismes communautaires, on dénonce le manque de ressources financières les empêchant d'offrir de tels services.

Les services psychosociaux

> *Que soient mis en place des ressources additionnelles destinées à répondre aux besoins psychosociaux des aînés en perte d'autonomie (ex.: prévention du suicide) et qu'elles soient accessibles aussi bien à domicile qu'en milieu substitut.*

«Oui, c'est plus que nécessaire, trop souvent on entend: *Je sais que pour vous parler, il faut que je me fasse laver.*»

Par ailleurs, on suggère l'élaboration de grilles d'évaluation des besoins psychosociaux, assez sensibles pour éviter l'exclusion de certains besoins tout aussi importants même si moins visibles; «sans oublier de tenir compte des différences culturelles».

Les services gérontologiques, gériatriques et psychogériatriques

> *Que chaque région soit dotée de programmes de réadaptation accessibles aux aînés en perte d'autonomie vivant à domicile et en milieu d'hébergement.*

«Recommandation essentielle, puisqu'elle fera la différence entre maintenir et soutenir». «Redonner une autonomie aux personnes, c'est aussi donner du répit aux familles.»

> *Que chaque région soit dotée de ressources gérontologiques, gériatriques et psychogériatriques adaptées à ses réalités démographiques et territoriales.*

Les participants proposent qu'un mécanisme d'évaluation continu des services soit instauré afin de rajuster ces ressources aux réalités changeantes.

> *Qu'en matière de troubles cognitifs, la formation aux approches spécifiques soit accrue et que de nouvelles approches (ex.: clinique de mémoire) soient expérimentées.*

Ici encore, les participants soulignent l'importance de cette évaluation: «que ces nouvelles approches soient évaluées et que les résultats soient diffusés».

Les services palliatifs

> *Que soient mis sur pied des services de soins palliatifs pouvant être accessibles dans les milieux habituels de vie des personnes et que de l'aide et du soutien soient disponibles pour les proches.*

Comme plusieurs intervenants tels les médecins, infirmiers, préposés côtoient des personnes en phase terminale, il faut développer une sensibilisation et une formation à cette fin, afin de démystifier l'approche de la mort — autant que faire se peut —, et d'insister sur l'importance, surtout à ce moment, du support, ou tout au moins, du respect.

FAVORISER L'ÉMERGENCE D'UN PROJET LOCAL DE SOLIDARITÉ

«Que l'élaboration et l'organisation des services destinés aux personnes âgées en perte d'autonomie soient le rôle des CLSC.»

«Ce n'est pas seulement leur affaire.»

«Les municipalités doivent s'impliquer.»

Pour mobiliser les différents secteurs, on propose l'élaboration d'une politique globale du vieillissement... Dans l'ensemble, le projet local de solidarité est reçu avec grand intérêt. Cependant, plus de participants se demandent s'il ne vaudrait pas mieux s'attacher à la problématique de la disponibilité des services par territoire avant de se demander si le CLSC fera ceci ou non, ou si c'est le centre d'accueil qui sera responsable.

Organisation locale et concertation

> Que l'organisation des services aux aînés se fasse sur le plan local et qu'elle soit confiée à un mécanisme de concertation (table, comité) regroupant les responsables locaux des différents secteurs d'activités (services sociaux, transport, logement, sécurité, Église) ainsi que les organismes locaux représentatifs des aînés et des intervenants du réseau de la santé et des services sociaux.

«Bon, l'idée est excellente.» Mais d'un côté, on reproche à la recommandation de trop s'accrocher aux modalités puisque le comment sera différent d'un endroit à l'autre ou d'une situation à une autre. Tandis que de l'autre, on suggère que soient définis des moyens réalistes d'en arriver à une véritable concertation, «même s'il s'agit d'un grand défi». C'est que «la concertation n'a pas beaucoup évolué depuis les dix dernières années», «c'est difficile d'identifier un leader.» Les participants sont d'avis que le moyen est la décentralisation véritable du pouvoir. Selon eux, les tables de concertation, sauf quelques rares exceptions, n'ont jamais été mises sur pied par la clientèle. Cela pourrait constituer une bonne façon de regrouper les différents acteurs.

Un dispositif d'information, d'orientation et d'accessibilité

> Que soit mis sur pied, dans chaque milieu local, un dispositif d'information, d'orientation et d'accessibilité, notamment pour les

> *personnes qui ont besoin de soins de longue*
> *durée à domicile ou en hébergement.*

Il est suggéré de rendre l'information si accessible que les intervenants et même la population en deviennent des diffuseurs. L'information pourrait se retrouver, par exemple, dans des chroniques de journaux.

Un seul dispositif d'accès et un seul dispositif d'évaluation

> *Qu'un seul dispositif d'accès et un seul ins-*
> *trument d'évaluation soient utilisés, au ni-*
> *veau local, pour examiner et guider les aînés*
> *en perte d'autonomie vers les ressources ap-*
> *propriées.*

«Et que les ressources appropriées, notamment les ressources d'hébergement privées, soient non seulement évaluées et leurs résultats diffusés, mais que cette évaluation soit produite en tout ou en — grosse — partie par les aînés; (prix Rose d'or).»

PRIVILÉGIER L'USAGE DU PLAN DE SERVICES INDIVIDUALISÉ

Cet objectif soulève de nombreux commentaires quant à la viabilité du «PSI». C'est que, dans le contexte des services en «institutions» tels les centres hospitaliers convertis en soins de longue durée, on s'interroge: «comment un plan de services individualisé pourrait-il bien être élaboré pour que ses retombées favorisent l'autonomie des aînés?» «Jusqu'où peut-on individualiser? En fait, il faudrait se demander à partir de quels critères les syndicats, les directions, et autres évalueront ce qu'est l'autonomie des aînés.»

> *Que soit systématisé, comme on le propose*
> *dans le document: «Une réforme axée sur le*
> *citoyen», le recours au plan de services indi-*
> *vidualisé pour les aînés en perte d'autonomie*
> *qui ont à s'adresser de façon régulière au*
> *réseau sociosanitaire et à faire appel aux ser-*
> *vices de plusieurs intervenants.*

On s'interroge: «Les services existent-ils pour répondre aux besoins de la clientèle ou de l'intervenant, syndicats, corporations?» «Il faut donc, d'abord, travailler à changer la façon d'aborder le travail, la personne, le besoin. Ensuite, on peut croire en la viabilité d'une telle recommandation. Au contraire, c'est en y travaillant tout de suite que le reste viendra.»

ADAPTER LES PRATIQUES PROFESSIONNELLES À LA RÉALITÉ DES AÎNÉS

«Peut-être devrions-nous propulser les recommandations jusqu'à ce qu'elles atteignent la formulation: Que soient mises sur pied des associations de patients!» Les trois recommandations suivantes sont cependant jugées pertinentes:

Connaissance accrue du vieillissement normal

> *Que la formation continue des professionnels soit prioritairement orientée vers une connaissance accrue de ce qu'est le vieillissement normal, la perte d'autonomie, et les capacités de réadaptation des aînés.*

Formation en cours d'emploi

> *Que la formation en cours d'emploi et sur les lieux d'intervention soit encouragée, notamment par une hausse des budgets octroyés à cette fin aux établissements et que cette formation soit l'occasion d'un questionnement approfondi sur les pratiques professionnelles.*

Médecins à domicile et en hébergement

> *Que l'accessibilité aux services médicaux soit accrue, notamment par l'adoption de mesures susceptibles d'inciter les médecins à se rendre à domicile, en milieu d'hébergement et dans les services gériatriques et ce, dans l'ensemble du territoire.*

MILIEU D'HÉBERGEMENT: UN MILIEU DE VIE S'APPARENTANT À UN CHEZ-SOI

Les discussions portant sur les milieux d'hébergement ont été assez longues, parfois émotives. Le problème fondamental, selon les participants, c'est qu'une fois la personne entrée en centre d'accueil, c'est comme si elle était déjà un peu morte pour ses proches parfois, mais pire, souvent pour elle-même!

Malgré toute la bonne volonté dont les intervenants font preuve, les milieux d'hébergement restent le plus souvent des lieux anonymes, où les gens — et, malheureusement, particulièrement ceux qui y résident — ne se sentent jamais chez eux. Pourtant, soulignent les participants, c'est peut-être au cours de cette période de sa vie qu'une personne, alors plus seule parce qu'elle a perdu son conjoint ou ses amis, a besoin d'un environnement où les souvenirs, les objets familiers la rassurent.

Des codes d'éthique

> Que des codes d'éthique élaborés conjointement par les résidents, le personnel et la direction soient mis en vigueur dans chaque milieu d'hébergement.

On craint de se heurter aux mêmes obstacles que dans le cas du plan de services individualisé: la rigidité des conventions collectives, les conceptions du travail qu'ont certains intervenants et l'absence de volonté de changement des directions.

Ceux qui adhèrent à cette recommandation suggèrent fortement que soit mis en branle une série de moyens à caractère incitatif pour favoriser la réflexion, la prise de conscience vis-à-vis de l'importance à accorder à l'établissement de codes d'éthique. Il va de soi que, pour ceux-ci, l'idée de garderie, l'ouverture des heures de visite, etc. sont bien reçus. Pour d'autres, disons plus réservés, il serait souhaitable que cela demeure entre les intervenants. Les participants appuient également les deux recommandations qui suivent:

Modes d'intervention multidisciplinaire et psychosocial

> Que les milieux d'hébergement s'orientent vers des modes d'intervention à caractère multidisciplinaire et psychosocial, de manière à pouvoir répondre globalement aux problèmes de santé et de bien-être des aînés vivant en institution.

Rôle important de ressources intermédiaires

> Que l'on reconnaisse le rôle important que doivent jouer les ressources intermédiaires dans l'éventail des milieux de vie substituts et que des moyens soient consentis pour as-

surer un développement harmonieux de ces ressources en complémentarité avec les divers réseaux afin d'assurer aux aînés qui y vivent une qualité de services.

Un comité «Qualité de vie»

Qu'un comité «Qualité de vie» relevant du conseil d'administration et composé de résidents et de membres du conseil d'administration, soit mis en place dans chaque lieu d'hébergement, avec comme mandat principal de voir à la création ou à l'amélioration du milieu de vie, notamment: en mettant en place des mesures pour atténuer le choc de l'entrée en hébergement; en aménageant les espaces, les rythmes et les modes de vie institutionnels; en faisant en sorte que chaque personne dispose d'un espace et de moments qui lui appartiennent; en faisant en sorte que chaque personne puisse recevoir des soins d'une personne de son sexe si elle le souhaite et en offrant des menus au goût des personnes âgées.

Dans le cas de cette recommandation comme pour la suivante, l'implication des aînés est jugée essentielle.

Implication des familles et des organismes communautaires

Que les familles et les organismes communautaires concernés soient davantage impliqués dans l'organisation des milieux d'hébergement (ex.: assemblées de familles, participation accrue aux activités sociocommunautaires, transport).

«Ce sont les familles qui ont peur de cette idée. Elles pourraient être impliquées, par leur présence, aux soins physiques.» «Oui mais, quand leur(s) parent(s) arrive(nt), elles sont épuisées.» «Holà!, ce sont là des approches à changer. Dans la mesure où la famille assure une continuité des liens avec la personne et que cette relation est favorisée par une série de moyens, n'est-ce pas là son rôle premier? Il faut donc réviser nos façons de faire pour assurer l'ouverture du milieu d'hébergement à recevoir les familles.»

Budget spécifique à l'amélioration de la qualité de vie

> Que le ministère de la Santé et des Services sociaux crée un budget spécifiquement dédié à des programmes visant l'amélioration de la qualité de vie dans les lieux d'hébergement destinés aux aînés en perte d'autonomie.

L'APPRÉCIATION ET LE CONTRÔLE DE LA QUALITÉ DES INTERVENTIONS

Avant d'aborder la spécificité des recommandations qui suivent, des intervenants rappellent les difficultés que rencontrent les organismes communautaires et les bénévoles qui contribuent à la prestation de services.

Le problème de l'organisme communautaire est qu'il est tiraillé par ses difficultés de gestion et ses employés sont souvent mal rémunérés. Les exigences quant aux compétences requises sont donc réduites. «On est pris avec deux pauvretés, ça devient difficile de travailler à la qualité.»

Le statut des bénévoles est mis en brèche. Souvent, il leur faut payer pour rendre service, par exemple, payer pour leur stationnement au centre hospitalier. «C'est pas long que les frustrations se pointent; alors, à services rendus, ... pour la qualité...»

Sensibilisation à l'évaluation de la qualité des services et des interventions

> Que tous les secteurs et les acteurs concernés soient sensibilisés à l'importance de l'évaluation de la qualité des services et des interventions.

Promouvoir la qualité des services, c'est tout un défi à relever. C'est s'interroger sur les conciliations possibles avec les exigences de toute administration. «C'est se mettre les pieds dans les p'tits souliers du funambule, encore en équilibre par la danse des mains, dont l'une porte le poids d'un meilleur service et l'autre, de la meilleure accessibilité. C'est risqué.»

C'est dans ce contexte que s'inscrit la proposition à l'effet de promouvoir la reconnaissance ou la valorisation de la qualité plutôt que son contrôle. Cette proposition vise plus particulièrement les directions, «c'est que s'assurer que la volonté part du sommet de la hiérarchie, c'est s'assurer de changements».

Établissement de normes minimales par le MSSS

> Que le MSSS, en collaboration avec les régies régionales, exerce ses responsabilités en matière de contrôle de la qualité en établissant des normes minimales et en se donnant les moyens de les faire respecter.

Dans l'optique de la qualité des services pour la personne âgée hébergée, l'une des normes à établir doit être de développer des codes d'éthique élaborés à partir de ses besoins, avec l'aide de porte-parole ou de comités de consultation dont font partie des personnes âgées hébergées.

De même: «Si l'on veut tenir compte de l'idée de tendre à un environnement naturel dans les milieux substituts, il faut revoir certaines règles, notamment celles qui touchent le droit de fumer ou de prendre de l'alcool».

Une fois les normes modifiées, afin de susciter le respect de leur application, les évaluations de la qualité devraient faire partie des critères de financement ou d'accessibilité aux subventions.

Finalement, les participants insistent pour dire que les mêmes normes doivent s'adresser tant au public qu'au privé.

Évaluation des services: mandat d'un organisme indépendant

> Que le MSSS confie à un organisme indépendant le mandat d'élaborer des critères d'excellence, d'évaluer sur une base volontaire les services offerts à domicile et en établissement et de diffuser les résultats de ces évaluations.

«Base volontaire!, on vise quoi?» «Mesure d'accréditation.» «Pas nécessaire, base obligatoire.»

«Critères d'excellence? c'est dangereux, cela peut demeurer lettre morte, alors que l'on exige la quantité on veut la qualité, comment concilier les deux pour établir ces critères d'évaluation?» «Attention aux extrêmes, l'évaluation de la qualité, ce n'est pas juste au niveau de la satisfaction.»

À toutes ces questions, les participants offrent des pistes de réponse: «Il faut donner au départ confiance aux intervenants au lieu de les soupçonner, il faut trouver des moyens pour asseoir les médecins parmi nous. On a besoin d'intégration des services au lieu de divers services en circuit fermé».

D'autres intervenants suggèrent que chaque CLSC ait son propre programme de contrôle et qu'il se dote d'un conseil d'agrément indépendant. Pour le privé, que la responsabilité du contrôle de la qualité soit assumée par le CLSC en concertation avec la municipalité.

CHAPITRE 9

Prévention et promotion

ANIMATEUR:
Brian L. MISHARA
Université du Québec à Montréal,
membre du comité Pelletier

I- POINTS DE REPÈRE

Quels sont les moyens et les stratégies pour faire en sorte que les actions de prévention soient efficaces auprès des personnes plus âgées? Un grand nombre de problèmes qu'on retrouve plus souvent chez les aînés pourraient être prévenus plus tôt dans la vie ou même à un âge avancé, avant que les problèmes apparaissent. Le Rapport Pelletier met l'emphase sur cinq problèmes qui peuvent être prévenus par des programmes de prévention et promotion appropriés:

■ D'abord les personnes du troisième âge présentent deux fois plus de problèmes de santé que l'ensemble de la population. La promotion de saines habitudes de vie peut diminuer l'incidence et l'importance de plusieurs problèmes de santé chez les aînés, particulièrement la promotion de l'activité physique et d'une saine alimentation.

■ Deuxièmement, au Québec, les personnes âgées utilisent en moyenne cinq médicaments et ce sont les médicaments du système nerveux central (les psychotropes) qui sont les plus prescrits aux aînés. La plupart des problèmes physiques et psychologiques liés aux effets secondaires des médicaments sont prévisibles.

■ Troisièmement, même s'il y a moins de probabilité d'alcoolisme chez les aînés, les alcooliques aînés ne reçoivent généralement pas l'aide nécessaire. Les aînés qui commencent à avoir des problèmes d'alcoolisme en vieillissant suite à une perte (d'emploi, décès, etc.) devraient pourtant profiter des programmes préventifs. Même si l'alcoolisme pose un problème grave pour les personnes âgées, les recherches indiquent qu'une consommation modérée d'alcool n'a habituellement pas de conséquences négatives. De nombreuses recherches sur la consommation modérée de l'alcool indiquent que l'alcool peut améliorer le bien-être et le sommeil de certaines personnes aînées, sans pour autant créer de problèmes pour la santé.

■ Quatrièmement, parmi les personnes aînées atteintes de problèmes cognitifs d'origine organique, 13% souffrent d'un désordre réversible qui est entièrement évitable. De plus, 33% des personnes atteintes d'un syndrome irréversible (comme la maladie d'Alzheimer) souffrent également d'un syndrome réversible et peuvent donc profiter des programmes de prévention et d'intervention appropriés. La dépression est l'un des problèmes de santé mentale les plus répandus chez les aînés. Cependant, il y a peu de programmes pour prévenir la dépression.

■ Cinquièmement, le taux de suicide des personnes de 65 à 80 ans a augmenté de façon significative depuis 1978 et chez les aînés de 70 à 80 ans, le taux de suicide est plus élevé que chez les adolescents. Les recherches indiquent qu'on peut prévenir le suicide à un âge avancé aussi bien ou plus facilement que chez les jeunes.

II- PRÉOCCUPATIONS GLOBALES

Plusieurs participants signalaient la difficulté de savoir à qui revient le mandat de prévention. Il y a peu de financement, donc les organismes communautaires sont moins motivés à faire de la prévention. Plusieurs participants ont souligné qu'il est essentiel d'arriver à une concertation véritable afin d'éviter divers problèmes déjà installés. L'idée de l'implication des aînés est perçue par plusieurs comme la clé qui assurera le succès de la mise en œuvre des programmes préventifs. Lors des discussions plusieurs aînés sont intervenus en pointant du doigt le pouvoir des médecins et des pharmaciens responsables, par leur sur-prescription, de la consommation de médicaments. Les corporations ainsi que les gouvernements sont nettement visés. Quoi qu'il en soit de ces préoccupations, il ressort un questionnement d'ensemble, à savoir comment prioriser et qui mandater pour faire la prévention et la promotion.

III- RÉACTIONS SPÉCIFIQUES

CONVAINCRE LES AÎNÉS QUE LA PRÉVENTION A SA PLACE À TOUT ÂGE

Qu'il s'agisse de prévention, d'emblée l'interrogation porte sur celui à qui le mandat revient.

Du côté du CLSC, selon des intervenants, il y aurait danger de trop demander, «c'est qu'il est occupé par le curatif, il est déjà débordé». «Bien qu'il ait un mandat de prévention, organisé comme il est, il a seulement les moyens de prévenir le pire chez la personne qui le consulte, c'est-à-dire chez celle qui est déjà en perte d'autonomie.» Pour plusieurs participants, la prévention relève plutôt des organismes communautaires.

Cependant, du côté des organismes communautaires, «il y a un gros problème de financement, car aussitôt qu'un programme préventif démarre, il doit s'autofinancer au bout de deux ans. Pourtant, des programmes, il en existe, comme à Joliette, l'organisme *Vieillir en santé*, seulement il faudrait que le programme Maintien à domicile s'y implique». Dans ce contexte, la concertation entre les groupes communautaires et le CLSC devient essentielle. Dès lors, il est proposé de développer des liens entre les organismes communautaires et le CLSC, centrés sur la recherche-évaluation ainsi que sur l'implantation et le maintien de programmes.

Pour d'autres, il faut travailler sur la promotion de la prévention aux niveaux municipal, régional et provincial. «Déjà, certaines municipalités sont impliquées, par exemple: les programmes préventifs quant à la criminalité, et cela fonctionne.» Le régional, quant à lui, aurait à développer la prévention de situations qui lui sont particulières. Quant au provincial, la prévention de situations qui touchent des groupes plus larges, tels les travailleurs, lui revient.

Un intervenant d'un organisme communautaire disait: «C'est bien beau, mais pour tout cela, il n'y a pas de budget ou si peu; pour y arriver il nous faut nécessairement une volonté politique bien affirmée. Puisqu'en prévention les résultats sont souvent loin dans l'avenir, la prévention n'est politiquement pas rentable. Il nous faut donc convaincre les directions». Certains aînés ont répondu: «Erreur. C'est un discours d'intervenants, on pense pour les aînés, il nous faut chercher leur discours.» «À ce propos, il aurait été intéressant d'organiser une autre journée d'échange sur le Rapport Pelletier qui leur soit réservée uniquement.» «Pour que la prévention s'inscrive dans une action efficace, se sont les aînés qui doivent l'exiger; les intervenants, les organismes doivent changer leur façon d'aborder les situations.» «Quant aux CLSC et autres, l'implication des aînés aura un effet multiplicateur.»

> *Que les aînés soient impliqués dans la planification et la réalisation des actions préventives qui leur sont destinés.*

«Les aînés sont convaincus que la prévention a sa place, ce dont ils sont moins certains, c'est qu'on les écoute.» À cet effet, des intervenants trouvent pertinent de remplacer des termes de la formulation de l'objectif, c'est-à-dire «convaincre» par «sensibiliser» et «a sa place» par «est toujours importante».

En effet, l'absence des personnes âgées de la planification des programmes de prévention ne peut que conduire, selon des participants, à une interprétation erronée de leurs besoins. Ces participants proposent donc que le rôle des organisateurs communautaires soit de soutenir une démarche d'implication des aînés dans la planification de programmes. «D'ailleurs, il existe un projet-pilote dans lequel les personnes âgées elles-mêmes définissent les problématiques à prévoir et les interventions à appliquer. Les divers intervenants, quant à eux, ont un rôle de conseiller. Ainsi, le personnel est présent à titre de support, sinon on maintient le curatif.» «La prévention, c'est large, aussi chacun a un rôle à jouer, mais il faut que tous s'asseyent ensemble pour trouver une ligne directrice.»

Deux grands objectifs sont donc visés. Le premier: «Convaincre les médecins ainsi que le MSSS de l'utilité de la prévention». Le second: «Promouvoir les services préventifs comme droit acquis».

Différents moyens sont proposés afin de permettre l'implantation de la recommandation du groupe de travail:

- que cette implication des aînés dans la planification et la réalisation des actions préventives se concrétise par l'occupation de postes de décision;
- que les structures participantes soient formées de différentes catégories (dont 1/3 personnes âgées);
- que soient mis sur pied des comités d'action et de coordination;
- que la planification soit favorisée sur le plan local;
- que l'on mise davantage sur les organisations communautaires;
- que soit données des informations sur le vieillissement normal;
- que soient mises en évidence les belles initiatives et critiquées les mauvaises (prix orange/citron);

Les participants ont signalé qu'il faut faire porter l'attention sur:

- les différences culturelles;
- la spécialisation des ressources à développer, il ne faudrait pas qu'elle débouche sur la bureaucratisation;
- les besoins fondamentaux, tels la nouriture, le logement; sinon la prévention est au second rang;

* la centration sur les problématiques à éviter, promouvoir la santé.

DIMINUER LES PROBLÈMES DE DÉPRESSION

> *Que soit appuyé le développement de groupes d'entraide, particulièrement pour les endeuillés.*

Cette recommandation est très appuyée par les participants, mais vise moins les endeuillés en particulier que les personnes âgées en général. Avec le développement du programme Maintien à domicile, le risque est grand de voir les aînés s'isoler. Cette recommandation est d'autant plus utile que le groupe d'entraide peut favoriser la transformation de l'aidé en aidant. Lors du développement de tels réseaux, un rôle de consultant et de support devrait être conféré aux professionnels et autres intervenants.

Plusieurs participants proposent que soient diffusées, avec l'aide des médias, surtout la télévision et la radio, les initiatives d'entraide. On souligne également qu'il faut favoriser l'implication des organismes, notamment des services de transport, qui peuvent faciliter des rencontres à l'extérieur du lieu de vie de la personne âgée.

Par ailleurs, tous trouvent important de se pencher sur les causes de dépression. Par contre, plusieurs participants considèrent les augmentations de loyer souvent onéreuses pour plusieurs personnes âgées, on suggère qu'elles soient gelées à 3 %. Cependant, plusieurs s'interrogent sur la pertinence de cette recommandation pour prévenir la dépression. Une recommandation sur la formation fait plus facilement l'unanimité:

> *Que soit améliorée par une formation adéquate la capacité des intervenants à différencier une dépression pathologique d'une dépression normale liée au deuil.*

RÉDUIRE LE TAUX DE SUICIDE CHEZ LES AÎNÉS

> *Que les intervenants soient sensibilisés aux signes annonciateurs de suicide, à l'évaluation des risques et aux modes d'intervention appropriés.*

Il y aurait, selon des participants, une problématique particulière dans le cas des hommes, c'est-à-dire plus de danger de crises suicidaires. Il faut sensibiliser les intervenants à aller chercher ces hommes souvent isolés. Il est important aussi que les intervenants portent une attention particulière aux facteurs de risque tels l'isolement et une piètre qualité de vie.

> *Que soient mis sur pied des programmes destinés à aider les aînés et leur famille à mieux comprendre le suicide et ses causes.*

Les participants suggèrent: «Que des modes d'intervention soient développés, que différents services soient mis sur pied». On pense ici à un service de support et d'entraide selon une modalité de face à face qui est offert à la fois aux personnes suicidaires et aux endeuillés. L'approche devrait être multidisciplinaire et le développement du service doit être effectué sur les plans local et régional. Les participants souhaitent que les diverses instances gouvernementales, municipales, et autres contribuent financièrement à l'implantation et au maintien de tels services.

> *Que les services de prévention du suicide soient adaptés aux besoins des aînés et que ces derniers soient sensibilisés à l'utilité de ces services.*

Puisque les aînés regardent souvent la télévision, des participants proposent qu'elle soit mise à profit pour l'implantation de cette recommandation.

RÉDUIRE LA CONSOMMATION DES MÉDICAMENTS, DONT LES PSYCHOTROPES

«D'accord avec l'objectif, on est pas contre la vertu; sauf que... beaucoup d'initiatives, mais la situation ne change pas.» «Malheureusement le discours actuel porte davantage sur les coûts médicaux que sur les problèmes vécus.» «Avec le 2 $ par prescription, selon le MSSS, le coupable, c'est le consommateur; alors qu'on lui a vendu l'idée de la magie des médicaments, maintenant on lui fait payer cet abus.» «Les aînés sont beaucoup plus prudents que l'on pense, que l'on critique davantage l'utilisation du pouvoir médical..., et pharmaceutique.»

Pour la plupart des participants, la solution apparaît dans une multitude de petites actions. Ils exigent une position plus claire du ministère et des corporations. «D'abord, il faudrait bien supprimer le ticket modérateur.» «Il faudrait inverser le système dans le sens de la santé, sa promotion, sa prévention.» «D'ailleurs, les budgets devraient être alloués en fonction de la santé et non de la maladie.» Cette dernière intervention n'est pas vraiment appuyée. «De toute façon, il est nécessaire que le MSSS change d'orientation.» Les participants ont suggéré certaines orientations:

- créer des clubs d'autosanté (ex.: la retraite aux bains publics au Japon!);
- poursuivre les moyens de pression de la coalition des aînés;
- que les médecins explorent au-delà des symptômes, qu'ils prennent le temps;
- réorienter la médecine dans une approche santé globale au lieu de symptômes spécifiques;
- adopter une approche de mise en valeur des alternatives santé;
- agir sur les motifs sous-jacents à la consommation;
- rechercher des alternatives pour composer avec les déficits et les diffuser;
- adapter les services aux besoins des aînés et non l'inverse.

Les participants ont signalé les obstacles suivants qui doivent être confrontés:

- le système de rémunération des médecins;
- la concertation difficile avec les médecins;
- la médicalisation de la vieillesse;
- le lobbying des compagnies pharmaceutiques.

Les recommandations qui suivent sont appuyées, dans la mesure où elles s'inscrivent dans un changement de l'approche de la médecine vis-à-vis du vieillissement.

> *Qu'une campagne de sensibilisation à la surconsommation des médicaments, notamment des psychotropes, soit mise en œuvre avec l'objectif d'améliorer les connaissances des intervenants sociosanitaires sur:*
>
> * *les modifications que le vieillissement peut entraîner en ce qui a trait à l'absorption, l'élimination, la distribution dans l'organisme et les effets des médicaments (sur ordonnance et en vente libre);*

- *les effets à court et à long terme des médicaments chez les aînés et les interactions entre les divers médicaments;*
- *les moyens de favoriser une meilleure communication à propos de l'effet des médicaments.*

Qu'une campagne de sensibilisation du public à la surconsommation des psychotropes soit mise en branle, notamment par la création de programmes d'information, destinés aux aînés et à leur famille, sur la bonne utilisation des médicaments par les aînés présentant des problèmes de santé mentale.

Que l'utilisation des psychotropes en milieu d'hébergement fasse l'objet de règles de soins restrictives.

Que la prescription médicale requise pour l'utilisation de contentions s'inscrive comme une mesure exceptionnelle dans le cadre d'un plan d'intervention défini en équipe multidisplinaire.

DIMINUER LES PROBLÈMES D'ALCOOLISME ET LEURS CONSÉQUENCES

Que soit accrue l'accessibilité aux programmes de désintoxication et que les intervenants soient sensibilisés aux problèmes d'alcoolisme chez les aînés et à leur dépistage.

«Augmenter l'accessibilité, c'est aussi augmenter les ressources.» Pour des participants, il est essentiel de mettre en évidence le fait que les ressources de première ligne (CLSC, urgence) sont de plus en plus confrontées à ce type de clientèle. Il en va de même de certains départements d'hôpitaux (psychiatrie, cardiologie). «Non seulement les ressources manquent, mais les intervenants ne sont pas ou peu formés à traiter la pluritoxicomanie.»

Bien que cette recommandation soit reçue comme très utile et très importante, des participants considèrent qu'elle ne va pas assez loin. C'est que, selon ceux-ci, il n'est pas de mise de se centrer uniquement sur la désintoxication, mais également sur le traitement. «Ce n'est pas seulement une question d'accessibilité mais aussi de ressources adaptées.» Ainsi, les régies régionales

devraient favoriser des ressources adaptées qui doivent se retrouver dans le plan régional d'organisation de services élaboré actuellement.
Les moyens privilégiés sont les suivants:

* que soient développés davantage de programmes de formation s'adressant aux intervenants de la toxicomanie et de gériatrie — pas seulement des programmes de sensibilisation;
* que soient mises en évidence les initiatives communautaires, tels le groupe Harmonie, et les groupes d'entraide comme les A.A. (mais adaptés);
* que les diverses ressources se concertent;
* que les intervenants soient sensibilisés à l'égard du potentiel de réadaptation des aînés afin de faire obstacle à leur perception d'un pronostic très faible;
* que des recherches soient mises sur pied afin de connaître le profil de cette clientèle, les caractéristiques ou processus de réadaptation ainsi que le type de traitement à privilégier.

> *Que soient diffusés les résultats de recherches sur la consommation modérée d'alcool et que l'on permette la consommation de boissons alcoolisées en milieu substitut.*

Cette recommandation est moins bien accueillie. C'est que, d'une part, on craint les mélanges d'alcool et de médicaments, d'autre part on s'interroge sur la façon dont il est possible de contrôler ce type de consommation en milieu substitut. À cela, des intervenants répondent que le droit de choisir doit être laissé à la personne.

DIMINUER LA PRÉVALENCE ET LES CONSÉQUENCES DES PROBLÈMES COGNITIFS RÉVERSIBLES

> *Que soient améliorées les capacités des intervenants à poser un diagnostic différentiel et à repérer les syndromes réversibles assez tôt pour éviter que ces problèmes ne deviennent chroniques.*

«Recommandation très pertinente» car on constate trop souvent une méconnaissance des intervenants face à divers symptômes qui s'apparentent à la maladie d'Alzheimer. Le besoin de formation est clair, la recommandation est fortement appuyée.

PRÉVENIR LES HANDICAPS LIÉS AUX PERTES AUDITIVES OU VISUELLES

> *Que soient instaurées des méthodes de dépis-*
> *tage des diminutions des capacités auditives*
> *et visuelles de manière à prévenir les compor-*
> *tements de retrait et d'isolement souvent as-*
> *sociés à l'apparition de ces problèmes.*

De plus, les intervenants suggèrent que l'on sensibilise les prothé-
sistes audiologistes à l'impact, dans la vie quotidienne des aînés,
d'une perte auditive ou visuelle.

> *Que soit accrue la disponibilité des aides*
> *techniques.*

Les participants suggèrent qu'afin d'arriver à rendre plus disponibles les aides techniques il y ait extension de la gratuité des
prothèses accessibles aux aînés. Il faut se rendre compte aussi que
les problèmes financiers des aînés les empêchent souvent de
changer de prothèses.

ACCROISSEMENT DE L'INTÉRÊT DES MILIEUX UNIVERSITAIRES
POUR LA RECHERCHE ET L'ENSEIGNEMENT SUR LE VIEILLISSEMENT

Les participants considèrent cet objectif et les recommandations
qui l'accompagnent comme très pertinents. En plus, on doit sensibiliser les milieux de formation à promouvoir la gériatrie comme secteur de pointe et rappeler que la multidisciplinarité inclut
autant les aspects «santé» que «sociaux». Le milieu universitaire
devrait établir des liens avec le monde des services et s'ouvrir à
d'autres ressources que les hôpitaux, notamment au milieu communautaire, lequel pourrait être davantage promu comme milieu
de stage.

   Enfin, les participants proposent que les recherches en santé
et sécurité au travail s'attachent aux particularités du vieillissement normal. Ils soulignent les points suivants:

• que l'on porte une attention particulière aux facteurs de
  risques et que l'on développe des interventions qui y ont
  trait;

• que les résultats soient diffusés en un langage accessible;

• que les différents milieux de recherche se concertent afin
  d'éviter de réinventer la roue.

CHAPITRE 10

Le conseil des aînés et les actions multisectorielles

ANIMATRICE:
Patricia CARIS
Ministère de la Santé et des Services sociaux,
membre du comité Pelletier

I- POINTS DE REPÈRE

La recommandation du comité Pelletier d'établir un Conseil des aînés a conduit à la création de ce Conseil par l'Assemblée nationale du Québec. On présente ici les discussions sur le mandat et la composition du Conseil des aînés, ainsi que des actions multisectorielles et des initiatives de la communauté, particulièrement le rôle des organismes communautaires qui interviennent auprès des aînés.

Le fil conducteur du Rapport Pelletier est de s'assurer que la personne âgée continue de participer à la vie collective. On peut se demander s'il est nécessaire de mettre en place, sur le plan provincial, une instance spécifiquement chargée de veiller aux intérêts des aînés. Cela ne risque-t-il pas de renforcer l'image qui fait des aînés un groupe à part? Le comité Pelletier est arrivé à la conclusion que les avantages l'emportent sur les inconvénients potentiels. Considérant la tendance actuelle à isoler la personne âgée du tissu social, donc à briser la continuité, celui-ci propose la création d'une instance chargée de veiller à ce qu'une telle brisure ne se perpétue pas.

II- PRÉOCCUPATIONS GLOBALES

LE CONSEIL DES AÎNÉS

Le débat, très animé, porte sur toutes les facettes de ce Conseil à venir. La structure: provinciale ou régionale? La représentativité? Le mandat? Certains participants préfèrent la proposition du Rapport, un Conseil des aînés de même type que le Secrétariat de la Jeunesse. Ils trouvent opportun d'assurer une représentativité des âges, des milieux rural, semi-urbain et même des grands centres. Il serait essentiel que les représentants proviennent de plusieurs secteurs, pas seulement de la santé, afin de ne pas associer les aînés à la maladie. Le Conseil devrait relever du Conseil exécutif.

D'autres par contre trouvent dangereux le modèle du Conseil de la jeunesse: «On ne veut pas d'un Conseil multidisciplinaire, mais vraiment un Conseil des aînés; une représentativité de ce qui compose la réalité des aînés. La régionalisation, peut-être par des sous-comités».

Pour d'autres participants, l'élaboration de programmes trop nombreux implique actuellement des actions importantes où les aînés n'ont pas leur place: «Il y a de la régionalisation, mais les aînés n'y sont pas suffisamment représentés (ex.: Régie régionale de la région de Québec: 50 % institutions, 25 % groupes socio-économiques, 20 % communautaires, 5 % autres)». «La prochaine action: participation des aînés, priorités des aînés, affectations de ressources dès l'an prochain; mais le Conseil des aînés aura un impact quand?» Plusieurs participants ont été frustrés de ne pouvoir être présents pour représenter les aînés aux Assemblées régionales: «On devrait accentuer la représentativité des aînés à l'intérieur des Régies tout de suite. C'est là et maintenant qu'est l'action». Ainsi, pour ces participants: «il faut une voix régionale assurée par les mécanismes déjà en place». «Le Conseil des aînés aboutira à de grands principes mais que dire de l'action concrète? Il faut faire plus, tout de suite.»

Les participants s'entendent sur l'importance de se doter d'abord d'une structure fonctionnelle: «C'est ambitieux un Conseil provincial». Cependant, les modes d'organisation dans les régions sont discutés beaucoup plus longuement: «Ce qu'il faut c'est un Conseil régional avec représentants attachés aux régions ainsi que des représentants des organismes régionaux». «Chaque Régie devrait avoir son propre Conseil des aînés, bien séparé de la santé, et un rapport des actions du Conseil aux Régies.» «On fait du *structurivisme*, déjà il existe plusieurs structures, pourquoi en créer d'autres, que l'on trouve dans chaque milieu le groupe qui est le plus actif et le plus représentatif de la région.» «Il ne faut absolument pas ajouter d'autres structures! Il ne faut pas que de nouvelles structures remplacent ce qui existe...»

Composition et mandat

La discussion continue d'être vive lorsque sont abordées les questions de composition du Conseil des aînés et son mandat.

«Quel mandat? Un grand mouvement sur le vieillissement ou la coordination? Les deux? Pourquoi pas une représentation un tiers, un tiers, un tiers? Il faut que les familles soient représentées. Les organismes communautaires ont le droit de dire ce qu'ils en pensent, mais où, dans quelle structure? Ces organismes ne veulent pas être seulement des dispensateurs de services.»

Concernant la composition, la nomination des membres, il n'est pas évident que l'obtention de l'appui d'au moins trois groupes représentant les aînés, tel que suggéré dans le Rapport, soit un critère suffisant. De l'avis des participants, il faut aller plus loin, penser à des mécanismes de consultations plus systématiques.

Les participants s'interrogent aussi sur la pertinence de prévoir une composition assurant de façon systématique la représentation des régions. Il semble plus adéquat de refléter les différences régionales en ayant des représentants des milieux ruraux, urbains, etc., parce que les réalités et les difficultés peuvent être grandement influencées par les caractéristiques de ces milieux. Cependant, c'est d'abord des intérêts des aînés que le Conseil doit se préoccuper:

«Le Conseil (avec secrétariat) doit influencer les politiques: il y a danger à être trop régionalisé; il ne faut pas oublier les principes d'universalité.»

«Le Conseil des aînés: ce sont des aînés qui représentent l'ensemble des intérêts des aînés.»

«Il ne faut pas qu'un membre défende un coin du Québec.»

Le mandat est l'objet d'une interrogation, plus particulièrement sur le danger que le Conseil des aînés devienne le seul interlocuteur officiel et crédible pour le Gouvernement. Les aînés craignent aussi de voir ce conseil se limiter aux seuls intérêts ponctuels de leur groupe d'âge. C'est pourquoi, tout en jugeant essentiel que le conseil défende les intérêts des aînés, ils aimeraient qu'il le fasse en tenant compte de l'ensemble des réalités sociales et des difficultés des autres générations de la communauté. Voici quelques propos des participants:

«Un des mandats du Conseil des aînés serait de se préoccuper que les aînés aient une place dans chacun des organismes régionaux dans tous les secteurs (culture, tourisme, santé, habitation).»

«La communauté a quelque chose à dire et il doit y avoir une place pour eux, pas seulement les aînés.»

«Quinze personnes ne peuvent définir une politique sans faire des États généraux avec l'ensemble de tous les groupes et la régionalisation. Donc, le mandat du Conseil: consultation auprès du vrai monde. Il faut aider les aînés à prendre conscience de leurs besoins.»

«Les personnes déléguées doivent avoir une préoccupation plus importante des aînés que de leur secteur; le danger dans la régionalisation, c'est d'avoir des petits morceaux sans puzzle; que l'on nomme des personnes avec une préoccupation de Conseil des aînés à l'échelle provinciale et non des organismes.»

«Besoins semblables, mais les moyens peuvent être différents; le mandat de consultation est important.»

«Le processus? Au début: régional; à la fin: global; avec rétroaction par les sous-groupes de consultation.»

«Le point de vue des aînés, il faut aller le chercher, voilà une fonction du Conseil.»

III- RÉACTIONS SPÉCIFIQUES

Parmi les points plus pointus qui sont abordés au cours de l'atelier, deux retiennent plus l'attention. La contribution de la communauté et le rattachement administratif du Conseil des aînés. Curieusement et alors qu'à première vue le lien ne paraît pas évident, ces deux points amènent une réflexion de même ordre. Dans les deux cas, il s'agit de préserver les capacités de véhiculer les préoccupations et les solutions propres à une communauté. Or, contrairement aux services proposés par les divers réseaux gouvernementaux, ces solutions ne sont pas limitées à un secteur et intègrent souvent des aspects tels le loisir, le transport, l'habitat, la santé, le social.

Deux recommandations du Rapport Pelletier sont alors discutées:

> *Que soit créé un Conseil des aînés rattaché au Conseil exécutif.*

Tous sont d'accord sur le fait qu'il n'est pas opportun que le Conseil des aînés soit dépendant du ministère de la Santé et des Services sociaux. En effet, un tel rattachement aurait sûrement comme impact d'accentuer le préjugé qui fait des aînés des malades, et de la vieillesse, une maladie.

Par contre, le rattachement au ministre responsable de la Condition des aînés paraît à plusieurs participants une meilleure solution que la proposition du rapport. En fait, bien que plus prestigieux, le lien avec le conseil exécutif peut avoir comme effet la dilution des intérêts des aînés parmi toutes les préoccupations du premier ministre. Le Ministre délégué, nommément responsable, donne aux recommandations du Conseil des aînés un point de chute plus précis et des moyens de véhiculer son point de vue dans l'appareil gouvernemental. (Depuis, nous savons que ce point de vue a prévalu lors de l'élaboration de la loi créant ce Conseil.)

> *Que le Ministre délégué à la condition des aînés soit mandaté pour assurer le financement d'activités multisectorielles de groupes*

communautaires d'aînés ou dont l'action est destinée aux aînés.

Tout comme on juge important de distancier le Conseil des aînés du secteur santé et services sociaux, on trouve opportun de prévoir un financement d'activités qui ne réduisent pas l'apport du communautaire à ce seul secteur.

«Pour le bien de tous, le ministère donne des services de santé et sociaux, point final. Les autres organismes ne doivent pas dépendre du MSSS, pour leur propre indépendance, pour ne pas les enfermer.»

«De plus en plus, on a tendance à considérer le communautaire comme dispensateur de services. On oublie alors l'originalité des réponses. Il faut donc continuer à le financer pour les activités multisectorielles.»

«Les organismes communautaires sont devenus des alternatives aux manques du réseau officiel. Pourtant, il y a des organismes communautaires d'aînés qui ne sont pas des dispensateurs de services, il ne faut pas tout mettre dans le même panier. Que leur mission communautaire leur soient laissée.»

Les participants sont d'accord avec la création d'un Conseil des aînés tel que proposé dans le Rapport Pelletier. Cependant, ils jugent essentiel d'ajouter au mandat une obligation de consultation des aînés et des groupes qui les représentent. Ils sont aussi d'avis que les intérêts des aînés seraient mieux servis si le Conseil était rattaché au Ministre délégué à la Condition des aînés plutôt qu'au Conseil exécutif.

Enfin, les participants croient important, dans les cas des organismes communautaires qui interviennent auprès des aînés, d'assurer un financement qui permette le maintien des activités multisectorielles. Limiter ce financement au secteur de la santé et des services sociaux n'est donc pas souhaitable, le Ministre délégué semble beaucoup mieux placé pour exercer cette responsabilité. Par contre, le Conseil des aînés, de l'avis des participants, ne doit pas avoir à distribuer de fonds et doit demeurer un organisme conseil.

CHAPITRE 11

Le soutien aux familles

ANIMATRICE:
Daphné NAHMIASH
Université McGill
membre du comité Pelletier

I- POINTS DE REPÈRE

La relation entre la personne âgée et sa famille est un élément stratégique dans une optique de continuité. Il est évident qu'un meilleur soutien aux familles pourrait favoriser un meilleur support aux aînés en perte d'autonomie. Cependant, peu de services actuels ont pour objectif de soutenir les familles des aînés et trop souvent quand l'aide aux familles est disponible, elle arrive trop tard, quand la famille est déjà «épuisée». Le Rapport Pelletier montre que la famille est trop souvent laissée pour compte et que nous sommes ainsi en train d'ignorer ou de minimiser l'importance d'une ressource importante pour les aînés dans la société québécoise.

L'enquête sociale générale, réalisée par Statistique Canada en 1985, démontre que les aînés donnent plus d'aide à leur famille qu'ils n'en reçoivent; 58 % des aînés fournissent de l'aide à leurs proches et 23 % d'entre eux leur apportent même plusieurs types d'aide dont les principales formes sont le soutien financier, le gardiennage, les travaux ménagers, le transport et les travaux d'entretien extérieur.

Il est d'autant plus important de rappeler cette réalité que, dans l'esprit de la plupart des gens, ce sont généralement les aînés qui sont identifiés comme les seuls bénéficiaires des relations intergénérationnelles. Quatre-vingt pour cent des soins et services dont ont besoin les aînés sont dispensés par la famille, en majorité par les femmes. Il faut reconnaître que, jusqu'à ce jour, peu de choses ont été faites pour les aider. Pourtant leur collaboration est absolument nécessaire.

II- PRÉOCCUPATIONS GLOBALES

Collectivement sommes-nous convaincus qu'une approche axée sur la famille soit valable? C'est sous cet angle qu'est d'abord abordée l'implication des familles à la situation des aînés. En effet, a-t-on consulté les familles à cet égard? Certains peuvent voir dans cette approche un recul par rapport au concept de l'État providence, une approche mesquine à la famille providence. Il n'est pas dit non plus que les aînés y adhéreront, il est possible qu'elle soit perçue comme obstacle à leur autonomie. Cela tient peut-être au fait qu'on a évacué les personnes âgées de toute politique de type familiale. Certains participants suggèrent: «Des politiques moins sectorielles qui intègrent la personnes âgée dans une politique familiale globale. Sans oublier, qu'on lui remette un pouvoir décisionnel».

Il faut cependant faire en sorte de ne pas renvoyer à la famille — ou, advenant le cas, aux personnes significatives — des responsabilités qui ne lui reviennent pas. Plusieurs participants craignent que soit conféré à la famille un rôle de pourvoyeur de services, et qu'elle soit utilisée comme ressource au service du réseau. Ainsi, les participants appuient l'implication des aînés au niveau décisionnel, mais souhaitent aussi que la famille ait son mot à dire. Dès lors, la concertation à tous les niveaux est nécessaire: personne âgée, famille, réseau et apparaît comme moyen à privilégier.

Les participants soulignent en parallèle: les recommandations formulées à l'égard des aînés qui reçoivent de l'aide de leur famille sont du même ordre que celles qui s'adressent à d'autres groupes, telles ceux vivant avec une déficience intellectuelle ou avec des difficultés d'apprentissage. «Alors, dans une perspective d'intégration sociale, n'y a-t-il pas là matière à concertation?»

III- RÉACTIONS SPÉCIFIQUES

DÉVELOPPER UN VÉRITABLE SOUTIEN AUX FAMILLES

Avant d'aborder les recommandations, des participants ont tenu à préciser le contexte dans lequel ils privilégient leur implantation.

- que l'on adhère à une vision préventive pour ne pas épuiser les familles;
- que soit élargi le concept de la famille afin d'inclure les autres aidants naturels;
- que l'on se préoccupe des services à offrir en région;
- que l'information sur les services accessibles soit diffusée;
- que soit augmentée l'allocation directe;
- que l'on tienne compte des différences ethniques et culturelles.

Somme toute, que les recommandations du Rapport Pelletier deviennent des priorités.

Une recommandation supplémentaire est suggérée: Que soit instauré, pour la famille qui prend en charge un parent aîné, le principe d'un salaire annuel garanti, balisé afin d'éviter les abus.

> *Que le gouvernement du Québec étudie la possibilité d'instaurer des mesures fiscales qui pourraient aider les familles désirant garder chez elles un parent âgé dont l'autonomie est restreinte.*

À l'égard de cette recommandation, des participants s'interrogent sur le fait de ne point privilégier une aide directe à une population cible. «Tout de même, c'est un bon début.»

> *Que le gouvernement du Québec étudie la possibilité d'ajouter à la liste des congés déjà reconnus dans la Loi sur les normes du travail, l'octroi de congés aux travailleurs et travailleuses qui soutiennent un parent âgé.*

Cette recommandation ne fait pas consensus. D'un côté, il faut sensibiliser l'employeur à la situation des familles qui prennent soin d'un parent âgé. Par contre, certains participants ont exprimé des doutes quant à l'acceptation de la part des travailleurs d'une modification des normes, une révision à la baisse.

> *Que les dispensateurs de services accroissent leurs heures d'ouverture de manière à rendre leurs services accessibles en dehors des horaires habituels de travail.*

Cette recommandation est appuyée: «On doit adapter les horaires aux besoins».

> *Que soient développés des services de garde à domicile et des services d'hébergement temporaire pour le répit, le dépannage, la convalescence, les situations d'urgence sociale et l'hébergement cyclique (durant les mois d'hiver pour les personnes isolées).*

Recommandation très appuyée, à laquelle les participants ajoutent les points suivants:

- que l'on développe des services de support psychologique à la famille;
- que l'on favorise la contribution des jeunes en termes de services; la publicité devrait jouer un rôle important dans la solidarité intergénérationnelle
- que l'on procède à un dépistage plus rapide permettant une meilleure mobilisation;
- que l'on se soucie de développer ces services en région;

- que soient promues l'entraide et la solidarité communautaire;

En conclusion, les participants sont d'avis qu'il ne faut pas investir dans de nouveaux et nombreux types de services mais plutôt «que peu au bon endroit pourrait faire beaucoup».

CHAPITRE 12

TABLE-RONDE:
Les services

Michel CLAIR
Association des centres d'accueil

Paul LANDRY
Association des hôpitaux

Jeanne d'Arc VAILLANT
Fédération des CLSC

René DIONNE
Ministère de la Santé et des Services sociaux.

ANIMATEUR:
Norbert RODRIGUE
*Conférence des Conseils régionaux de la santé
et des services sociaux*

La table ronde s'est amorcée par une présentation de chacun des quatre conférenciers; suivit une période de commentaires, de questions et de réactions des participants à ces présentations.

Présentation de M. Michel Clair

Au cours du travail du groupe Pelletier, je me suis fait le propagandiste de deux points précis, la multisectorialité et, également, la notion d'un projet local pour l'organisation des services aux personnes aînées et principalement aux personnes aînées en perte d'autonomie.

La *multisectorialité* présente une possibilité réelle d'agir sur le bien-être des personnes âgées en général et de façon plus spécifique, celles qui m'intéressent au premier chef, les personnes âgées en perte d'autonomie. Cependant la multisectorialité a ses exigences. La première, c'est que *la multisectorialité ne peut viser qu'une clientèle cible, bien définie.* Parce que si l'on vise à développer l'approche multisectorielle sur un plan très général à l'égard de tous les besoins de toutes les personnes âgées, on risque fort d'en parler longtemps sans déboucher suffisamment sur du concret. Donc, je propose une clientèle cible bien définie, soit celle des personnes âgées en perte d'autonomie, même si je n'aime pas ce mot-là, parce qu'il comporte une certaine connotation. Mais parlons des personnes fragiles, faibles, frêles, des personnes âgées donc qui sont les plus susceptibles d'avoir recours aux services privés ou publics de support à leur autonomie.

Deuxième exigence, *la multisectorialité (ça peut sembler surprenant) a besoin d'un territoire.* La multisectorialité, si on ne veut pas que ça demeure juste un concept, il faut identifier une clientèle cible, sur un territoire donné. En ce sens, la loi 120 vient de donner, grosso modo, une coïncidence de territoire entre au moins deux des organisations majeures concernées par les personnes âgées en perte d'autonomie, à savoir les Centres locaux de services communautaires (CLSC) et les Centres hospitaliers de soins en longue durée (CHSLD). On doit donc viser un territoire qui ne soit pas trop grand, et il me semble qu'à cet égard-là les territoires de CLSC ou de municipalités régionales de comtés (MRC) sont intéressants. La multisectorialité, si on veut véritablement lui donner des racines, ne peut se faire qu'au niveau local. On ne vit pas d'abord au niveau national ou régional, on vit d'abord localement. Si on veut articuler la multisectorialité, il faut le faire avec une vision d'un territoire donné pour être bien certain qu'on s'occupe de toutes les personnes et que ce territoire-là ne soit pas trop grand.

Troisième exigence, *la multisectorialité exige un leadership fort*, un leadership partagé mais non compétitif pour l'initier. Le développement de l'approche multisectorielle ne naîtra pas spontanément dans une communauté donnée. Il faut des leaders, par rapport aux personnes âgées fragiles, en perte d'autonomie, les CLSC et les CHSLD devraient se sentir responsables d'initier l'approche multisectorielle, même si elle concerne tout autant les transports, les municipalités, les églises, les organismes communautaires. Mais encore faut-il ne pas faire qu'une énumération de ces gens-là mais qu'il y ait une étincelle à un moment donné, quelqu'un qui assume un certain leadership.

Quatrième exigence, c'est *la complémentarité à l'intérieur de notre propre réseau.* On ne fera la leçon à personne dans les municipalités, auprès des autres organisations, si nous-mêmes, à l'intérieur du réseau de la santé et des services sociaux, on ne développe pas cette approche de complémentarité, de coordination de nos actions. Pourquoi ça? Pour mettre en marche, si on veut que la multisectorialité débouche sur l'action et améliore réellement le bien-être des aînés en perte d'autonomie, il faut un projet social communautaire défini élaboré en «gang», en public. Quand on a défini notre clientèle cible, qu'on connaît le territoire dans lequel on a l'intention de travailler, que quelqu'un est prêt à prendre le leadership, ceux qui prennent cette initiative doivent être complémentaires les uns des autres. Il faut ensuite se lancer dans un processus de définition du projet de la communauté à l'égard des services aux personnes âgées de cette communauté. Autrement dit, si on veut être capable de définir des actions multisectorielles, il faut que les intervenants de tous les secteurs d'activité sentent qu'ils ont comme perspective leurs personnes âgées, leurs «vieux».

Cinquième exigence de la multisectorialité, si on veut que ça tourne vers l'action, *une campagne de mobilisation de toute la communauté sur un thème et un projet précis.* Parce qu'encore une fois, si on a pas un thème et un projet précis en vue, l'action multisectorielle ne peut déboucher que sur des palabres et non sur l'action.

Finalement, sixième exigence, les approches, les initiatives multisectorielles ne peuvent vivre seulement de leur «aire d'aller». Pour qu'une approche multisectorielle demeure vivante et dure, il faut qu'il y ait *une animation permanente des intervenants concernés.* Ce n'est pas vrai qu'un jour donné et pour toujours, que dans un milieu donné, l'approche multisectorielle va être installée et va durer d'elle-même. Elle va toujours avoir besoin d'un support, d'une animation et ce n'est qu'à cette condition qu'elle pourra également durer dans le temps et éviter que le cloisonnement et que les murs se rebâtissent tranquillement, les uns à côté des autres, pour venir isoler l'action des différents intervenants où chacun est convaincu qu'il fait, lui, un très bon travail. Mais parce qu'il n'est pas en contact avec les autres, il ignore le reste de la réalité et son action, nécessairement, est beaucoup plus limitée et beaucoup plus coûteuse parce qu'inefficace et inefficiente.

Si on veut vraiment que l'approche multisectorielle donne des résultats, nous ne pouvons engager l'action qu'à l'égard d'une clientèle donnée et sur un projet précis et sur un territoire petit, une approche locale. Autrement, ça ne peut que demeurer lettre morte, un peu un slogan, et non quelque chose qui s'inscrit dans la réalité.

Présentation de M. Paul Landry

Mon exposé tournera autour de deux mots clés, deux concepts clés qui recoupent un peu ce que vous avez entendu depuis longtemps. Premièrement, approche globale, deuxièmement, complémentarité.

Un des points les plus importants à retenir des travaux du comité Pelletier, c'est *l'approche globale*. De quoi s'agit-il, en deux mots? On peut identifier cinq éléments. Le premier *c'est qu'il faut allier le préventif et le curatif*, non les opposer. Ce qui ne veut pas dire qu'il faut développer le préventif aux dépens du curatif ou qu'il faut uniquement des services curatifs, mais plutôt les considérer comme deux approches nécessaires et complémentaires, en équilibre (quelles doivent être les proportions de l'une et l'autre, c'est un autre débat). Deuxième point majeur dans l'approche globale, *c'est la santé physique et la santé psychosociale*. Encore là, il ne faut pas opposer la santé physique et la santé psychosociale, ce sont deux éléments d'un tout chez la même personne. Troisième point, il faut aussi *un équilibre entre les services de santé plus traditionnels et les services sociaux*. Encore là, ne pas les opposer mais les intégrer. Un autre élément essentiel dans cette approche globale, c'est la *continuité du soutien*. Ici, je rejoins un peu le concept essentiel pour moi du «long term care». Chez les personnes âgées (pas toutes, parce que la majeure partie des personnes âgées sont très autonomes) qui sont vulnérables, qu'on dit en perte d'autonomie plus ou moins sévère, celles-là ont besoin, je crois, d'une continuité d'intervention. Le dernier point, dans l'approche globale, *c'est l'implication de la famille*. En gériatrie comme en gérontologie, c'est un peu le même phénomène, il faut travailler avec la famille et avec la communauté.

Le deuxième concept clé, c'est celui de la complémentarité. Je représente un peu le complexe médico-hospitalier parmi vous, j'en suis conscient, avec ses bons et ses mauvais côtés. Parfois je me sens un peu comme le loup dans la bergerie ou le mouton dans la tannière, on verra tantôt par vos questions. Mais ce qui me semble important, c'est d'en arriver à un nouveau partenariat où on va arrêter de s'opposer, de se confronter dans une approche dialectique en disant qu'il y a des riches, des gros et des forts, puis qu'il y a des pauvres et des démunis et qu'il faut prendre aux riches et donner aux pauvres. C'est dépassé. Ce qu'il nous faut maintenant c'est mettre un terme à la compétition, aux chicanes, aux luttes de pouvoir et aux batailles rangées pour les ressources, qui sont rares on le sait. Il faut exercer ensemble un leadership fort, conjoint, harmonieux, concerté. La seule manière de le réaliser, à mon sens, c'est de se centrer sur une idée transcendante: la qualité des services pour les personnes âgées, dans l'ensemble de notre réseau.

Cela implique trois éléments principaux. *Le premier, c'est de maintenir une orientation sur la personne,* satisfaire les besoins de cette personne-là. Ces besoins sont multiples, physiologiques, besoins de sécurité, besoins d'appartenance, de reconnaissance, d'amour, de réalisation de soi (je fais référence à la fameuse pyramide de Maslow). Mais au centre de nos préoccupations, d'abord la personne, ensuite la famille et ensuite la communauté. Michel Clair parlait d'approche locale, moi je parle d'approche autour d'une communauté.

Le deuxième élément de la qualité pour moi, *c'est la pertinence.* Pertinence veut dire se centrer sur des objectifs de santé. Est-ce que les services donnés, même si on les donne bien, correspondent à des besoins de la personne ou à des besoins des professionnels? M. Laplante, ce midi, vous parlait d'acharnement thérapeutique; souvent ça fait plus l'affaire de certains médecins de donner des services que de répondre aux besoins réels du bénéficiaire. Il faut aussi des objectifs de services qui sont atteints en termes de résultats mesurables et mesurés.

Le troisième élément, c'est l'efficience, c'est-à-dire les résultats à atteindre on les atteint avec le moins de ressources possible. Autrement dit, utiliser le mieux qu'on peut le peu de ressources qu'on a pour atteindre les objectifs qu'on se donne. Vous savez que le climat politique et économique du Québec n'est pas très bon, mondialisation des marchés, concurrence internationale, endettement de nos sociétés... il faut aussi avoir le sentiment d'une certaine équité envers les générations futures et je pense qu'on ne peut pas se permettre de leur laisser des dettes.

Donc, bref, il faut faire plus, et mieux, avec ce qu'on a et se donner des outils pour faire des choix éclairés comme société en termes d'avantages et de coûts des différentes interventions que l'on fait. Il faut vivre selon nos moyens mais essayer de faire plus avec ce qu'on a. Pour ça, il y a un prérequis important. Il faut traiter et prévenir la psychosclérose. La psychosclérose, c'est le durcissement des attitudes, des valeurs dans notre système. Et là je parle des membres de conseil d'administration, des gestionnaires, des cadres intermédiaires, des professionnels et de l'ensemble de notre personnel. Je pense qu'il faut effectivement libérer la créativité de ce monde-là, leur capacité d'innover. La seule manière de faire cela, c'est de leur permettre de prendre les décisions où les décisions doivent se prendre, au niveau des services. Et pour ça, il y a deux prérequis, il faut déréglementer. Ce qui compte, c'est de changer nos attitudes vis-à-vis des personnes aînées, vis-à-vis de la perte d'autonomie à prévenir et d'en arriver à avoir une approche qui se veut globale. À l'intérieur des hôpitaux, ça veut dire plus d'emphase sur les unités d'évaluation gériatrique, plus d'emphase, de développement et de valorisation de la réadaptation fonctionnelle intensive, plus d'emphase sur les services, plus d'accessibilité à la psychogériatrie, aux hôpitaux de jour dans certains cas, en hébergement et soins de longue durée. Il faut aussi penser à créer des milieux de vie qui sont aussi des milieux de soins.

Je terminerai par une phrase lapidaire: Il faut donner le bon service (celui qui atteint les résultats) au bon patient (à celui qui en a vraiment besoin) au bon moment, au bon endroit, au bon prix et il faut le faire correctement du premier coup. C'est là une définition de ce que j'espère que nous pourrons, en collaboration, faire dans notre système, et je pense que les personnes âgées du Québec pourront voir qu'on va être en mesure de donner suite au Rapport Pelletier.

PRÉSENTATION DE MME JEANNE D'ARC VAILLANT

Dans le sociocommunautaire et dans les CLSC, il est question de défi local, d'allier le curatif et le préventif et de travailler avec la communauté, depuis près de vingt ans. Et je suis très contente d'entendre que tous ensemble, les partenaires du réseau, il faut s'allier pour mieux desservir les aînés, je ne peux qu'être d'accord avec ça.

Mais tout d'abord, il faut que sur le plan national il y ait de grandes orientations. Est-ce qu'on prend un virage vers le milieu de vie, oui ou non? Est-ce que le poids des ressources financières suit également? Pour qu'il y ait véritablement partenariat, des choix s'imposent. Le Rapport Pelletier trace quelques grandes lignes. Il y a un absent à mon point de vue, le soutien à domicile, qui est un parent pauvre du système dit-on dans le Rapport, et parent pauvre également du Rapport, d'une certaine façon. Il y a évidemment peu de ressources, c'est vrai. Nécessité va faire loi, il faudra réallouer les ressources. On va être obligé de faire autrement avec ce que nous avons. Et en ce sens, des indications claires au niveau national s'imposent. Le rapport du comité Pelletier en a tracé plusieurs; une des lignes de force est l'intersectoriel et l'autre grande ligne de force, la solidarité locale. Donc, *mon premier élément, le plan national,* l'allocation de ressources et de grandes orientations.

Le deuxième élément, c'est évidemment au niveau régional. Dans le contexte d'une *décentralisation ou d'une régionalisation,* nous allons devoir tous travailler ensemble à l'intérieur de la régie avec une démocratisation et la participation des citoyens au sein du conseil d'administration et des assemblées générales régionales. Donc, un projet de multisectorialité devra s'inscrire dans les priorités de la régie régionale pour que les ressources suivent. On ne peut développer et soutenir à domicile un grand nombre de personnes pour éviter l'institutionnalisation, qu'à la condition que les ressources suivent. Et l'élément majeur, la base de la pyramide, c'est le «local». Il est évident que, sur le plan local, les solidarités ne passent pas d'abord et avant tout par des institutions, elles passent par des personnes. Et il est évident également qu'on doit s'axer sur la notion de service.

À plusieurs reprises, on a un peu perdu la notion du service, la notion de la personne, la notion de rendre disponibles et accessibles (pas seulement de 9 h à 5 h mais à l'extérieur de ces plages horaires) des services à la population aînée. Donc, pour moi, la multisectorialité passe également par une connaissance de ce qu'est l'autre. Sur le plan local des projets communs doivent se faire entre le centre hospitalier, entre la longue durée, avec les offices municipaux, avec tous ceux qui œuvrent tant sur le plan municipal que scolaire, il faut qu'il y ait échange, connaissance et respect de ce qu'est l'autre. Les CLSC doivent savoir comment fonctionne le centre d'hébergement de longue durée, et le centre hospitalier, et il faut également que les autres partenaires du réseau soient au courant de ce que font véritablement les CLSC en première ligne. Pour que ce ne soit pas des vœux pieux, pour que ça se traduise par des choses concrètes, il faudrait mettre de l'avant des projets très concrets de liaisons, d'échanges entre nos réseaux respectifs, entre les CLSC et les centres d'accueil, d'hébergement de longue durée, et avec le réseau hospitalier, en plus de faire une jonction avec tous les partenaires locaux, ce que les CLSC font actuellement avec tout le milieu communautaire.

Somme toute, la grande ligne de force du Rapport Pelletier est de miser sur les solidarités locales et ça va être à nous de l'actualiser, de parler d'intersectorialité et ça va être à nous d'actualiser cela aussi. Ce que je déplore un peu, c'est qu'il n'y a pas suffisamment de priorités. Il y aurait eu une nécessité quant à moi d'établir des priorités et de mieux étayer le vivre chez-soi.

PRÉSENTATION DE M. RENÉ DIONNE

Un plan d'action pour les personnes âgées, c'est un vaste domaine, et il faut impliquer tout le monde. J'ai le privilège de présider aux travaux du comité qui regroupe les personnes de chacune des directions au Ministère (planification, évaluation et les trois directions réseaux, que ce soit recouvrement de la santé du côté des hôpitaux de courte durée, prévention et services communautaires qui ont le souci des interventions du côté des CLSC, des organismes communautaires et les services de longue durée qui ont pour tâche de s'occuper du secteur de l'hébergement).

Premier point: *il y a quelque 700 000 personnes âgées au Québec, bientôt il y en aura 1 million*, c'est une clientèle dont il faut se soucier. Il faut assurer l'épanouissement de ces personnes dans la communauté et réduire autant que possible l'incidence des différents problèmes qu'elles peuvent rencontrer, que ces problèmes soient physiques, psychiques ou sociaux. Il faut donc trouver les moyens d'éviter de les marginaliser (le Rapport Pelletier en faisait mention), il faut accentuer les efforts de prévention et de sensibilisation et viser à adapter les réseaux et les pratiques professionnelles aux caractéristiques des aînés. Ces préoccupations concernent évidemment le Ministère et le réseau, mais aussi plusieurs autres ministères ou organismes gouvernementaux.

Deuxième point: parmi ces quelque 700 000 personnes âgées, il y en a quelque *cent à deux cent mille* qui présentent des risques de perte d'autonomie ou qui sont carrément en perte d'autonomie. Ce sont donc des personnes qui sont, à des degrés divers, prisonnières des prestataires de services. Pour cette raison, on développe là aussi deux objectifs qui nous paraissent fondamentaux. D'une part, rendre disponibles aux aînés et à leurs proches les moyens de faire valoir leurs droits et, d'autre part, assurer une qualité de service qui implique effectivement le respect, peu importe le milieu de vie des personnes.

Troisième point qui constitue le cœur du débat au comité, qui concerne *l'organisation des services*. Quels sont les objectifs à viser en matière d'organisation des services quand la clientèle doit devenir le centre de nos préoccupations comme le prône la réforme? Si on se réfère au Rapport Pelletier, et aussi au rapport d'un sous-comité fédéral-provincial sur les soins prolongés, tous sont unanimes à dire qu'il faut assurer une gamme complète de services pour répondre à des besoins diversifiés, pour respecter autant que faire se peut la vie que les personnes ont connue et leurs désirs. C'est dans cet esprit-là qu'on formule deux grands objectifs. Le premier étant d'assurer des réponses adaptées aux besoins diversifiés des aînés et de leurs proches afin de prévenir et de diminuer les conséquences de la perte d'autonomie. À cette fin, premièrement rendre disponible une gamme de services diversifiée et flexible et cela, peu importe le choix du milieu de vie. Ceci va demander des mesures en termes de dépistage, d'intervention, de traitement, de réadaptation, de compensation des incapacités, de support aux aidants et même, de soins aux mourants. Deuxième élément, cette gamme de services à définir va être supportée par des réalisations sur le terrain. Il faut donc viser à consolider les ressources actuelles et il faudra mettre en place les conditions pour rendre accessible cette gamme de services. On fait état des mécanismes d'évaluation des clientèles, d'élaboration des PROS (Plans régionaux d'organisation de services), d'une préoccupation de neutralité financière des programmes (que les gens ne choisissent pas l'hébergement parce que ça va leur coûter une contribution de l'adulte hébergé alors que s'il reste à domicile, ça va leur coûter plus cher, ou l'inverse). Il faut aussi favoriser une allocation des budgets selon l'approche clientèle. Le second objectif vise à favoriser la continuité de l'intégration des aînés à leur communauté en permettant une flexibilité dans l'organisation et la prestation des services qui permettent de respecter leurs choix. Sur ce plan, il est essentiel d'entreprendre un virage favorisant le maintien à domicile, en accentuant le développement de l'ensemble des ressources nécessaires. On pense aux programmes de maintien à domicile (MAD, SIMAD), à l'hébergement temporaire, aux centres de jour, à l'aide aux organismes communautaires, etc.

Si on considère une gamme de services à compléter, il est bien évident que l'accent ne devrait pas être mis sur le développement de ressources institutionnelles. D'ailleurs, si on regarde le passé récent, les 10 dernières années, c'est quelques centaines de lits qui ont été développés au Québec. Si on se reporte au document de la réforme, on parle de développer à peu près 600 lits pour les années qui viennent. Compte tenu de la croissance du nombre de personnes âgées, cela signifie que d'ici l'an 2000, on va passer d'un taux d'institutionnalisation actuel de 6 % à 7 % (je ne veux pas entrer dans le débat du chiffre exact) à moins de 5 %. Ça équivaudrait aujourd'hui, s'il n'y avait pas de croissance du nombre de personnes âgées, à fermer 5 000 lits. Avec la préoccupation d'assurer une véritable gamme de services et des ressources suffisantes, le travail majeur du côté de l'institution sera non pas de développer des lits mais de les redéployer sur le territoire et d'améliorer le niveau des services à l'intérieur des établissements.

En ce qui concerne l'intégration à leur communauté des aînés qui vivent en milieu d'hébergement (centres d'accueil), il faudra viser à transformer l'ensemble des différentes ressources substitut au domicile (dont les CHSLD) en milieu de vie ouvert sur la communauté. Il faudra, à cette fin, faire preuve d'imagination que ce soit en matière d'implantation ou de conception des immeubles, ou encore d'organisation et de participation à la vie collective pour les personnes qui sont hébergées. Enfin, pour favoriser toujours l'intégration des personnes à la communauté, le dernier moyen sera d'accentuer l'implication des organismes communautaires comme partenaires directs et même privilégiés dans certains secteurs, dans l'organisation et la distribution de l'ensemble des services aux aînés.

Voilà très brièvement l'approche recommandée par notre comité. Oui, un virage vers les services les plus près des gens mais dans un système de services intégrés, qui permet de respecter les choix des individus et d'apporter la réponse adéquate aux besoins à un coût raisonnable aussi.

DISCUSSION AVEC LES PARTICIPANTS

Vers une orientation sur la personne

Q.:   Je voudrais réagir à ce que M. Landry a dit tantôt. Il a parlé de maintenir une orientation sur la personne. La semaine dernière, j'assistais à une formation donnée par le Barreau, à Québec, où un avocat qui a travaillé sur la réforme est venu nous dire qu'après en avoir fait l'étude légale, la conclusion qu'ils en tiraient, c'est que les préoccupations de la réforme étaient beaucoup plus administratives qu'humaines et il a ajouté qu'il fallait garder l'œil ouvert. J'avoue que ça m'a assommé d'entendre ça. Où est la vérité dans tout ça? Est-ce qu'on s'en va plus vers une administration, donc des coupures? Dans l'atelier où j'étais tantôt, on parlait entre autres de l'usage des médicaments, bien sûr le fameux 2 $ est arrivé sur le tapis. Et là certains intervenants qui nous parlent des conséquences de ce 2 $ sur l'usage des médicaments... Je me demande, pendant qu'on fait des discussions que j'appelle accessoires, pendant ce temps-là est-ce qu'il y a pas des choses fondamentales qu'on ne verra pas? Est-ce qu'il ne serait pas temps de tenir une discussion de fond sur tout le système et parler des vraies choses?

P.L.:   Il y a plusieurs éléments dans votre intervention et votre question. Le premier c'est que vous portez un jugement de valeur sur l'ensemble de la réforme. Je pense qu'on a eu des discussions là-dessus sur plusieurs autres tribunes. Notre association a décidé de collaborer à l'implantation de la réforme mais en étant très vigilant. Il y a certainement dans la réforme de M. Côté un discours qui est axé sur la primauté de la personne, du citoyen, c'est indéniable. D'autre part, comme vous le soulevez si bien, et comme votre avocat le disait, il y a toute une série de mesures bureaucratiques centralisatrices qui sont plus ou moins cachées dans les dispositions de la Loi et qui constituent une menace sérieuse de bureaucratisation et de centralisation excessives. On l'a dit, on l'a répété, on va continuer à le répéter. Sauf que l'essentiel du message que je voulais vous livrer, et c'est ce que j'ai appris comme membre du comité Pelletier avec les collègues, c'est que finalement ce qui compte, c'est les personnes et non les structures. Ce qui compte, c'est de changer les attitudes du monde. En ce sens, l'orientation sur la personne, moi personnellement, mon association, on va continuer à la proclamer sur tous les toits, même si on sait que peut-être dans la réforme il y a un écart entre le discours et la réalité. On va continuer à aller dans ce sens parce que c'est la seule planche de sortie dans le système actuellement. En étant très vigilant, et en mettant en garde les gens contre le spectre, les monstres bureaucratiques.

J.A.V.: Quand on regarde les modifications législatives qui ont été faites, un grand nombre de dispositions concernent des structures. Quand on les regarde sur le plan juridique, il est évident que c'est rébarbatif et que c'est administratif. Mais pour nous, il y a deux clés là-dedans. Une clé, c'est de rapprocher le pouvoir de décision au niveau local, donc la première ligne et au niveau des régies régionales. Il y a plus de chances que ça marche que si tout repose dans les mains d'un seul. Donc, c'était un principe de rapprocher le pouvoir de décision au niveau des citoyens, au niveau régional. Mais l'autre grande clé va dépendre du comportement des technocrates que nous sommes, dans la place que nous allons faire aux citoyens. Les citoyens font partie des conseils d'administration et c'est là la grande nouveauté. C'est le principe de démocratisation et ça va dépendre de la place que nos organisations vont y faire. Est-ce que ça va être des «rubber stamps», estampiller les décisions qui sont prises, ou plutôt, le rôle que doivent jouer les citoyens dans la façon dont les services sont dispensés, et une participation active à l'établissement. Donc, pour nous, c'était ça les deux clés. Mais dès qu'on parle de grand nombre et qu'on parle de structures, cela va de pair avec une très grande prudence parce qu'on oublie facilement la personne, et on oublie les deux dimensions, à savoir la clientèle et le fait que ce ne sont pas les structures qui donnent les services, ce sont les intervenants. Et il faut que cette approche-là aille jusqu'au niveau de l'intervenant sur le terrain. C'est là que ça se passe. C'est par cet(te) intervenant(e) que ça passe. Et ça on a tendance à l'oublier.

Le soutien à domicile doit impliquer toute la communauté

Q.: J'étais content d'entendre parler de soutien à domicile, de continuité dans les services à la population. Ça fait 12 ans que j'œuvre dans le domaine communautaire et j'ai l'impression d'avoir commencé avec une Chevrolet 1959, de m'être retrouvé avec un autobus 1962 et j'ai peur d'aboutir avec un Convert 1950. J'ai peur qu'on s'écrase. Ce qui arrive, c'est que le réseau, l'alourdissement, le vieillissement de la population font en sorte que, de plus en plus, on passe des commandes aux organismes communautaires, le soutien à domicile est entre autres un des services. Les gens vieillissent, ils ne sont plus capables de s'occuper de chez eux. Et on fait appel beaucoup aux fameuses mesures Extra

(170 depuis 1984), des gens qui passent chez nous et que je ne peux pas garder... Mais quand on parle de continuité de service, quand on voit nos gens à la fois vieillir, perdre leurs capacités cognitives et que l'on est obligé de cesser d'offrir des services parce que la personne n'a plus le droit de continuer sur le projet. En termes de dignité, on est aux prises avec deux misères. Les personnes âgées qui ne sont plus capables, et des jeunes qui veulent bien travailler. On se demande où on va comme ça. On est le bout du bout, parce que souvent les familles en région, les enfants sont partis travailler en ville pis les organismes communautaires remplacent un peu la famille. Faites attention parce qu'on va finir par s'écraser.

M.C.:   Votre témoignage est à peu près la plaidoirie la plus éloquente qu'on peut imaginer au support d'un projet local de solidarité à l'égard des personnes âgées en perte d'autonomie. Il ne faut pas oublier, par exemple, si on regarde sur le plan de l'hébergement, en l'an 2000 à cause du caractère inéluctable du vieillissement de la population et des limites dans la capacité budgétaire de l'État, c'est comme si on coupait 5 000 places aujourd'hui dans le réseau de l'hébergement. Faut bien se dire que quand moi je vais avoir 80 ans, on va être rendu en l'an 2030, on va représenter 25 % de la population, les personnes âgées de plus de 65 ans. Si on ne change rien à la base, au niveau de la communauté, et qu'on laisse le poids uniquement sur le centre d'accueil, le CLSC ou bien les organismes communautaires et que la communauté ne se rend pas compte qu'il y a un vieillissement qui finit par avoir des impacts concrets sur son tissu, sur les besoins de ces personnes-là, qu'il s'agisse des organismes communautaires ou des organismes publics, ils vont ployer sous le poids. Il est urgent de commencer à sonner les cloches, se refaire une santé. Que l'argent ne sera plus un problème, je n'y crois pas. Il faut pas qu'on s'étouffe avec chacun de notre côté, le centre d'accueil de son bord, l'hôpital du sien, le CLSC du sien, et les organismes communautaires à côté. Il faut déborder sur la communauté et ce n'est qu'à cette condition qu'on va pouvoir être en mesure de répondre progressivement et de mieux en mieux, avec les ressources financières et humaines disponibles, aux besoins des personnes âgées ou des personnes handicapées.

Quand on pense aux énormes besoins qu'ont les personnes âgées et les personnes handicapées en soutien à domicile pour les activités de la vie quotidienne, et non pour des services de spécialistes. Et que d'une part on ait ça, et que de l'autre côté on gaspille comme ça un aussi grand nombre de jeunes qui sont collés à l'aide sociale. Moi je dis qu'on est une société écœurante de cautionner ça tous les jours, alors que ça prendrait si peu, juste pour donner un statut social, et valoriser ces jeunes dans des services à des personnes qui ne demanderaient pas mieux que de les avoir à côté. Ça n'a pas de bon sens. J'ai renoncé à penser que ça viendrait d'en haut, ça ne peut venir que d'en bas, parce que les visions qui viennent juste d'en haut ne peuvent jamais correspondre aux besoins de la communauté locale.

J.A.V.:   Ma conviction la plus profonde, c'est qu'une partie de l'avenir passe par le soutien à domicile. C'est la seule façon. Des pays l'ont fait avant nous, la Norvège, la Suède avec des pourcentages d'aînés très élevés. C'est sûr que les solutions vont venir d'en bas, parce qu'il y en a quasiment plus qui viennent d'en haut, il faut qu'on se débrouille. La vie continue. Mais je pense qu'il faut continuer à brasser en haut. Le Québec est en retard dans les programmes de maintien et de soutien à domicile. La politique de maintien à domicile a été faite en 1979 parce qu'il y a un premier ministre qui a brassé pas mal de monde. C'est le premier ministre et non le ministère de la Santé qui avait eu cette idée-là. Et on est en dessous encore de 130 millions de dollars par rapport au budget dont on aurait eu besoin en 1981. Donc, il y a un rattrapage à faire, et ça vient d'en haut, c'est nos taxes, c'est nos impôts et c'est un choix qu'on fait comme société. Et c'est un virage qui doit se faire. Pour l'autre élément, une jonction avec l'aide sociale, il faut aussi qu'en haut les grands systèmes se parlent. Il y a quand même une couple de milliards là-dedans. Au niveau local, oui, il faut travailler. Mais il faut également brasser et secouer l'arbre pour qu'on ait des ressources et qu'on puisse mieux travailler sur le terrain.

P.L.:   Il ne faut pas être trop catégorique et dire qu'il y a uniquement des choses qui peuvent se passer au niveau local. Les solutions ne viendront pas que d'en haut. L'une des raisons pour laquelle la notion de maintien et de soutien à domicile n'est pas plus avancée qu'elle l'est, c'est qu'elle est trop portée uniquement par une catégorie d'établissement. Le soutien à domicile ne doit pas être uniquement un projet d'une catégorie d'établissement, il faut que ça soit un projet de la communauté, qui mobilise toutes les énergies et tous les secteurs d'activité. Autrement, si c'est l'affaire d'une catégorie d'établissement, ou que dans le village, la ville ou le quartier, on peut dire que le soutien à domicile c'est l'affaire des CLSC, tout ce que ça prend c'est plus d'argent, ça me

concerne pas, moi maire de la paroisse sur le plan de l'organisation du transport et puis ça me concerne pas sur le plan du loisir,
sur le plan de l'habitation, on va avoir de la difficulté. Alors le
projet local, oui au virage en faveur du maintien à domicile, mais
il faut que ça soit plus impliquant que de simplement dire c'est
l'affaire de quelqu'un et que si ça marche pas ou si ça marche
bien, c'est juste de leur faute. Au niveau de la communauté,
oubliez pas vos hôpitaux, hein. C'est un partenaire à part entière.

J.A.V.:   À condition qu'ils acceptent de partager un certain nombre de ressources et de les réallouer.

Q.:   Ce que je me demande, c'est que tout le discours que
j'entends actuellement, autant au niveau de la Fédération des
CLSC, des centres d'accueil, Ministère, Conseils régionaux... Est-
ce que vous pouvez prendre aujourd'hui l'engagement, devant
les gens qui sont présents, de dire que la substance de vos discours respectifs que vous l'achemineres à l'intérieur de vos boîtes
respectives? Peut-être que les DG de CLSC en viennent à dire «oui
les intervenants c'est très important, pis on va peut-être venir
qu'à leur donner un peu plus de latitude». Peut-être qu'au niveau
des hôpitaux également que les médecins en viennent à venir
collaborer sur des tables de concertation. Je déplore le fait que je
n'ai pas rencontré beaucoup de médecins ici. Pourtant, Dieu sait
si les personnes âgées sont une bonne partie de leur pain quotidien. Alors je ne peux que souscrire, et j'espère vous lire.

Q.:   On a vu, au cours de ces deux journées, comment plusieurs personnes, par choix ou par obligation, vont vivre dans des
résidences privées. On veut élargir la gamme de service et on dit
bien, «là où les personnes vivent». Et pour plusieurs, c'est leur
domicile, les résidences privées. Et devant toute cette gamme,
autant les luxueuses que celles qu'on voudrait dénoncer, on voit
que tout un chacun voudrait les évaluer, que ce soit les CLSC, la
corporation des travailleurs sociaux, les municipalités et dans ce
contexte-là, le Regroupement des résidences est là pour faire une
auto-évaluation de ces ressources-là. Mais pour le faire, il a besoin d'une complicité des autres. Complicité dans le sens que les
travailleurs sociaux ou les gens de services à domicile sont des
fois les mieux placés pour identifier ces endroits inappropriés,
mais également une complicité dans la complémentarité des services. Les gens vivent dans ces endroits et il arrive que ce soit par
négligence que les gens ne reçoivent pas toujours les soins, mais
aussi parce qu'ils ne les reçoivent pas du CLSC. Et à ce moment-
là, il n'y a pas cette complémentarité de service, c'est-à-dire au

moment où le cas devient trop lourd. Il n'est peut-être pas prioritaire d'aller dans les ressources où il y aurait besoin davantage de services, ou même pour les recevoir dans son domicile qui est la résidence. Et c'est aussi vrai dans les corporations sans but lucratif que dans les résidences privées. Donc, il y a une invitation à cette complicité, à améliorer ces ressources, mais aussi à une complémentarité de services parce que, comme on le voit, tout le monde ne pourra pas aller en centre d'accueil, mais ce maintien à domicile peut être dans ces ressources alternatives.

...et la famille...

Q.:   Quand j'ai lu le rapport des experts, ce qui m'a le plus frappé, ce qui m'a le plus fait plaisir, c'est qu'on y mettait l'accent sur le respect de la personne. Mais maintenant, il y a autre chose. Vous comptez miser beaucoup sur la famille. La famille, selon notre génération, parce que moi j'ai 71 ans, n'est pas la même que la famille nucléaire d'aujourd'hui. Et comme on assiste au démantèlement de plus en plus accentué de la famille et de la bonne entente aussi, comment pensez-vous réaliser votre rêve de miser sur la famille?

On ne s'en laissera pas imposer...

La Coalition des aînés, nous avons présenté un mémoire sur le financement à la Commission parlementaire sur le financement des services de santé, et nous avons prouvé à M. Côté que le gouvernement, actuellement, a les moyens d'offrir des services de santé, des services sociaux de qualité, et qu'actuellement les services ne coûtent pas plus chers qu'en 1970 compte tenu de tout. Nous avons présenté ce mémoire et fait des pétitions, nous avons aussi formé une coalition avec 37 organismes pour conserver la gratuité et l'universalité des soins, et pour l'examen de la vue et les médicaments aux personnes âgées. Quand on a présenté ces choses, les médias nous ont repoussés du revers de la main, et le gouvernement le premier nous a repoussés, parce qu'on n'est pas supposé savoir lire parce qu'on est âgé, on est supposé rien savoir, on n'est pas supposé avoir de connaissance, on est supposé être stupide. Donc, à la suite de tout ça, M. Marc-Yvan Côté a sorti le deux dollars pour les médicaments aux personnes âgées. Nous contestons encore, nous avons commencé à faire signer des pétitions pour ça. Nous nous battons très fort, mais comme je vous dis, la population âgée est supposée être stupide. Mais on ne s'en laissera pas imposer, on va continuer. Mais pour ce qui est de la famille, on se demande comment vous pourrez réaliser votre rêve?

P.L.:   Écoutez Madame, c'est évident que les membres du comité Pelletier ne pensent pas que la population âgée est stupide, donc on est vos alliés là-dedans. Deuxièmement, en ce qui concerne la famille, c'est sûr qu'il y a un certain éclatement des valeurs de la famille traditionnelle, mais il reste qu'il y a encore une majorité de personnes qui vivent proches de leur famille, la famille demeure une valeur significative pour la très grande majorité des Québécois. Moi, je suis assez optimiste. En plus, lorsqu'elle éclate, et qu'elle ne suffit plus, de plus en plus les organismes communautaires peuvent et doivent suppléer dans une certaine mesure.

Q.:   Il y a aussi le manque de plein emploi. S'il n'y a pas de revenus possibles ou adéquats dans une famille, si les jeunes n'ont pas d'emploi ou ont des emplois à temps partiel, à contrat de quelques jours ou de quelques mois, comment pourront-ils aider les personnes qui ont besoin d'aide dans leur famille? Faudra-t-il former des réseaux d'entraide et comment?

J.A.V.:   Les aînés sont des citoyens à part entière, sans aucun doute, des acteurs sociaux majeurs ... S'il y a des gens qui n'ont pas compris ça, c'est eux qui ont un problème, Madame, pas vous. Au niveau de la famille, je pense que ça demeure encore une valeur et la famille qui veut aider, supporter ses aînés, a besoin elle aussi d'aide, et il en est question dans le rapport. Quand vous abordez les liens de solidarité, c'est sûr qu'il faut qu'il y ait de l'aide entre les générations. Et les réseaux d'entraide, ils ne peuvent se bâtir qu'au niveau d'un quartier, d'une rue, au niveau local. En ce sens, lorsqu'on parle de solidarité locale, c'est ce genre de ressource, de groupes communautaires qui peuvent se développer et c'est pour ça que la jonction locale est extrêmement importante. C'est de cette façon que ça peut se faire. Notre congrès portait cette année sur les jeunes, il y avait 200 jeunes qui y participaient, et je peux vous dire que dans les ateliers où on a eu beaucoup de discussions, que les jeunes sont aussi prêts à s'impliquer, qu'ils veulent s'impliquer. Donc il y a des liens à faire et ces liens ne peuvent se faire que par le local.

Mot de la fin

N.R.:   On ne peut mettre tous nos œufs dans le même panier. En ce sens, ça va être dans l'action un peu de tous les jours, avec l'implication de chacune et chacun de tous les milieux, sur les terrains, dans tous les territoires, c'est ainsi qu'on va pouvoir raffiner les alternatives et les réponses à ce qui est avancé comme perspective. Tout simplement, ça devrait se situer plus dans la communauté qu'au central. Mais n'oublions jamais que nos gouvernements doivent opérer une régulation, assurer une équité raisonnable. Sinon, tout comme les clientèles qui ont des problèmes, les communautés pourraient se retrouver dans une situation d'iniquité. On retrouve ça pour les municipalités. Il va falloir agir sur les deux plans. Sur celui de la régulation nationale et au niveau du terrain dans l'organisation concrète des affaires. Autrement, on risque d'être utilisé. Il n'y a jamais de mauvaises intentions, mais en passant à travers des situations difficiles, il est tentant d'utiliser les groupes, les personnes, etc. Il va falloir travailler dans le quotidien sur tous les plans.

CHAPITRE 13

Allocution de
M. Laurent Laplante

Laurent LAPLANTE est journaliste-pigiste. Il a travaillé pour l'*Action, Le Jour,* l'*Aquilon,* et plusieurs années au *Devoir.* Monsieur Laplante avait été invité à titre de journaliste généraliste, à partager avec nous ce midi-là, ses impressions sur le Rapport Pelletier. Nous nous sommes contentés de transcrire le texte, désirant conserver toute la saveur du discours.

Impression globale, et je ne voudrais pas que les bémols que je mettrai par la suite changent l'impression générale, ça me paraît un excellent rapport. Je ne le trouve pas larmoyant, je ne le trouve pas à quatre pattes devant le pouvoir étatique, ce n'est pas un rapport qui dit de la première à la dernière page «il faudrait que l'État nous prenne en charge, il faudrait que le budget soit majoré», ce n'est pas le ton, ce n'est pas l'esprit de ce rapport-là. C'est un rapport qui me paraît journalistiquement fort acceptable par rapport à la situation. Encore une fois, je ne suis pas un spécialiste. C'est un rapport qui nous dit, c'est faux que le système est hors de contrôle. De ce temps-là, souvent, dans les médias, on dit que les coûts sont en train de devenir hors contrôle, on a perdu l'emprise qu'on avait sur les dépenses là-dedans, le système est en train de craquer. Le rapport ne consolide pas, ne confirme pas des apocalypses comme celles-là. D'ailleurs, la dernière Commission parlementaire au printemps ne confirmait pas non plus ces inquiétudes. Les dépenses sont réelles, elles sont colossales, elles sont considérables, elles ne sont pas hors contrôle, et ce n'est pas vrai qu'elles croissent à un rythme qui excède le revenu normal de l'État. Il y a quelque chose de conjoncturel parce que le Fédéral a décidé d'expédier plus de factures que de subventions, et comme le Québec fait la même chose avec les commissions scolaires et les municipalités, il y a des problèmes conjoncturels de manque de ressources. Ce n'est pas vrai que, dans l'ensemble, le système de santé et de services sociaux est en train de craquer. Ce n'est pas vrai non plus que les aînés aient été, soient et doivent être toujours les plus démunis du système. Encore là, la conjoncture joue. Il y a des périodes où les aînés sont plus maltraités, sont plus démunis que telle ou telle autre strate d'âge dans notre société. Ce n'est pas présentement tout à fait le cas, et le Rapport met les nuances qui conviennent. Les jeunes sont probablement plus durement touchés par la conjoncture et par la récession que l'ensemble des aînés. Ce qui ne veut pas dire à l'intérieur des strates des aînés, que les femmes ne soient pas particulièrement démunies. Mais j'aime que le rapport ne soit pas totalement biaisé par rapport à la clientèle dont il se préoccupe. Je trouve ça honnête, je trouve ça correct comme rapport.

C'est faux d'un autre côté, et le rapport encore là met beaucoup de nuances, que tous les aspects du vieillissement soient irréversibles. Il y a des aspects du vieillissement qui le sont, oui. J'en sais quelque chose, comme tous ceux qui vieillissent. Il y en a qu'on peut contrer. Il y a des lendemains de maladie, il y a des lendemains d'opération, il y a des lendemains de deuils, des lendemains de divorces où on peut faire quelque chose pour ramener la personne presque au statu quo ante. Tout n'est pas irréversible dans le vieillissement, ce sont des aspects qui me paraissent très heureux dans le rapport. Il y a des accents qui sont mis dans ce rapport qui me paraissent également très heureux. La continuité; c'est presque inspiré de Laennec, qui il y a quelques années disait «Vivre c'est continuer». C'est pas fou. Et les personnes qui vieillissent le savent. Et le rapport insiste sur la continuité. Il n'y a pas rupture entre l'âge mûr et le vieillissement, ça fait partie du même processus humain, continuité.

La question de la dignité occupe de la place, le besoin d'identité, le besoin d'intimité, jusque dans les institutions où la promiscuité peut être la plus envahissante, on souligne admirablement, quant à moi, qu'il n'y a rien comme la dignité, la fierté, l'intimité. Dans les milieux carcéraux, les gens subissent l'impuissance constante de ne pas avoir d'intimité. Il y a toujours un garde pour surveiller. On dit, mais oui, ce sont des bandits. Et on se retrouve des fois dans certaines institutions avec l'impossibilité pour une personne âgée d'avoir un lieu où elle est seule, dans son intimité totale, une fois de temps en temps. Le rapport nous fait sentir ceci.

L'importance des différences entre les sexes. Je pense que, si on regarde le moindrement les statistiques là-dedans, on s'aperçoit que les femmes et les hommes ne souffrent pas de la même chose, le vieillissement ne prend pas nécessairement le même rythme dans les deux sexes, ne se manifeste pas par les mêmes limitations. Les deux sexes sont immensément différents. Est-ce que ça fait partie de la nature, ou est-ce qu'il y a des parties qui sont réversibles? Je ne suis pas compétent pour en juger. Mais ça devrait nous poser des questions que de constater à quel point les femmes et les hommes en vieillissant voient le vieillissement se présenter à eux ou à elles d'une façon très différente.

Vous avez l'importance des dépressions, l'importance de la médicamentation abusive, vous avez les problèmes cognitifs, l'insécurité. Je trouve que l'ensemble de la description me paraît correcte. L'importance de l'habitation; je trouve heureux qu'un rapport sur le vieillissement s'intéresse à des aspects comme ceux-là. Très souvent, les personnes âgées se retrouvent avec comme seul bien capital le logement; c'est tout ce qu'ils ont. S'ils vendent, il reste quoi? Autrefois, on se donnait aux jeunes, on se donnait au plus vieux des fils et finalement, vous savez le sort pénible qui était réservé au vieux ou à la vieille dans la famille campagnarde souvent au Québec. On se délestait de son bien, on se donnait à l'autre génération et il n'était pas certain que la jeune génération redonnait grand-chose comme dignité et comme intimité. La personne devenait dans sa propre maison «donnée», devenait une personne à peu près indésirable. Qu'on se pose les questions modernes en termes d'habitation, je trouve ça très heureux. L'hypothèque inversée, des solutions comme celle-là, ça mérite d'être fouillé. Encore là, je ne suis pas le spécialiste qui va dire c'est absolument l'hypothèque inversée ou c'est autre chose. D'autres que moi le diront. Mais qu'on prenne conscience que l'habitation est une dimension importante de l'insécurité des personnes qui vieillissent, «Où est-ce que je vais me retrouver?», «Est-ce que je vais avoir l'environnement qu'il me faut?», «Est-ce qu'on va m'obliger à sortir des lieux qui me sont devenus familiers?», autant de questions. Si je me déleste de ceci, il me reste quoi? Mes enfants sont partis, je ne les ramènerai pas sous le même toit que moi. La rénovation à l'intérieur d'habitations déjà construites, autant d'aspects que le rapport touche en profondeur dans certains cas et effleurent intelligemment dans d'autres cas. Mais ça me paraît, et je pense que les personnes qui vieillissent le savent mieux que moi ou autant que moi, l'habitation était l'une des dimensions très importantes, et il est bon que ça affleure dans le rapport.

Il y a, à mon sens, je ne dirais pas des absences, mais il y a des accents que je souhaiterais plus... accentués. Il y a des aspects qui sont dans le rapport, j'aimerais ça que ce soit approfondi, que ce soit complété. Et encore une fois on est modestement dans le champ de la subjectivité journalistique. Si ça ressemble à vos impressions, c'est signe que c'est intelligent. Si ça ne ressemble pas à vos impressions à vous, c'est ma contribution journalistique! Il y a des nuances. La question de l'information, là je suis sur mon terrain, je me sens plus solide. Attention! C'est pas vrai qu'on peut organiser l'information une fois pour toutes. On met ça dans des beaux petits dépliants, on poste ça à tous ceux qui ont atteint 65 ans, on leur a dit, ils devraient le savoir, c'est fini, c'est réglé. C'est pas de même que ça marche l'information. Quand vous vieillissez et que la technologie continue à changer, à 62 ans peut-être que vous étiez capable de «pitonner» de telle manière avec la télé. Quatre ans plus tard, s'il y a une nouveauté technologique, il se peut que vous ayiez même pas le goût d'apprendre la nouvelle technologie. Et vous êtes très vite déphasé par les nouvelles technologies, vous êtes perdu. Pendant un bout de temps, c'était simple il y avait 3 canaux. Après ça, c'est devenu un peu plus compliqué et il y a des personnes âgées qui ont décroché. Après ça, ça se complique encore un petit peu, il y a des personnes âgées qui décrochent. Et on ne se rend pas compte, quand on est jeunes et alertes comme vous autres, on ne se rend pas compte que la technologie, quotidiennement, bouscule des gens à la maison en dehors du «mainstream», en dehors du courant principal. L'information subit ces révolutions-là continuellement, quotidiennement.

L'information, il faut trouver des façons de la rendre disponible simplement comme réservoir, pas de diffusion. Diffuser c'est facile, tout le monde a le goût d'envoyer le message à l'humanité souffrante. Je fais mon petit dépliant, je fais mon rapport, pis je le mets dans le réseau des caisses populaires, voyez comme je suis démocrate, ils devraient tous l'avoir, ils ont juste à le prendre là. C'est pas ça! Quand je reçois quelque chose sous forme de bulletin d'information dans mon enveloppe de paye ou à la caisse populaire ou ailleurs, je fais quoi avec? Je la mets dans la poubelle. Je n'en ai pas besoin. Mais quand je vais en avoir besoin, comment je fais pour remonter pour l'avoir? C'est ça la question. Le défi est de rendre disponible l'information nécessaire, mais que les gens puissent venir chercher le plus simplement du monde cette information-là quand ils en ont besoin. Les SOS de toute nature se sont développés pour le motif suivant: ça colle aux besoins des gens, ça respecte le rythme des gens. Attention quand on parle d'information, c'est pas des campagnes d'information que ça prend, c'est des liens simplifiés permettant à des personnes démunies d'information de trouver l'information personnalisée, sur mesure, au moment de leur choix, pas au vôtre, au moment de leur choix. Quand le vieillissement frappe, et qu'on se dit là j'ai besoin de ceci, j'ai tel problème, je m'adresse à qui? Y a-t-il un comptoir unique? On invente les comptoirs uniques pour les hommes d'affaires. Imaginez-vous: s'il fallait qu'ils demandent des subventions à 10 places différentes, ce serait épouvantable de les torturer comme ça. On veut un comptoir unique pour demander toutes les subventions à la même place. Et on n'invente pas, de façon simple, de remontée pour avoir l'information sur mesure. Attention, la distinction entre la diffusion de l'information et le stockage de l'information pertinente disponible pour que les personnes viennent la demander au moment de leur choix, sur simple appel, sur mesure, c'est ça qui est le défi, l'information. Et je ne crois pas que la mentalité de bien des groupes et de bien des agents d'information aillent en ce sens. On aime ça diffuser. C'est important, je signe, je me suis exprimé, pis ça passe carrément par-dessus la tête des gens, ils en ont pas besoin à ce moment-là. Et on est tous comme ça. Des informations sur la TPS ou bien sur la nouvelle TVQ, vous n'en avez pas besoin, elle vous parvient, vous la classez dans le grand classeur. Si vous avez un problème dans 2 mois, vous allez faire quoi? C'est ça la question. Et c'est multiplié par cinquante avec le vieillissement, parce que la technologie nous bouscule en dehors de ceci.

Il y a un élément moi qui me frappe énormément dans le domaine de la santé et des services sociaux, c'est la «jargonite» aiguë. Et j'aurais aimé que le rapport dénonce cela. Ce n'est pas suffisamment dénoncé à mon goût. Il n'y a plus de pauvres, il y a des économiquement faibles. Et le reste et le reste. Moi, j'ai perdu toute ma famille subitement il y a trois ou quatre ans, j'avais des sœurs, j'avais une parenté, là c'est devenu des aidants naturels. Tsé veut dire. Ils se comprennent entre eux autres. Pensez-vous que les madames et les messieurs se parlent comme ça: «Comment vont tes aidants naturels?» Ça n'a aucun sens! Mais on parle de même, dans le jargon santé et services sociaux. Et vous avez les deux extrêmes dans le secteur santé et services sociaux, vous avez cette espèce de vocabulaire codé pour initiés seulement, pis celui-là on pense que les gens le comprennent, ou vous allez (et ça le rapport le souligne) à l'espèce de familiarité dégueulasse et méprisante pour toutes les personnes: «Comment va Mémé à matin?», vous avez ça un peu partout. Le tutoiement: je sors de l'hôpital Saint-François-d'Assise à Québec où vous avez une petite formule à remplir quand vous entrez et où on vous demande si vous aimez ou pas vous faire tutoyer par le personnel. Élémentaire, mon cher Watson! L'autre étape, ce serait qu'il y ait assez de délicatesse dans le personnel pour ne pas avoir à le demander. Et c'est vrai partout. Moi, quand je vois la personne de 77 ans se présenter à côté de moi à la Caisse populaire et que je vois la jeune caissière gentille comme tout qui lui dit «As-tu apporté ton carnet?», il y a quelque chose qui ne va pas. La jargonite aiguë et la familiarité absolument déplacée, j'aurais aimé ça qu'on m'explique pourquoi, dans le rapport, d'où vient cette difficulté de parler simplement, respectueusement, avec un vocabulaire «décapotable», qui puisse passer partout, d'hiver comme d'été. Non! C'est codé et on ne le remarque plus. Vous ne sursautez pas, ceux qui sont dans le circuit, ça ne vous frappe plus?! Changez de secteur, allez en éducation, et là à un moment donné ils vous disent «Es-tu

MED toi, cette année?» Vous ne comprenez pas. Mais un professeur mis en disponibilité, il n'a pas fait le lien avec le Club Med. Il a compris le mot MED. Vous autres, vous ne comprenez pas. Votre vocabulaire n'est pas intelligible pour les journalistes, il n'est pas intelligible davantage pour ceux qu'on appelle désormais les bénéficiaires. Ça pourrait être des victimes, mais en tout cas, c'est des bénéficiaires. Le mot «patient» n'était pas désagréable, parce qu'il décrivait assez bien une certaine réalité. Le jargon, j'aurais aimé ça qu'il soit dénoncé un peu plus.

La question d'éthique surgit dans le rapport et, là aussi, je pose simplement la question. Il y a des ambiguïtés. Comme entre diffusion et information, c'est pas pareil, éthique et discipline, c'est pas pareil. Si on oblige les hôpitaux... Dans un hôpital, on dit code d'éthique. Qu'est ce qu'on veut? Est-ce qu'on veut un code de discipline auquel tout le personnel sera soumis? Si c'est ça, on va reproduire l'espèce de religion et de discipline de mon enfance. Ils nous apprenaient des affaires, fallait les répéter comme ça, fallait se conduire comme ça sous surveillance, et de la minute qu'on n'a pas eu de surveillance, tout a sauté par dessus bord, et on est partis comme des veaux échappés dans le champ. On avait pas intégré un comportement, on n'en avait pas fait notre possession personnelle, autrement dit on n'avait pas d'éthique. On était passé à travers une discipline. Est-ce que c'est ça qu'on veut reproduire, une éthique, une discipline complètement différentes, quant à moi, le cheminement n'est pas le même.

Il y a quelque chose qui m'agace profondément (ça doit être mon vieillissement à moi), l'espèce de culpabilisation face aux personnes âgées. Vous savez, il y a de moins en moins d'enfants au Québec, les jeunes strates qui vont payer pour vous autres dans quelques années sont de moins en moins nombreuses, demandez-en pas trop. Et je me dis, ma génération à moi, je regrette d'avoir à dire ça à des plus jeunes, elle a le sentiment des fois comme génération, qu'elle s'est fait coincer comme il faut. Nous autres, on n'a pas eu l'éducation gratuite, on l'a payée pour l'autre génération. Et pendant ce temps-là, on mettait de l'argent dans les caisses de retraite et dans la Régie des rentes et le reste, c'est notre fric. Qu'est-ce que c'est que ça cette histoire-là que les jeunes générations paieront pas pour nous autres? C'est mon fric que j'ai mis là. S'ils en ont siphonné trop pour donner des services qu'ils avaient pas les moyens de donner à une certaine génération, qui aujourd'hui voudrait nous culpabiliser, je dis un bref instant. Qu'est que c'est ça cette histoire-là? J'aurais aimé ça (là je

vous donne mes préjugés, ma mère m'a refusé un bol de Pablum
quand j'avais trois mois, ça m'a marqué, ça m'a...)... Alors, c'est ça
qui m'a mené d'ailleurs au journalisme, bon!... Ce que je souhaiterais, c'est qu'une fois pour toutes, dans des rapports sur le
vieillissement, on finisse par nous donner à peu près l'heure
exacte là-dessus. Qu'est-ce que c'est la partie qu'on doit quéman-
der à genoux à une génération généreuse, et quelle est la partie
qu'on s'est fait enlever pour d'autres choses, qui nous appartient
et à présent qu'on menace de ne pas nous verser? C'est quoi
l'exagération là-dedans? Parce que je connais pas mal de personnes âgées, oui mais on va tu avoir de quoi? Est-ce qu'ils vont être
capables dans la récession actuelle de maintenir nos pensions.
Argument à politicien terroriste, mais argument également à une
fausse planification sociale. Attention! Je ne dis pas que j'ai raison, je pose la question. Est-ce qu'il y aurait moyen, face aux
aînés, de faire sauter si possible, et si ça correspond aux faits, ce
damné argument de la culpabilité face à l'incapacité du Québec
de payer ce que les aînés pourraient avoir comme moyens? Et là,
il n'est pas tellement question d'argent dans ce rapport-là, mais
forcément ça interroge l'État, et ça dit donner le minimum aux
personnes âgées, et là vous allez entendre forcément Marc-Yvan
Côté, du moins Daniel Johnson (mon trésor!), il va dire certainement mais on peut pas dans le contexte actuel. Et il va se passer
quoi avec une politique du vieillissement et de l'égalité entre les
âges? Il y a quelqu'un qui va dire on n'a pas les moyens. J'aimerais ça qu'à un moment donné, les choses soient clarifiées là-dessus. Même si ça va pas dans le sens de ce que je pense, ça se peut
que je sois complètement dans les patates, et que je doive me
sentir coupable. J'aimerais ça qu'on me le prouve, par exemple.
J'aime pas le sentiment de culpabilité, j'ai déjà donné. On fait
partie d'une génération qui avait la culpabilisation facile, parce
qu'on apprenait ça à l'école, n'est-ce pas.

Comme sur la question du vieillissement, quand on se rapproche de la mort, tout le thème de «responsable jusqu'au bout»,
j'aurais aimé ça que ce soit davantage fouillé. Les infirmières en
particulier ont fait une étude intéressante de ce côté-là. Les médecins, évidemment, ne sont pas au courant des fois que l'acharnement thérapeutique peut être un problème. Les infirmières ont
compris ça et les infirmières ont mieux compris, comme femmes
et comme corporation professionnelle, que la volonté d'une personne même vieillissante ça se respecte. Et ça j'ai pas trouvé ça
beaucoup là-dedans. La relation entre les corporations profes-

sionnelles, les gens qui gravitent autour de ceux qui crèvent, est-ce qu'il y a moyen de respecter des fois leurs volontés? Et qu'est-ce que c'est la formation qu'on doit donner? On discute euthanasie, et quand je suis allé, il n'y a pas longtemps, à un débat à l'Université Laval, faculté de Médecine et tout ça, vous vous apercevez qu'il y a à peu près «zéro je retiens rien» en 1992 comme cours sur l'euthanasie, le respect des volontés, et le reste. Les infirmières sont dix fois plus avancées que nos facultés de médecine sur la question. Peut-être que je généralise à partir de Laval, si c'est injuste, je m'en excuse. Il y a pas grand-chose dans le rapport sur cet aspect-là du vieillissement. La qualité de vie est plus importante que le prolongement de l'agonie. Ce qu'on appelle prolongement de la vie, espérance de vie, des fois c'est simplement un acharnement thérapeutique, une médecine héroïque, un mépris profond de la volonté de la personne qui préférerait débarquer. Maison Michel-Sarrazin, dans cet esprit-là, est une splendeur. Il n'y a pas d'acharnement, vous entrez dans la phase terminale, il n'y aura pas de ressuscitation de quelqu'ordre que ce soit si quelque chose se produit et les gens meurent dans une sérénité absolue. C'est beau. C'est la mort. Et ça existe. Et la mort est, si vous lisez Saint-Denys Garneau, en nous tous et toutes dans la cage thoracique, et la mort est comme un oiseau qui est en train de faire son nid tranquillement. Faut le savoir, faut le dire, et il faut en discuter. On dit toujours faut parler de ces choses-là. Parlons-en, ça fait pas mourir. Vous avez dans cet esprit-là, même chose, je parle d'euthanasie, je parle de suicide, je parle de responsable jusqu'au bout, c'est la tendance moderne, et c'est une très belle sensibilité, j'aurais aimé ça qu'on en parle davantage.

Je termine sur deux ou trois points. Le vieillissement va exiger de toutes les personnes qui tournent autour des personnes âgées que ces gens-là sortent de leur spécialité. Le vieillissement c'est pas comme une maladie du genou ou du cœur. C'est quelque chose qui touche toute la personne. La personne complète se rapproche de son terme et il faut qu'elle trouve autour d'elle des personnes qui l'aident à utiliser au mieux les dernières années de dignité, de qualité de vie, et le reste. Il faut qu'on trouve également, à mesure qu'on vieillit, autour de soi des personnes qui nous aident à nous réconcilier avec l'idée d'en finir, avec l'idée que ça s'achève et que tout ça a une fin. Il faut apprivoiser le vieillissement, apprivoiser la mort et il faut que les personnes à côté de nous soient formées à ça. On a des médecins du genou, on a des médecins du poignet gauche, on a des médecins de la rotule droite, on a des médecins de telle partie du cœur, on a très peu de professionnels de la personne au complet. Le vieillissement touche la personne au complet. Qui va s'en occuper? Ça demande un changement d'approche face au vieillissement. Sortir de la spécialité qui est «the name of the game» dans toutes les interventions, surtout médicales. Je souhaite ardemment que, quand on parle de vieillissement, on ne parle pas uniquement de l'aspect pathologie. Vous savez, les gens qui tournent autour de la santé et des services sociaux, la difficulté qu'il y a de faire de la planification en dehors de la pathologie. Une fois que la médecine pathologique est passée, il ne reste plus de budget pour les autres. Ça c'est courant, c'est clair, c'est net. Ça commence là. Et j'insiste sur le mot pathologie. À l'intérieur de la santé qui bouffe tout au détriment des services sociaux, il y a la partie lutte à la pathologie immédiate, spectaculaire. Et ça absorbe tout, jusqu'aux téléthons inclusivement. On s'en va là. Et tous les efforts s'en vont de ce côté-là. Le vieillissement, il faudrait qu'on le voit, ce n'est pas uniquement l'aspect pathologique. C'est beau vieillir, il y a plus d'expérience, il y a une possibilité d'utilité sociale, il y a une sagesse dans l'intervention sociale, familiale et parentale, là-dedans. C'est beau vieillir, il y a des aspects fabuleux là-dedans, c'est pas que de la pathologie. Et il est temps que notre société s'en aperçoive.

Le pouvoir local, c'est à peu près le seul sur lequel je compte en ces matières-là. Les petites interventions au ras du sol me paraissent plus prochaines et plus rassurantes qu'attendre des grandes politiques gouvernementales. Je souhaite que l'État intervienne en disant un minimum oui, qu'il élargisse les cadres. Je ne m'attends pas à de grandes modifications. L'État doit se poser des questions par rapport aux personnes âgées, il doit s'en poser par rapport aux jeunes, il doit s'en poser par rapport au plein emploi, tout ça est attaché ensemble, et vous n'aurez jamais, d'après moi, un conseil des ministres qui va avoir une philosophie sociale globale lui permettant de résoudre tous ces problèmes-là et de mettre tous les morceaux en ordre. Par conséquent, c'est les ONG (Organisations non gouvernementales) qui vont intervenir au ras du sol, très près des gens et qui vont faire le boulot. Comme disait l'autre, je vous invite à la révolution d'un seul homme, c'est la seule qui soit en marche. Il n'y en a pas d'autres. Il n'y a pas de révolution à l'échelle politique présentement qui, à mon sens, soit prévisible.

Je voudrais en terminant vous lire une page qui n'est pas de moi, qui est de Gabrielle Roy. Je veux simplement souligner par là que des fois, surtout avec les modifications que subit le Québec du côté ethnique en particulier, notre incapacité à lire les autres cultures et à comprendre les autres sensibilités, cette incapacité-là si on ne la contre pas d'urgence, on aura de plus en plus de difficultés à répondre aux besoins des personnes qui ont d'autres cultures mais qui nous ont fait l'amitié de venir vivre ici. Il faut qu'on soit capable comme intervenant dans le domaine de la santé et des services sociaux, comme en matière éducative, il faut qu'on soit suffisamment ouverts, suffisamment accueillants pour pousser le respect des autres jusqu'à ce respect de leur façon culturelle de vieillir. Toutes les cultures n'envisagent pas le vieillissement de la même manière. C'est une page de Gabrielle Roy, dans *La Rivière sans repos*, c'est la mort de la vieille Inuit, qui est rendue à x années, ça n'a pas d'importance:

«De plus en plus aussi, Déborah avait hâte de rejoindre enfin ces lieux après la mort où plus personne ne serait triste. Et de quoi d'autre maintenant eût-elle pu avoir hâte? Elle rejeta les couvertures qui l'enveloppaient, elle prit la plus chaude et en couvrit le vieil Isaac, recroquevillé par terre, qui avait beaucoup toussé ces derniers temps, sans pourtant se résoudre encore à lui redemander son bien. Elle chaussa ses mouklouks, elle tira la porte. L'air coupant la revigora. Elle partit devant elle. La nuit était belle et froide. Il avait neigé. Dans cette neige fraîche mais peu épaisse, Déborah laissa l'empreinte très nette de ses pas. C'est ainsi qu'on put suivre le lendemain, le chemin qu'elle avait parcouru. De peine et de misère, elle était d'abord monté au sommet du mamelon le plus proche. Pourquoi? Pour y entendre battre le ressac? Parce qu'elle se rappelait peut-être autrefois avec d'autres enfants être souvent venue ici pour tâcher de découvrir la mer qui n'était plus très éloignée? Quoi qu'il en soit elle avait continué, jusqu'à la prochaine butte, puis jusqu'à une autre butte encore. De mamelon en mamelon, elle était parvenue à la banquise. Là, ce qu'elle avait eu sous les yeux, se révélant sans doute à elle à la pâle clarté qui venait de la neige, c'est le pays le plus raboteux du monde; une rude étendue de glaces jointes les unes aux autres par de grossiers bourrelets en guise de soudure. Sans doute aussi, sur cette côte tourmentée, le vent soufflait-il cette nuit-là avec une fureur sans égale. Elle s'y était engagée pourtant. De place en place, sur la croûte de neige, on avait relevé quelques traces encore. Elles indiquaient que de Déborah était tombée à plusieurs reprises, et qu'à la fin elle se trainaît plus qu'elle ne marchait. Les traces continuaient encore un peu, on en trouva jusqu'au bord de l'eau libre. À examiner de près, du côté de la mer, le contour de la banquise, on pût constater qu'une partie de la banquise s'en était détachée récemment. Mais ils eurent beau fouiller des yeux devant eux le tumultueux et sombre paysage d'eau noire, ils ne purent rien distinguer qui s'apparentait à une forme humaine, ni rien entendre que les cris horribles du vent.»

Elle est partie sur son glaçon, elle est allée mourir au large. Dans cette culture, on a infiniment de respect. On est resté sur la rive. C'est comme ça, des fois, dans certaines cultures, que ça se termine. Qui sommes-nous pour modifier ces choses, ou ne pas les comprendre, ou ne pas accompagner? Merci beaucoup.

CHAPITRE 14

Conclusion et recommandations

Brian L. Mishara et Patricia Caris

L'objectif des Journées d'étude sur le Rapport Pelletier *Vers un nouvel équilibre des âges* était de réunir un nombre important de personnes devant être impliquées dans l'implantation des recommandations afin de discuter du suivi du rapport. Ce livre présente une synthèse des discussions qui ont eu lieu lors des ateliers qui portaient sur sept thèmes majeurs du rapport, une synthèse aussi des tables rondes avec personnes-ressources et des allocutions sur le rapport. Les participants, plus de 230, comptaient des intervenants, bénévoles, personnes retraitées et aînées, incluant les représentants des principaux regroupements d'aînés du Québec. Des représentants des organismes publics et parapublics impliqués dans l'implantation des recommandations du rapport étaient également présents. Les discussions étaient très animées. Les recommandations, leur pertinence et les défis importants posés par les développements des plans d'action pour la mise en œuvre ont été le prétexte de débats passionnés.

En général, les participants ont été très enthousiastes à l'égard du rapport et de ses recommandations. Un nombre important de suggestions de modifications des recommandations a été mis de l'avant, souvent en ajoutant des précisions ou en suggérant des modifications de priorités. On était beaucoup intéressé à savoir par qui et comment les différentes recommandations pourraient être réalisées. Puisque le rapport n'était pas accompagné d'un plan d'action, on a noté plusieurs interrogations sur les responsabilités des différents ministres provinciaux et sur le rôle de différents organismes gouvernementaux et communautaires et particulièrement sur le rôle des aînés eux-mêmes dans la planification et l'implantation des programmes conçus pour eux. Un consensus s'est fait sur l'importance de la concertation dans le développement et la mise en œuvre des programmes destinés aux aînés, consensus partagé par les représentants ministériels, les organismes du réseau communautaire et les personnes aînées. Il est apparu cependant évident que les mécanismes nécessaires pour assurer une collaboration multidisciplinaire et multisectorielle n'existaient pas toujours et qu'il restait encore beaucoup de travail à accomplir avant d'atteindre cet objectif.

Le Rapport Pelletier s'appuie sur des données épidémiologiques qui indiquent une croissance importante du nombre et du pourcentage des personnes aînées dans la société québécoise dans l'avenir. La croissance de la population âgée et la diminution proportionnelle des personnes plus jeunes furent une préoccupation continue que l'on retrouve à travers les discussions et les recommandations.

Face au défi de la croissance de la population d'aînés, la Société d'habitation du Québec souligne le besoin de diversifier les formules d'habitation offertes aux aînés en favorisant l'intégration sociale des aînés et l'adaptation des logements existants aux besoins des personnes âgées. Une façon de s'ajuster aux changements démographiques est d'utiliser davantage le patrimoine financier accumulé par les aînés pour financer des programmes de logement (par exemple, les programmes d'hypothèques inversées). La Régie des rentes se trouve face à un défi semblable: comment pouvoir combler les besoins d'une population vieillissante en privilégiant des mesures d'assurance plutôt que des mesures d'assistance? Plusieurs intervenants ont souligné l'importance des problèmes actuels du système des rentes du Québec. Parmi les recommandations, on note, plus particulièrement, des demandes de justice pour les femmes qui n'ont jamais été sur le marché du travail de manière continue et qui n'ont droit qu'au régime de pension du gouvernement fédéral et au supplément de revenu garanti. Cette interrogation ramène la question de la reconnaissance du travail domestique, loin d'être réglée.

La sécurité reste une préoccupation majeure pour les aînés. La concertation, l'implication des groupes d'aînés et d'intervenants de tous les secteurs en cause sont les éléments des solutions. Les formes d'abus et de négligence sont multiples. Cependant, ces situations impliquent souvent des proches. Aussi, les interventions sont-elles souvent délicates. Il importe de se doter de meilleurs outils, tant pour le dépistage que pour l'intervention et de s'assurer qu'ils seront adaptés aux réalités des aînés et respecteront leurs choix.

Le représentant du ministère de la Justice appuie les recommandations du Rapport Pelletier et cite aussi les recommandations du Rapport MacDonald sur l'accessibilité à la justice. Cependant, plusieurs aînés sont intervenus pour demander quand les programmes et politiques pour lutter contre la violence à l'endroit des personnes aînées et pour leur fournir de l'aide seront mis en place. Même si tout le monde appuie l'idée d'une collaboration interministérielle, il n'y a pas encore de mécanisme de collaboration, par exemple entre les bureaux d'aide juridique et les CLSC.

Un consensus s'est dégagé sur le fait que le système actuel favorise le curatif plutôt que la prévention. Les participants aux ateliers sur la prévention ont trouvé que le Rapport Pelletier n'insiste pas assez sur le développement et l'implantation de programmes préventifs. La participation des personnes aînées, dans la planification sur le plan local et dans le développement des programmes est essentielle à la réussite des actions préventives. La prévention peut s'effectuer via les médias et inclus une meilleure sensibilisation des intervenants sur les problèmes importants liés au vieillissement, y compris la dépression, le suicide et l'abus des médicaments. Beaucoup de discussions mettaient en lumière le problème de la surconsommation des médicaments, particulièrement des psychotropes. Selon l'approche préventive traditionnelle, le «coupable» est la personne aînée qui prend trop ou prend mal ses médicaments. Les participants ont suggéré une approche préventive qui inclut le consommateur et qui met autant d'emphase sur les médecins et les compagnies pharmaceutiques. De plus, ils suggèrent qu'il faut proposer plus d'alternatives à la consommation de psychotropes.

Les participants ont appuyé les recommandations sur l'accessibilité au programme de désintoxication et la sensibilisation des intervenants aux problèmes d'alcoolisme chez les aînés et à leur dépistage. Ils ont ajouté qu'il faut aussi augmenter les ressources disponibles pour les aînés et agir sur les préjugés chez plusieurs intervenants convaincus que le prognostic des alcooliques aînés est très faible. Les participants appuient aussi la consommation modérée d'alcool qui ne pose pas de problème en milieu d'hébergement, mais soulignent l'importance de faire attention au mélange d'alcool et de certains médicaments. Le droit de choisir de consommer des boissons alcoolisées devrait rester le choix de la personne elle-même.

Les participants ont fortement appuyé des recommandations concernant la reconnaissance des problèmes cognitifs réversibles et le besoin de prévenir les handicaps liés aux pertes auditives et visuelles. Les participants ont de plus suggéré qu'il y ait extension de la gratuité des prothèses accessibles aux aînés, puisque les problèmes financiers des aînés empêchent souvent des changements de prothèse.

Aux recommandations concernant l'accroissement de l'intérêt des milieux universitaires pour la recherche et l'enseignement sur le vieillissement, les participants ajoutent que les chercheurs devraient porter une attention particulière aux facteurs de risque et prévoir des interventions pour intervenir sur ces facteurs. En plus, les résultats des recherches devraient être diffusés en un langage accessible et les milieux de recherche devraient se concerter davantage pour éviter de réinventer la roue.

Les services destinés aux aînés, particulièrement lorsqu'ils sont en perte d'autonomie, doivent être beaucoup plus orientés vers le maintien de l'intégration sociale des aînés dans leur communauté. En ce sens, il importe de donner des orientations claires vers les services à domicile. Dans l'ensemble, les services disponibles à l'heure actuelle comportent plusieurs lacunes particulièrement dans le cas des réponses aux problèmes psychosociaux — isolement, dépression. Les services offerts aux familles restent encore très insuffisants. Les ressources de maintien à domicile sont utilisées surtout pour des soins médicaux et infirmiers. Pourtant, c'est d'aide aux activités de la vie quotidienne et domestique dont les aînés ont d'abord besoin. Dans l'ensemble, les participants trouvent nécessaire de diversifier les services, de les canaliser vers le maintien de l'intégration sociale. Cependant, en cette période de rareté des ressources, on craint que la diversification ne vienne affaiblir les services déjà existants qui sont déjà sous-financés.

> Les données qui indiquent que 80 % des soins et services sont dispensés par la famille (en majorité les femmes), appuient l'importance d'un meilleur soutien aux familles. Néanmoins, on craint que le concept de l'État providence soit remplacé par une approche famille providence. Plusieurs suggèrent que les personnes âgées devraient être intégrées dans une politique familiale globale. Les besoins d'appui aux familles sont grands et plusieurs suggestions souvent très spécifiques ont été faites. Par exemple, on a suggéré d'instaurer pour la famille qui prend en charge un parent aîné, le principe d'un salaire annuel garanti, balisé afin d'éviter les abus. Même si cela ne se faisait pas sous forme de salaire annuel garanti, les participants ont fortement appuyé l'importance d'instaurer des mesures fiscales qui pourraient aider les familles désirant garder chez elle un parent âgé dont l'autonomie est restreinte.

Les programmes d'appui aux familles devraient prendre une perspective *préventive* pour ne pas épuiser les familles et le concept de famille devrait être élargi pour inclure les autres aidants naturels. Il existe plusieurs différences ethniques et culturelles dont on devrait tenir compte dans le développement des programmes de soutien aux familles et ces programmes devraient inclure la promotion de l'entraide et de la solidarité communautaire. L'aide aux familles va au-delà de l'aide financière et pratique et devrait inclure des services de support psychologique.

Au cours des dernières années, plusieurs projets de «Conseil des aînés» ont été formulés. Cependant, ces projets suscitaient des craintes chez les associations d'aînés qui voyaient là un risque que le gouvernement se limite à un interlocuteur: un conseil composé de membres qu'il aurait lui-même choisis. Aujourd'hui, les associations d'aînés sont fortes, bien organisées. Leur capacité à être des interlocuteurs crédibles ne peut plus être mise en cause. De plus, le projet de Conseil, tel que formulé dans le Rapport Pelletier, associe directement les aînés et leurs associations à sa composition. Cependant, pour que ce Conseil soit clairement au service des aînés, il importe d'inclure une obligation de consultation à son mandat.

Le Rapport Pelletier «Vers un nouvel équilibre des âges» est une étape dans un débat sociétal sur la meilleure façon de s'assurer que les aînés dans l'avenir vont continuer à jouer un rôle important et vont jouir d'une bonne qualité de vie même s'ils développent des incapacités ou subissent des pertes importantes. Le rapport a lancé un débat qui concerne plusieurs interlocuteurs, y compris les planificateurs et les politiciens, les intervenants professionnels et bénévoles qui œuvrent en divers domaines auprès des personnes âgées et plus particulièrement les aînés d'aujourd'hui et de demain ainsi que les membres de leur famille. Les Journées d'échange sur le Rapport Pelletier qui ont eu lieu en juin 1992 constituent une autre étape importante dans le processus d'amélioration des programmes et services offerts aux aînés au Québec. L'objectif des Journées d'échange était de continuer ce débat en impliquant davantage des personnes concernées. Nous souhaitons que les discussions se poursuivent et que les consensus qui se sont dégagés viennent s'intégrer dans des projets de loi, des politiques et des pratiques concernant les aînés d'aujourd'hui et de l'avenir.

Annexe

Caractéristiques sociodémographiques des aînés du Québec et vieillissement de la population

Travail fait à la demande du
Groupe d'experts sur les personnes aînées

Madeleine ROCHON
démographe
Service des études et analyses
Direction de la planification
Direction générale de la planification et de l'évaluation
Ministère de la Santé et des Services sociaux

Table des matières

Liste des tableaux

Liste des figures

Introduction

Ce document reprend sur une forme parfois plus détaillée, parfois mise à jour, certains travaux effectués à la demande du Groupe d'experts sur les personnes aînées en 1990 et 1991. Dans un premier temps, l'évolution du nombre de personnes aînées est distinguée de l'évolution du vieillissement de la population et les différents phénomènes démographiques en cause sont décrits, particulièrement l'évolution différentielle de la mortalité selon l'âge et le sexe puisque celle-ci affecte de façon déterminante la composition du groupe des aînés.

Outre les caractéristiques démographiques des aînés, les questions abordées concernent essentiellement le milieu de vie: la répartition géographique, le fait d'être propriétaire, le fait de vivre seul, de recevoir ou de fournir de l'aide, d'être en contact avec d'autres personnes ou de vivre en institution, etc. Pour des raisons de temps ou de disponibilité de données, le portrait évolutif de cet aspect de la situation des aînés n'a pu toujours être présenté.

D'autres travaux effectués à la demande du Groupe d'experts ont porté sur des questions telles le revenu, le logement et la santé mentale (Rapport du Groupe d'experts sur les personnes aînées, 1991, *Vers un nouvel équilibre des âges*, Ministère de la Santé et des Services sociaux, p. 95-96). Ils sont également disponibles sous formes d'annexes.

Le Service des études sociosanitaires est devenu le Service des études et analyses depuis que ces travaux ont été complétés.

1. DONNÉES DÉMOGRAPHIQUES SUR LA POPULATION AÎNÉE

1.1 *Une première distinction*

Faisons d'abord une distinction importante: le vieillissement de la population ne résulte pas de l'augmentation du nombre de personnes âgées mais de l'augmentation de la fraction que représente la population âgée dans la population totale.

Pour qu'il y ait vieillissement démographique, il faut que la population âgée augmente plus vite que le reste de la population. Cela se produit dès qu'il y a ralentissement de la croissance de la population, donc dès qu'il y a baisse de la fécondité, les nouvelles générations augmentant alors moins rapidement que les anciennes.

L'augmentation du nombre de personnes âgées témoigne de la forte fécondité québécoise passée (la revanche des berceaux) et le vieillissement démographique du fait que cette croissance ne s'est pas maintenue.

Toutes les sociétés occidentales connaissent depuis plus d'un siècle un double processus démographique que l'on a appelé la transition démographique. Ces sociétés sont passées d'un régime de fortes mortalité et fécondité à un régime de faibles mortalité et fécondité. Elles connaissent donc toutes un processus de vieillissement démographique. Dans un premier temps, la baisse de la mortalité n'a pas contribué au vieillissement démographique puisque les gains d'espérance de vie provenaient surtout des gains sur la mortalité prématurée, particulièrement dans la première année de vie (voir le tableau 2). Elle a néanmoins permis à une fraction croissante des nouveau-nés de se rendre aux âges adultes et avancés de la vie et, depuis quelques décennies, parce qu'elle bénéficie davantage aux âges avancés, contribue directement au vieillissement démographique. La population féminine est davantage touchée par ce phénomène.

Le vieillissement démographique n'est donc pas l'augmentation du nombre absolu des personnes aînées mais l'augmentation de leur nombre relatif, c'est-à-dire du pourcentage qu'elles représentent dans la population. Il implique l'augmentation du rapport entre le nombre des aînés et le nombre des non-aînés. Cette augmentation subsiste quel que soit le seuil de la vieillesse que l'on fixe à 60, 65 ou même 80 ou 85 ans. Seule une stabilisation du nouveau régime démographique peut interrompre ce processus.

Le choix d'un seuil

Par contre, le choix de l'âge qui sert à définir le seuil de la vieillesse modifie considérablement les deux caractéristiques du vieillissement démographique: son ampleur et son rythme d'augmentation. À chaque âge chronologique, on peut en effet associer des fractions de personnes âgées et des rythmes d'augmentation différents.

De plus, un même âge chronologique renvoie à des réalités fort différentes selon les époques et les individus. Le seuil de 65 ans, fixé à la fin du siècle dernier, ne correspond plus à l'image qu'on se faisait alors de la vieillesse. Les conditions d'existence et de santé des personnes âgées se sont bien améliorées depuis et le terme d'*aîné* se veut d'ailleurs un reflet de ces nouvelles réalités.

L'organisation sociale d'une part et l'état de santé et de dépendance des personnes d'autre part se modifient donc sans cesse. Une modification des critères sociaux (tel l'âge de la retraite) ou la prise en compte de critères reliés à l'état de santé des individus dans la définition de la vieillesse atténuerait donc grandement le vieillissement démographique.

Le rythme d'augmentation des gains de santé* peut cependant difficilement compenser le vieillissement démographique dû à la baisse de la fécondité. Il est toutefois fort possible que la contribution récente de la mortalité au vieillissement démographique soit annulée par de tels gains.

Un niveau de vieillissement incompressible, qui n'est ni relié à des règles sociales ni modifié par la prise en compte de l'amélioration de l'état de santé des aînés, peut être appréhendé par la fraction de la population qui est dans ses dernières années de vie et donc fragile et nécessitant parfois beaucoup d'aide et de soins. Cette fraction, nettement moins importante que celle des personnes âgées, augmentera dans les prochaines décennies. Ainsi en 1991, environ 0,7 % de la population québécoise est dans sa dernière année de vie comparativement à 10,9 % de la population qui est âgée de âgée de 65 ans ou plus. Dans vingt-cinq ans, ces proportions atteindront vraisemblablement 1,0 et 17 %.

Le seuil retenu dans cette étude pour quantifier l'évolution et la composition de la population aînée de même que le vieillissement démographique correspond à l'usage (65 ans) mais l'analyse des caractéristiques des aînés sera faite par groupe d'âge, les 55-64 ans étant inclus.

---

* Il demeure toutefois difficile de mesurer les gains de santé des populations, les critères servant à définir la santé ne cessant en effet de se modifier avec le temps. Sur plusieurs décennies, ces gains sont par contre évidents. Ainsi, l'espérance de vie sans incapacité calculée en 1987 est supérieure à l'espérance de vie observée au début des années 1950.

1.2 *Évolution passée et future du nombre de personnes aînées*

1.2.1 Sources de l'évolution

L'évolution du nombre de personnes aînées dépend de trois phénomènes, les deux premiers étant déterminants. Il s'agit:

1)   de l'effectif initial des générations qui sont âgées de 65 ans ou plus, donc de la natalité passée,

2)   de la mortalité subie par chacune de ces générations à mesure qu'elle vieillit et

3)   des ajouts et pertes qu'elle connaît en raison des mouvements migratoires.

Si on fait abstraction de l'effet des mouvements migratoires, les effectifs qui ont atteint 65 ans en 1991 sont le produit de l'effectif initial de la génération née en 1926, c'est-à-dire le nombre de naissances de l'année 1926, par la probabilité de cette génération de survivre de la naissance à son soixante-cinquième anniversaire. L'âge de 65 ans va servir ici à illustrer l'action des différents phénomènes démographiques mais c'est le même raisonnement qui prévaut à chaque âge: 75 ou 85 ans par exemple.

Des effectifs initiaux fort différents selon les générations

On constatera à la figure 1 (la courbe du haut) les fortes variations du nombre de naissances survenues depuis un siècle, particulièrement le baby boom et la baisse de la fécondité qui l'a suivi. Les effectifs à la naissance des générations nées au début du siècle sont croissants; ils passent de 62 000 à 89 000 entre les générations 1900 et 1921. Ils stagnent ensuite et régressent avec les générations nées durant la crise économique. Puis, ils doublent pratiquement en vingt ans passant de 75 000 pour les générations nées au milieu des années 1930 à 144 000 pour la génération 1957. La chute qui suit est tout aussi brutale, le minimum étant atteint avec la génération née en 1987 avec 84 000 naissances. Les effectifs initiaux des générations nées en 1990 et 1991 varient autour de 98 000 naissances.

Les personnes qui arrivent présentement à l'âge de 65 ans appartiennent aux générations moins nombreuses nées durant les années 1920 et 1930. Mais de 2003 à 2022, elles appartiendront aux générations du baby boom; la progression des effectifs de 65 ans sera donc alors très importante. Dix ans plus tard, cette progression atteindra les effectifs de 75 ans et, vingt ans plus tard, ceux de 85 ans. Par la suite, il y aura déclin puisque les générations qui sont nées après le baby boom sont nettement moins nombreuses.

Une proportion subsistante en forte croissance

La deuxième courbe de la figure 1 représente le nombre de personnes présentes l'année de leur 65e anniversaire au sein de chacune de ces générations. Elle a été prolongée à l'aide des scénarios d'avenir du Bureau de la Statistique du Québec (BSQ). La dernière génération a avoir franchi le cap des 65 ans en 1991 est la génération née en 1926. L'écart entre cette courbe et celle des naissances illustre l'action de la mortalité et des mouvements migratoires entre le moment où naît la génération et le moment où elle atteint son 65e anniversaire.

Les deux courbes se rapprochent fortement au fil des générations, particulièrement entre les générations nées à la fin du siècle dernier et les générations nées durant les années 1930. Seulement 39 % des personnes nées en 1891 étaient présentes à leur 65e anniversaire comparativement à 49 % des personnes nées en 1901, 55 % des personnes nées en 1911, 61 % des personnes nées en 1921 et 71 % enfin des personnes nées en 1926. Dans un intervalle de trente-cinq générations, cette proportion a donc pratiquement doublé.

Figure 1

**Effectifs à la naissance et au 65e anniversaire
des générations québécoises nées de 1891 à 1991**

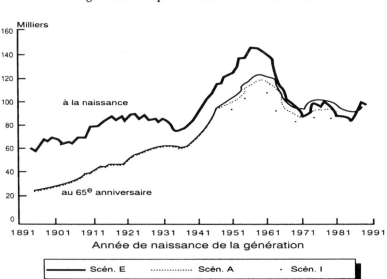

Source: Henripin, RP-BSQ, SC, scén. BSQ

L'augmentation de 156 % du nombre de personnes âgées de 65 ans entre 1956 et 1991 s'explique aux deux tiers par les formidables progrès contre la mortalité prématurée et au tiers par l'augmentation de l'effectif initial de ces générations (de 39 %).

Le principal bouleversement dans les prochaines décennies ne proviendra plus cependant de tels gains contre la mortalité prématurée mais de la forte augmentation de la taille initiale des générations, comme l'indique la figure 1. Ainsi, entre la génération la moins nombreuse à précéder le baby boom, la génération 1935 qui atteindra le cap de 65 ans en l'an 2000, et la génération la plus nombreuse du baby boom, la génération 1959 qui atteindra ce cap en 2024, la taille initiale de la génération augmente de 92 % alors que la proportion de personnes présentes au 65e anniversaire n'augmente que d'environ 3 %.

Pour les générations creuses qui succèdent aux générations du baby boom cependant, la proportion de personnes présentes au 65e anniversaire pourrait dépasser 100 % de l'effectif initial des générations, si le scénario qui implique un solde migratoire fortement positif sur une très longue période se réalise (figure 1). À ce moment, il y aurait une légère compensation due à l'immigration pour la réduction de la taille des générations puisque l'hypothèse de mortalité utilisée implique que seulement 88 % des personnes survivraient jusqu'à leur 65e anniversaire.

Faible impact des mouvements migratoires

Les mouvements migratoires ont eu jusqu'à maintenant un très faible impact sur la progression des effectifs âgés de la population[*]. Cet impact est probablement même légèrement négatif pour la plupart des générations qui ont déjà franchi le cap des 65 ans.

Ainsi, on estime à 45 % la probabilité de survivre de la naissance au 65e anniversaire pour la génération 1891 (Bourbeau et

---

[*]   Les phénomènes migratoires sont en effet conjoncturels et le Québec a connu dans son histoire des époques de solde migratoire fortement négatif (voir Lavoie dans Charbonneau, 1973) mais également de solde positif. Dans les trois dernières décennies (Thibault, 1990, tableau 5.5), la moyenne annuelle du solde migratoire a été le plus souvent légèrement négative (6 000) sauf entre 1976 et 1981 où elle fut fortement négative (20 000) et entre 1961 et 1966 où elle fut positive (+8 400). Le volume annuel d'immigrants internationaux a varié alors entre 14 000 et 33 000. Le solde migratoire annuel de la dernière période, 1986 à 1991, a été fortement positif (+19 400), particulièrement celui des deux dernières années (+25 900 en 1989-90 et +27 900 en 1990-91) en raison d'un volume d'immigrants internationaux supérieur à 35 000 (Statistique Canada, 1991, tableaux 6 à 8).

Légaré, 1982, p. 126) alors que seulement 39 % des effectifs de cette génération sont présents l'année de leur 65ᵉ anniversaire. Pour la génération 1901, ces rapports sont respectivement de 51 % et 49 %, ce qui indique un déficit migratoire moins grand pour cette génération.

Par ailleurs, si le solde migratoire du Québec demeurait positif durant une très longue période, ce qui est supposé dans tous les scénarios d'avenir du Bureau de la Statistique du Québec (BSQ) ici présentés*, ce léger déficit se transformerait en supplément.

Une variation de l'ordre de 14 000 migrants par année (différence entre 9 500 migrants selon le scénario A et 23 400 selon le scénario E) ne crée cependant après cinquante ans qu'un ajout de 7 % des effectifs atteignant l'âge de 65 ans. La génération la moins nombreuse née durant la seconde moitié du XXᵉ siècle, la génération 1987, bénéficierait quant à elle d'un apport de 9 % (en 2052).

Des probabilités de survie en forte croissance

On peut apprécier les gains encourus sur la mortalité, de même que les gains différentiels selon le sexe, grâce aux tables de mortalité du moment (qui simulent l'expérience d'une génération, avec les taux de mortalité d'une période donnée). Ainsi, d'après les tables de mortalité la plus ancienne (1930-1932) et la plus récente (1990), les chances de survivre de la naissance au 65ᵉ anniversaire ont augmenté de 1 sur 2 à plus de 3 sur 4, et ce en près de six décennies (tableau 1). Plus exactement, selon les taux de mortalité de l'année 1990, 78 % des Québécois et 88 % des Québécoises peuvent atteindre leur 65ᵉ anniversaire.

Après le 65ᵉ anniversaire, la durée moyenne de vie s'est également grandement améliorée, particulièrement dans le cas des femmes mais également dans le cas des hommes dans les deux dernières décennies (tableau 1).

Les différences d'espérance de vie entre hommes et femmes étaient pratiquement inexistantes en 1931: écart de 2 % entre les effectifs survivants au 65ᵉ anniversaire et de 0,6 année d'espérance de vie à l'âge de 65 ans. Ces différences se sont creusées au point qu'aujourd'hui plus de femmes que d'hommes atteignent leur 65ᵉ anniversaire (10 % de différence) et qu'elles survivent

---

*   Les scénarios A, G et I supposent un solde migratoire annuel de +9 500 personnes et le scénario E un solde de +23 400 personnes (BSQ, 1990, tableau 7.2).

après l'âge de 65 ans près de 5 années de plus (19,59 comparativement à 14,81 années). Une fois franchi le 65ᵉ anniversaire, la durée de vie des femmes est 32 % plus élevée que celle des hommes.

Tableau 1

**Évolution de l'espérance de vie selon le sexe
depuis 1930-1932, Québec**

	1930-1932	1950-1952	1970-1972	1990	2011
Espérance de vie à la naissance (en années)					
Sexe masculin	56,17	64,53	68,30	73,17	77,02
Sexe féminin	57,72	68,70	75,24	80,51	83,29
Probabilité de survie de la naissance au 65ᵉ anniversaire (en %)					
Sexe masculin	53,27	62,52	67,77	77,77	84,40
Sexe féminin	55,07	71,79	81,84	88,26	92,23
Espérance de vie à l'âge de 65 ans (en années)					
Sexe masculin	12,60	12,83	13,14	14,81	16,50
Sexe féminin	13,17	14,25	16,61	19,59	20,86

Sources: Statistique Canada; BSQ pour 1990 et 2011 (scénarios A, E et G)

*Des gains sur la mortalité d'abord aux âges jeunes
puis aux âges élevés*

Le tableau du BSQ repris ci-après (tableau 2) indique que les gains d'espérance de vie étaient dus essentiellement aux premiers âges de la vie durant la première moitié du siècle. Au contraire, de nos jours l'augmentation de l'espérance de vie est de plus en plus due à des gains sur la mortalité après l'âge de 45 et 65 ans. Ce mouvement a débuté chez les femmes plus tôt et a pris davantage d'ampleur. Ainsi, près de la moitié du gain féminin entre 1971 et 1986 est due au recul de la mortalité après 65 ans.

Le même phénomène se produit au niveau des personnes âgées de 65 ans ou plus, les gains étant d'autant plus prononcés que l'âge est élevé (tableau 3). Ceci favorise une croissance plus importante des groupes les plus âgés, comme nous le constaterons un peu plus loin, particulièrement des femmes très âgées. Les gains de survie des femmes de 80 ans et plus ont en effet augmenté de plus de 20 % dans les vingt dernières années.

Les gains féminins sont cependant inférieurs aux gains masculins chez les personnes de moins de 75 ans (tableau 3). Il s'ensuit un rapprochement de la survie des femmes et des hommes chez les jeunes aînés. La période 1986-1990 témoigne même d'un rapprochement chez les personnes de 75-84 ans, la supériorité des gains féminins ne s'observant plus qu'à compter de l'âge de 85 ans.

Tableau 2

Gain d'espérance de vie à la naissance (en années) et pourcentage de ce gain attribuable à la baisse de la mortalité aux différents âges selon le sexe, Québec

Groupe d'âge	1931-1951	1951-1971	1971-1986	1986-2011
Sexe masculin				
Gain en années	8,23	3,86	3,60	5,14
Gain en %	100,0	100,0	100,0	100,0
0	47,3	61,2	25,6	8,8
1-14	27,8	14,7	8,1	4,5
15-44	23,2	8,5	15,9	18,9
45-64	0,2	10,9	30,6	30,2
65-79	1,1	2,6	14,8	28,5
80+	0,4	2,1	5,0	9,2
Sexe féminin				
Gain en années	10,78	6,67	4,08	3,96
Gain en %	100,0	100,0	100,0	100,0
0	30,1	30,1	20,1	9,6
1-14	22,1	7,6	5,4	4,8
15-44	31,8	14,8	12,3	11,4
45-64	10,0	19,3	18,9	25,5
65-79	5,2	19,6	26,5	30,1
80+	0,8	8,5	16,7	18,7

Sources: Calculs effectués à partir de Thibault, 1990, tableau 3.3, et de Normand Thibault, données non publiées (1986-2011, selon les scénarios A, E et G)

En 1990 toutefois, la survie des femmes (pour cinq ans) demeure bien supérieure à celle des hommes chez les aînés (tableau 3). L'écart qui n'est que de 1,4 % à 50 ans passe à 8,2 % à 65 ans, à 18,7 % à 75 ans et à 33,5 % à 85 ans.

Dans l'hypothèse du BSQ (tableau 1), la baisse observée de la mortalité durant la période 1971-1986 se maintient jusqu'en 2011 et la diminution de l'écart entre les sexes se poursuit, la différence entre l'espérance de vie à la naissance des hommes et des femmes passant de 7,4 à 6,3 années. En 2011, l'espérance de vie masculine atteindrait 77,0 années (84,4 % de survivants au 65e anniversaire) et l'espérance de vie féminine 83,3 années (92,2 % de survivantes au 65e anniversaire).

Tableau 3

**Probabilité quinquennale de survie (en %)
à différents âges, Québec, 1970-1972 à 1990**

Âge	Sexe masculin		Sexe féminin		Écart F/M M=100	
	1970-1972	1990	1970-1972	1990	1970-1972	1990
50	95,0	97,0	97,5	98,4	102,6	101,4
55	92,0	94,8	96,0	97,4	104,4	102,7
60	87,9	91,3	93,9	95,7	106,8	104,9
65	82,2	86,5	90,6	93,6	110,1	108,2
70	74,9	79,1	84,9	89,5	113,3	113,1
75	64,7	69,8	75,1	82,8	116,0	118,7
80	50,9	58,0	57,3	72,1	112,6	124,3
85	37,2	43,2	47,4	57,6	127,4	133,5
	Gain	Gain 1971=100	Gain	Gain 1971=100		
50	2,0	102,1	0,9	100,9		
55	2,8	103,1	1,3	101,4		
60	3,4	103,8	1,9	102,0		
65	4,2	105,2	3,0	103,3		
70	4,2	105,6	4,6	105,4		
75	5,1	107,9	7,8	110,4		
80	7,1	114,0	14,8	125,8		
85	6,0	116,1	10,2	121,6		

Sources: Statistique Canada et BSQ (Duchesne, 1992)

Ces espérances de vie n'ont encore été observées dans aucun pays. Le pays qui présente les meilleures valeurs en 1989 est le Japon avec des espérances de vie masculine de 75,9 ans et féminine de 81,8 années (Monnier et Guibert-Antoine, 1991). L'écart n'est donc pas énorme. L'expérience a cependant montré que les prévisions démographiques ont toujours été conservatrices en ce qui concerne les gains de mortalité, ceux-ci ayant constamment dépassé les prévisions.

Une deuxième hypothèse (scénario I) suppose l'arrêt des gains sur la mortalité en 1991 à 73,1 ans pour les hommes et à 80,2 pour les femmes. Même si cette hypothèse n'est pas réaliste, ces valeurs étant déjà dépassées en 1990, elle permet néanmoins d'apprécier l'impact d'une variation de la mortalité dans l'avenir.

1.2.2 Résultats sur le nombre des aînés

L'augmentation du nombre des aînés qui résulte de ces différents mouvements est très importante (figure 2 et tableau 4). Elle est d'abord le reflet de la forte réduction de la mortalité prématurée mais également de l'augmentation passée du nombre de naissances (figure 1). Dans une moindre mesure, elle est également due aux gains sur la mortalité après 65 ans qui sont plus récents et qui bénéficient davantage aux personnes très âgées et particulièrement aux femmes (tableaux 1 à 3).

Depuis 1941, le nombre de personnes aînées a doublé tous les vingt-cinq ans, passant de 176 000 à 351 700 entre 1941 et 1966, puis à 765 000 en 1991. Même si le nombre de personnes aînées est appelé à atteindre des sommets inégalés, l'augmentation relative des personnes aînées ne sera vraisemblablement pas, dans l'avenir, plus importante que ce qu'elle fut depuis cinquante ans (figure 3).

Elle pourrait même fléchir quelque peu. En effet, même avec l'hypothèse du maintien des gains de mortalité récents et d'un solde migratoire fortement positif (scénario E), le rythme de croissance diminuera légèrement entre 1991 et 2006, des générations moins nombreuses entrant dans le groupe des aînés. Selon ces hypothèses, entre 1991 et 2016, le nombre de personnes aînées augmentera de 89 %, de 85 % si le solde migratoire est moins important que prévu et de 70 % si la mortalité se stabilise au niveau de l'année 1991. Le million de personnes aînées sera atteint vers 2006.

À partir de 2011 jusqu'en 2026 cependant, l'augmentation relative reprendra le rythme des dernières années (figure 3) en raison de l'arrivée des générations du baby boom. Il est même

Figure 2

Évolution absolue du nombre de personnes âgées de 65 ans ou plus, Québec, 1921 à 2046

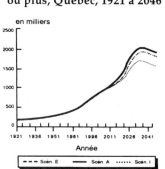

Source: Stat Can et scénarios du BSQ

Figure 3

Évolution relative du nombre de personnes âgées de 65 ans ou plus, Québec, 1921 à 2046

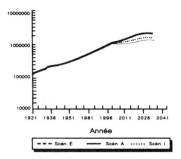

Source: Stat Can et scénarios du BSQ

fort possible, la mortalité étant supposée constante à partir de 2011 dans ces scénarios, que la croissance soit un peu plus importante.

Tableau 4

Nombre de personnes âgées de 65 ans ou plus, Québec, 1921 à 2046

Année		Année	Scénario A	Scénario E	Scénario I
1921	108 700	1986	654 100		
1926	121 000	1991	765 000	765 800	765 000
1931	138 200	1996	872 300	877 400	867 800
1936	167 400	2001	960 200	970 500	940 500
1941	176 000	2006	1 050 700	1 066 600	1 005 900
1946	197 800	2011	1 207 000	1 229 500	1 126 300
1951	232 100	2016	1 413 400	1 444 100	1 290 600
1956	264 000	2021	1 628 500	1 669 300	1 465 600
1961	306 400	2026	1 842 100	1 896 000	1 639 500
1966	351 600	2031	1 976 000	2 046 400	1 738 400
1971	412 900	2036	1 961 200	2 048 500	1 701 900
1976	481 500	2041	1 889 700	1 992 800	1 621 900
1981	569 300	2046	1 836 300	1 953 500	1 569 000

Sources: Recensements canadiens et scénarios du BSQ

Hypothèses:	Nombre moyen d'enfant/femme	Solde migratoire annuel	Hommes	Femmes	Espérance de vie en années atteinte en
Scénario A	1,5 dès 1992	+ 9 500 migrants	77,02	83,29	2011
Scénario E	1,8 dès 1992	+ 23 400 migrants	77,02	83,29	2011
Scénario I	1,5 dès 1992	+ 9 500 migrants	73,05	80,24	1991

Un nombre maximal d'aînés avec les générations du baby boom

Quel que soit le scénario considéré, le nombre maximal d'aînés sera atteint vers 2031 au moment où les générations du baby boom feront partie du groupe des aînés et il régressera par la suite. Le nombre maximal d'aînés pourrait dépasser deux millions de personnes en 2031 au Québec (scénario E). Les scénarios considérés indiquent une variation possible du nombre d'aînés de 300 000 personnes, ce nombre variant de 1 738 500 (scénario I) à 2 046 400 (scénario A). Chose certaine, d'ici l'an 2031 le nombre d'aînés va plus que doubler et il régressera par la suite.

Ce momentum concerne particulièrement le groupe des 65-74 ans (figure 4). En effet, pour les groupes plus âgés, ce moment sera plus tardif: 2041 dans le cas des 75 ans ou plus et 2051 dans le cas des 85 ans ou plus.

En comparaison des variations des effectifs initiaux des générations qui vont composer le groupe des aînés d'ici le milieu du

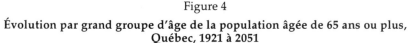

Figure 4

Évolution par grand groupe d'âge de la population âgée de 65 ans ou plus, Québec, 1921 à 2051

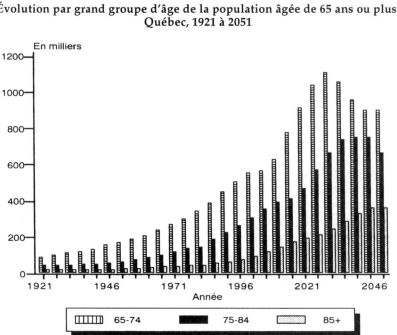

Sources: Stat Can et BSQ, scén. E

siècle prochain, les incertitudes reliées à la mortalité et aux mouvements migratoires apparaissent bien minces mais la marge d'erreur croît au fil du temps. Une différence d'espérance de vie de 3,5 années (différence entre les scénarios I et A) crée un écart du nombre des aînés de 2 % après dix ans, de 7 % après vingt ans et de 12 % après quarante ans. À cela s'ajoutent des variations de 1 %, 2 % et 4 % pour les mêmes périodes pour une différence du solde migratoire de près de 14 000 personnes par année (différence entre les scénarios E et A). La différence relative entre ces différents scénarios atteint 12 % en 2016, 18 % en 2031 et 25 % en 2046.

L'hypothèse de stabilité de l'espérance de vie après 2011 est certes conservatrice et une nouvelle avancée, similaire à celle prévue pour la période 1991-2011, aurait un impact certain sur les effectifs aux âges les plus avancés. Par ailleurs, les hommes auraient alors dépassé l'espérance de vie actuelle des femmes et ces dernières auraient une espérance de vie de plus de 85 ans. Est-ce réaliste? Jusqu'à maintenant, les prévisions démographiques ont toujours sous-estimé les gains sur la mortalité mais il est difficile d'imaginer ce qui n'est jamais survenu. Une question entre autres apparaît en raison du rapprochement des habitudes de vie des hommes et des femmes (quant au tabagisme par exemple): les différences de mortalité entre hommes et femmes vont-elles se maintenir avec la même ampleur au siècle prochain?

1.3 Résultats sur la composition du groupe des aînés

L'évolution différentielle de la mortalité selon l'âge et le sexe a des effets très importants sur la composition du groupe des aînés: une représentation de plus en plus importante du groupe des personnes très âgées, un déséquilibre des sexes* croissant avec l'âge et la féminisation du grand âge (tableau 5). Ces derniers changements s'accompagnent de déséquilibres encore plus pro-noncés au niveau de l'état matrimonial des aînés comme nous le verrons un peu plus loin.

Si, dans les vingt-cinq dernières années, la proportion de personnes âgées de 85 ans ou plus est passé de 5,0 % à 7,2 % de la population aînée, c'est parce que cette population a triplé alors que la population des 65-74 ans n'a que doublé, ceci en fait presqu'exclusivement grâce à la population féminine.

On remarque que l'augmentation relative diffère peu selon l'âge dans la population masculine (tableau 5), les effectifs de chaque groupe d'âge doublant plus ou moins, quoiqu'elle est un peu plus élevée chez les 85 ans ou plus. Au contraire, dans la population féminine, la progression est d'autant plus importante que l'âge est élevé: entre 1961 et 1986, le groupe des 65-74 ans se multiplie par 2,2, celui des 75-84 ans par 2,7 et le groupe des 85 ans ou plus par 3,7. C'est dire que la population féminine âgée de 85 ans ou plus a presque quadruplé en vingt-cinq ans.

---

*   Cette expression signifie qu'il y a un écart important entre la taille des popula-tions masculine et féminine.

Tableau 5
Évolution du nombre et de la composition
du groupe des aînés, Québec, 1961, 1986 et 2011

	Total	M	F	% M	% F	%
1961						
65+	306 301	144 700	161 601	47,2	52,8	100,0
65-74	205 153	98 257	106 896	47,9	52,1	67,0
75-84	85 521	39 778	45 743	46,5	53,5	27,9
85+	15 627	6 665	8 962	42,7	57,3	5,1
1986						
65+	650 640	263 815	386 825	40,5	59,5	100,0
65-74	407 510	176 655	230 855	43,3	56,7	62,6
75-84	195 990	73 090	122 900	37,3	62,7	30,1
85+	47 140	14 070	33 070	29,8	70,2	7,2
2011						
65+	1 207 026	507 408	699 618	42,0	58,0	100,0
65-74	681 194	315 510	365 684	46,3	53,7	56,4
75-84	379 869	149 891	229 978	39,5	60,5	31,5
85+	145 963	42 007	103 956	28,8	71,2	12,1

Variation relative

	1986/1961			2011/1986		
	Total	M	F	Total	M	F
65+	2,1	1,8	2,4	1,9	1,9	1,8
65-74	2,0	1,8	2,2	1,7	1,7	1,6
75-84	2,3	1,8	2,7	1,9	2,0	1,8
85+	3,1	2,1	3,7	3,0	2,9	3,0

Sources: Statistique Canada, recensements et scénario A du BSQ
Note: La variation entre 1986 et 2011 a été calculée sur le nombre établi en 1986 par le BSQ

Dans l'avenir, selon l'hypothèse de baisse de mortalité envisagée (tableau 1), il est fort possible que les populations masculine et féminine suivent des scénarios similaires de sorte que le déséquilibre des sexes ne devrait pas s'accentuer comme dans la période précédente (tableau 6). Les ratios hommes: femmes devraient demeurer assez proches de ce qu'ils sont déjà. On devrait continuer à observer un rapport de trois femmes pour deux hommes pour l'ensemble des aînés et un rapport de cinq femmes pour deux hommes pour les personnes de 85 ans ou plus. Pour les moins de 85 ans, une légère diminution de la sur-représentation féminine est possible.

Tableau 6

**Nombre de femmes pour un homme selon le groupe d'âge,
personnes de 65 ans ou plus, Québec, 1961, 1986 et 2011**

Groupe d'âge	1961	1986	2011
65+	1,1	1,5	1,4
65-74	1,1	1,3	1,2
75-84	1,1	1,7	1,5
85+	1,3	2,4	2,5

Sources: Statistique Canada, recensements canadiens et BSQ, scénario A

L'action de la mortalité est ici en cause. Non seulement les différences de mortalité entre hommes et femmes sont croissantes avec l'âge (tableau 3) mais ces différences se cumulent. Ainsi, en 1990, une femme a 44 % des chances d'atteindre l'âge de 85 ans comparativement à 22 % dans le cas d'un homme. Que la population âgée de 85 ans ou plus comprenne deux fois plus de femmes que d'hommes n'est donc pas surprenant.

On constate également que le rythme d'augmentation des moins de 85 ans devrait diminuer (générations moins nombreuses) alors que les 85 ans ou plus conserveront le même rythme d'augmentation, soit le triplement à tous les vingt-cinq ans. Cependant ce triplement sera différent puisque, contrairement à la période 1961-1986 où la population masculine de 85 ans ou plus s'est multipliée par deux alors que la population féminine s'est multipliée par quatre, il résultera du triplement des deux populations.

La population de 85 ans ou plus devrait représenter, en 2011, 12 % du groupe des aînés. Cette proportion se stabilisera par la suite pour deux décennies dans l'hypothèse où la mortalité n'évoluera plus (figure 5). En 2031 par contre, elle recommencera à augmenter de par l'arrivée des générations plus nombreuses nées dans l'après-guerre.

Figure 5

Composition en pourcentage du groupe de personnes âgées de 65 ans ou plus par grand groupe d'âge, Québec, 1921 à 2051

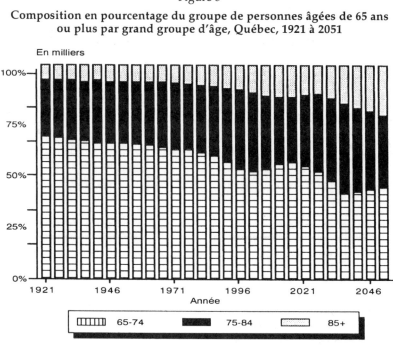

Sources: Stat Can et sc/n. E du BSQ

1.4 *Le vieillissement démographique*

Le vieillissement démographique signifie que la population âgée augmente plus vite que la population totale et ceci survient dès que le rythme de croissance de la population faiblit.

On a vu à la figure 1 la forte réduction du nombre de naissances qui succède au baby boom à partir du milieu des années 1960. Il s'ensuit une réduction importante du rythme de croissance de la population totale (figure 6) et ceci accélère son vieillissement (figure 7). Jusqu'aux années 1950 en effet, la fraction de la population âgée ne croît que lentement; elle passe de 4,6 % à 5,7 % entre 1921 et 1951. Mais elle augmente rapidement par la suite, passant de 6,1 à 10,9 % entre 1966 et 1991 (tableau 7).

Figure 6

**Population totale et population
âgée de 65 ans ou plus,
Québec, 1921 à 2046**

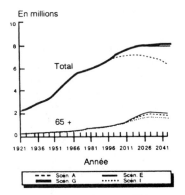
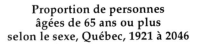

Source: Stat Can et scénarios du BSQ

Figure 7

**Proportion de personnes
âgées de 65 ans ou plus,
Québec, 1921 à 2046**

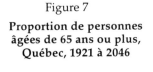
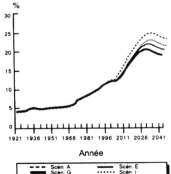

Source: Stat Can et scénarios du BSQ

Figure 8

**Proportion de personnes
âgées de 65 ans ou plus
selon le sexe, Québec, 1921 à 2046**

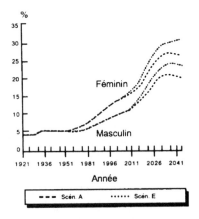

L'action de la mortalité se fait également sentir dès la fin des années 1950 alors que le vieillissement des populations masculine et féminine commence à se démarquer (figure 8). En 1991, l'écart entre le vieillissement des populations masculine (9,0 %) et féminine (12,8 %), dû essentiellement à l'action de la mortalité, atteint 3,9 %.

Tableau 7

**Pourcentage de personnes âgées de 65 ans ou plus
dans la population, Québec, 1921 à 2046**

Année		Année	Scénario A	Scénario E	Scénario G	Scénario I
1921	4,6	1986	9,7			
1926	4,6	1991	10,9	10,9	10,9	10,9
1931	4,8	1996	12,1	11,9	11,9	12,1
1936	5,4	2001	13,1	12,7	12,6	12,9
1941	5,3	2006	14,1	13,5	13,4	13,6
1946	5,5	2011	16,0	15,1	14,9	15,2
1951	5,7	2016	18,6	17,3	17,1	17,4
1956	5,7	2021	21,5	19,7	19,3	19,9
1961	5,8	2026	24,5	22,1	21,4	22,6
1966	6,1	2031	26,7	23,7	22,7	24,5
1971	6,8	2036	27,2	23,8	22,4	24,7
1976	7,7	2041	27,0	23,3	21,5	24,3
1981	8,8	2046	27,1	23,0	20,8	24,4

Sources: Recensements canadiens et scénarios du BSQ

Hypothèses:	Nombre moyen d'enfant/femme	Solde migratoire annuel	Hommes	Femmes	Espérance de vie en années atteinte en
Scénario A	1,5 dès 1992	+ 9 500	77,02	83,29	2011
Scénario E	1,8 dès 1992	+ 23 400	77,02	83,29	2011
Scénario I	1,5 dès 1992	+ 9 500	73,05	80,24	1991
Scénario G	2,1 dès 1995	+ 9 500	77,02	83,29	2011

L'avenir

Plus la fécondité est basse et plus l'espérance de vie est importante dans une population, plus le degré de vieillissement est élevé. Cependant, les processus démographiques ont lieu sur une très longue période et ce n'est qu'après plusieurs décennies que la structure par âge à laquelle on peut associer tel niveau de fécondité ou d'espérance de vie est atteinte. Ainsi, l'histoire des dernières décennies a déjà marqué la pyramide des âges de la population québécoise d'une façon indélébile (figure 9). Le nombre de naissances et donc le bas de la pyramide des âges sont dorénavant affectés par la taille des générations en âge de procréer, nettement moins nombreuses que celles du baby boom.

Quel sera le niveau de fécondité des jeunes générations?

Prévoir le vieillissement implique l'ajout d'hypothèses quant au niveau futur de la fécondité, niveau qui va influencer la base de la pyramide des âges, la croissance de la population et son niveau de vieillissement.

Figure 9

Pyramide des âges, Québec, 1990

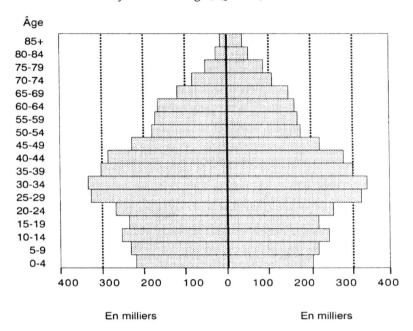

Une hypothèse de 2,1 enfants par femme (retenue dans le scénario G) assure le maintien de la population par la stabilité des effectifs des nouvelles générations. Une hypothèse de 1,8 enfant par femme (retenue dans le scénario E) implique une diminution d'un peu plus de 10 % entre la génération des parents et celle des enfants, et donc une diminution identique de la population à toutes les périodes d'un peu plus de 25 ans. Une hypothèse de 1,5 enfant par femme (retenue dans le scénario A) implique, à terme, une diminution du quart de la population aux mêmes périodes.

Le niveau de 1,5 est inférieur à la fécondité des générations mais correspond au niveau observé durant les années 1980[*] si elle connaissait au cours de sa vie les taux de fécondité par âge observés une année donnée. Le niveau le plus bas de l'indice de fécondité a été atteint en 1987 avec 1,35 enfant par femme; en 1991, il serait remonté à 1,67 enfant par femme. Aucune génération qué-

---

[*] Rappelons l'hypothèse implicite dans le calcul des indices annuels de fécondité: il s'agit du nombre moyen d'enfants que mettrait au monde une génération de femmes

bécoise n'a atteint une descendance inférieure à 1,6 enfant par femme; le niveau de 1,8 correspond au nombre d'enfants mis au monde par la génération qui a eu quarante ans en 1990 et le niveau de 2,1 correspond au seuil de remplacement des générations.

Même avec une remontée de la fécondité à 1,8 enfant par femme et un solde migratoire de +23 400 (scénario E), le nombre de naissances ne pourra dépasser 90 000 dans les deux prochaines décennies. Une remontée à 2,1 enfants par femme (scénario G), qui peut paraître optimiste dans le contexte actuel mais néanmoins possible*, n'impliquerait pas 110 000 naissances.

Poursuite du vieillissement jusqu'au moins 20 % de personnes aînées

La croissance de la population québécoise et la proportion de personnes âgées résultant de ces hypothèses apparaissent aux figures 6 et 7 ainsi qu'au tableau 7. Quel que soit le niveau de fécondité des prochaines décennies, le vieillissement démographique continuera de croître.

La proportion de personnes âgées atteindra, en effet, environ 15 % en 2011, 20 % en 2021 et entre 23 % (2,1 enfants par femme) et 27 % (1,5 enfant par femme) en 2031. Un ajout de 14 000 migrants d'ici 2031 (scénario E) diminue de 3 % la proportion de personnes âgées en 2031 alors qu'une différence d'espérance de vie de 3,5 années (scénario I) crée un écart de 2,2 %.

Après le passage du baby boom, le vieillissement pourrait décroître ou se stabiliser. Cette augmentation de la proportion de personnes aînées s'accompagne de modifications importantes de la représentation des autres groupes d'âge de la population (figure 10 selon le scénario A, le plus pessimiste des scénarios présentés).

La proportion de jeunes de moins de 15 ans, de 19,5 % en 1991, pourrait baisser à 13,2 % en 2031 (scénario A). Selon le scénario le plus optimiste (G), elle varierait peu (18,9 % en 2031). Mais quel que soit le niveau de fécondité, la proportion de jeunes de moins de 15 ans deviendra inférieure à celle des aînés dans trois décennies.

---

*   La Suède a connu récemment une remontée du niveau de sa fécondité de 1,6 à 2,1 enfants par femme.

Figure 10

Composition de la population par grand groupe d'âge, Québec, 1951 à 2041

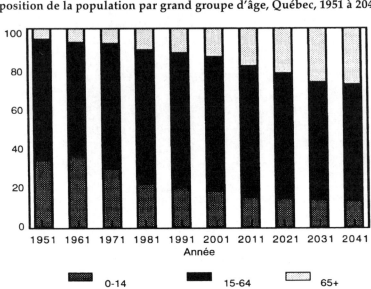

Sources: BSQ, Scén. A (1,5 enfant/femme)

La proportion de personnes d'âge actif devrait diminuer d'environ 10 %. Mais d'autres phénomènes tels la modification des taux d'activité des jeunes et des travailleurs âgés de même que l'augmentation des taux d'activité féminins vont également influencer la taille de la population active dans l'avenir.

L'effet des variations de la fécondité, des mouvements migratoires et de la mortalité sur la pyramide des âges apparaissent clairement à la figure 11. Le scénario A y apparaît des deux côtés de la pyramide de sorte qu'à gauche on puisse mesurer l'effet d'un gain supplémentaire d'espérance de vie (différence de 3,5 années entre les scénarios A et I) et d'une remontée de la fécondité à 2,1 enfants par femme (scénario G). À droite, on peut observer l'effet séparé et combiné de la remontée de la fécondité à 1,8 enfant par femme (scénario E) et d'un solde migratoire accru de près de 14 000 migrants par année (scénario E).

Figure 11

Pyramide des âges en 2031 selon différents scénarios, Québec

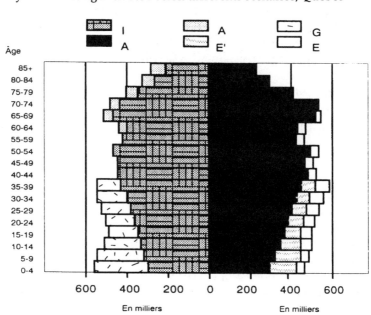

Sources: BSQ

La poursuite des tendances récentes de la mortalité n'affecte que le sommet de la pyramide, c'est-à-dire les âges avancés. Son impact augmente avec l'âge et devient important sur les effectifs des groupes très âgés.

L'apport des mouvements migratoires est au contraire visible tout au long de la pyramide et relativement constant selon l'âge.

Au contraire, comme on pouvait s'y attendre, la remontée de la fécondité a un impact important sur la base de la pyramide (les effectifs de toutes les générations à naître d'ici quarante ans) et cet impact augmente à mesure qu'on se rapproche de la base de la pyramide.

Alors que le scénario A (1,5 enfant par femme) implique une décroissance progressive des effectifs des générations futures, les scénarios E et G assurent une relative stabilité de ces effectifs.

Cependant, le scénario G implique une structure par âge légèrement plus jeune (différence de 2,5 % dans la proportion de

moins de 15 ans) et une capacité de reproduction plus grande que
le scénario E. Ainsi, en 2031, les scénarios E et G assurent une
taille de population semblable (8,67 millions comparativement à
8,62 millions d'habitants) mais, en 2046, on observe dans le premier cas un léger gain (8,74 millions d'habitants) et dans le second une légère décroissance (8,50 millions).

1.5 *Comparaisons internationales*

Puisque la baisse de la fécondité est relativement récente au Québec, la population québécoise est moins avancée que la plupart
des autres sociétés occidentales dans son processus de vieillissement.

Son pourcentage de personnes âgées de 65 ans et plus (11 %)
est nettement moindre que celui que l'on observe en Suède (18 %),
au Royaume-Uni (15 %), en Allemagne (15 %) ou en France (14 %)
et il se compare à celui du Canada (11 %) ou des États-Unis (près
de 13 %) (Organisation mondiale de la santé, 1991). Mais le niveau
très bas atteint par la fécondité québécoise au mileu des années
1980 pourrait amener à la fin du premier quart du siècle prochain
la population québécoise dans le peloton de tête des pays occi-
dentaux.

Figure 12

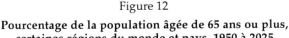

**Pourcentage de la population âgée de 65 ans ou plus,
certaines régions du monde et pays, 1950 à 2025**

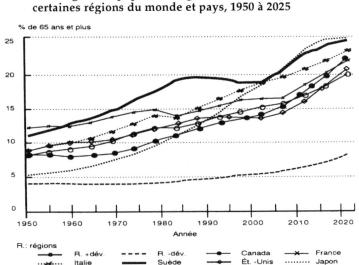

N.U. 1989, variante moyenne

1.6 *Prospective*

L'augmentation du nombre des aînés ne sera donc pas dans l'avenir différente de celle qui fut connue jusqu'ici. Les ajustements que la société devra opérer viendront du fait que le reste de la population aura cessé de croître au même rythme. Le problème viendra donc du rapport changeant entre les groupes d'âge. Il y aura moins de personnes au milieu de la pyramide des âges et plus de personnes au sommet de la pyramide. Ce qui inquiète n'est donc pas tant l'augmentation du nombre de personnes aînées que les difficultés de financement posées par l'augmentation du rapport entre la population aînée et la population d'âge actif (appelé taux de dépendance). Cette augmentation sera fort importante si toutes choses demeurent égales par ailleurs, c'est-à-dire si la société répond aux besoins des aînés de la même façon qu'elle le fait aujourd'hui et si les conditions de vie, d'isolement et de santé des aînés de demain sont, à âge égal, les mêmes que celles des aînés d'aujourd'hui.

Or la population âgée de demain sera différente de par sa composition et de par les générations qui la constitueront. Elle aura en effet connu une autre histoire et un autre mode de vie que les générations d'aînés actuelles, autant sur le plan social (scolarisation, accès aux soins de santé, types d'emploi, etc.) que privé (histoire conjugale et familiale, habitudes de vie, nouveaux apprentissages reliés à la modification des rôles masculins et féminins comme la gestion des finances personnelles pour les femmes et la préparation des repas pour les hommes). Certaines des caractéristiques ou comportements qui se modifient grandement entre les générations ont commencé à être décrites (voir Nault, 1990) de même que les effets positifs de certaines conditions de vie tel le support social (Seeman *et al.*, 1987) ou néfastes tel l'isolement (Crépin, 1992).

La société de demain sera nécessairement fort différente de celle d'aujourd'hui puisqu'elle comprendra de 20 % à 25 % de personnes aînées selon les critères actuels. C'est dès maintenant que cette société se prépare et c'est progressivement que les modes d'organisation sociale devront se rajuster en fonction de la capacité de payer des plus jeunes et de la dépendance réelle des aînés, particulièrement de la dépendance de ceux qui seront très âgés.

2. CERTAINES CARACTÉRISTIQUES

2.1 *Régions sociosanitaires de résidence*

Dans le passé, les différences régionales de fécondité et de mortalité étaient plus importantes que celles d'aujourd'hui. Il s'ensuit des différences importantes dans le degré de vieillissement des différentes régions sociosanitaires (figure 13 et tableau 8).

En outre, les personnes âgées effectuent des mouvements migratoires entre régions. Ces mouvements sont connus pour la période 1981-1986 pour les territoires des anciennes régions administratives (Lafontaine, Pampalon et Rochon, 1992, tableau 9). Durant cette période de cinq ans, deux régions seulement connaissent un solde migratoire positif, soit les Laurentides-Lanaudière et la Montérégie. L'écart entre le pourcentage de personnes âgées qui viennent résider dans la région et le pourcentage de celles qui partent y atteint respectivement 3,0 % et 1,5 %. Cinq régions ont par ailleurs un solde migratoire négatif; ce solde est important dans le cas de la Côte-Nord (– 6,2 %) et de l'Abitibi-Témiscamingue (– 4,7 %). Dans les régions de Québec, de Trois-Rivières, de l'Estrie et de l'Outaouais par contre, autant de personnes âgées entrent et sortent de la région.

La comparaison du degré de vieillissement des régions sociosanitaires avec celui de la province (tableau 8) nous indique dans quelle mesure la distribution de la population aînée sur le territoire sociosanitaire du Québec est différente de celle de l'ensemble de la population.

Les populations aînée et très âgée (80 ans ou plus) sont davantage concentrées sur l'île de Montréal (12,8 % de personnes aînées comparativement à 9,96 % pour l'ensemble du Québec). En effet, 26,8 % de la population du Québec réside sur le territoire de l'île de Montréal comparativement à 34,5 % des personnes aînées et 36,8 % des personnes âgées de 80 ans ou plus. La population aînée est également davantage présente en Estrie, dans la région de Trois-Rivières et dans le Bas-Saint-Laurent. La présence de la population très âgée (80 ans ou plus) est également plus forte dans ces régions que dans l'ensemble de la province, de même que dans la région de Québec.

Par ailleurs, plusieurs régions ont un pourcentage de personnes âgées bien inférieur à celui de la province. Ce sont, par ordre croissant, Kativik, les Terres-cries-de-la-Baie-James, la Côte-Nord, le Saguenay, l'Abitibi–Témiscamingue, l'Outaouais et les régions limitrophes de l'île de Montréal. Les régions de Québec, Chaudière-Appalaches et Gaspésie–Îles-de-la-Madeleine se situent dans la moyenne provinciale.

Tableau 8

**Population totale et population âgée de 65 ans ou plus
en nombre et pourcentage selon la région sociosanitaire,
Québec, 1986**

Région sociosanitaire N° Nom		Total	65+	% 65+
	Total	532 440	650 585	9,96
1	Bas–Saint-Laurent	210 830	23 395	11,10
11	Gaspésie–Î.-de-la-Mad.	112 455	11 340	10,08
2	Saguenay–Lac-St-Jean	298 245	20 630	6,92
3	Québec	586 310	59 165	10,09
12	Chaudière-Appalaches	356 765	35 440	9,93
4	Mauricie–Bois-Francs	453 805	50 530	11,13
5	Estrie	257 755	28 860	11,20
6	Montréal-Centre	1 752 570	224 350	12,80
13	Laval	284 170	19 950	7,02
14	Lanaudière	279 020	22 405	8,03
15	Laurentides	319 940	28 210	8,82
16	Montérégie	1 089 410	90 060	8,27
7	Outaouais	256 470	19 695	7,68
8	Abitibi–Témiscamingue	158 830	11 235	7,07
9	Côte-Nord	104 605	4 935	4,72
17	Kativik	5 630	130	2,31
18	T.-cries-de-la-B.-James	5 630	255	4,53

Sources: Recensement de 1986, données géocodées, SESS, MSSS

Même si on exclut de la comparaison les régions Kativik et les Terres-cries-de-la-Baie-James, le pourcentage de personnes aînées varie du simple au triple.

La sur-représentation des femmes dans la population aînée provient des régions les plus urbanisées (figure 13). Les régions de Montréal-Centre et Québec présentent des pourcentages supérieurs à celui de la moyenne provinciale (59,5 %). La présence féminine semble même plus importante dans certaines régions que celle qui serait attendue en raison de leur degré de vieillissement (ex. Québec, Laurentides).

Figure 13

**Pourcentage de personnes âgées de 65 ans ou plus et de 75 ans ou plus
et pourcentage de femmes dans la population âgée de 65 ans ou plus
selon la région sociosanitaire, Québec, 1986**

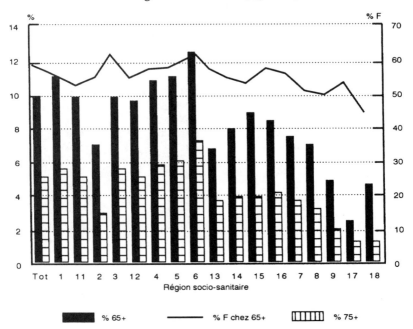

2.2 *Milieu urbain*

Le groupe des personnes aînées réside un peu plus en milieu
urbain que l'ensemble de la population (tableau 9). Ceci est surtout vrai pour les femmes et cette différence augmente légèrement avec l'âge.

Tableau 9

**Proportion de la population vivant en région urbaine
selon le sexe et certains groupes d'âge, Québec, 1986 (en %)**

Sexe	Total	65+	55-64	65-74	75-84	85+
Total	77,9	81,4	80,2	80,4	82,7	84,3
Hommes	76,8	77,3	78,6	76,9	78,1	78,3
Femmes	79,0	84,1	81,6	83,0	85,5	86,9

Source: Statistique Canada, recensement de 1986, catalogue n° 94-129
         Région urbaine: région dont la concentration est de 1 000 habitants ou plus et dont la densité
         est de 400 habitants ou plus au km^2.

2.3 Communautés culturelles

2.3.1 Au Québec et à Montréal

Au recensement de 1986, 81,4 % des Québécois ont déclaré le français comme langue maternelle, 8,9 % l'anglais, 0,4 % une langue autochtone, 5,7 % une autre langue et 3,7 % plus d'une langue maternelle*. Dans la majorité de ces cas de réponses multiples, il s'agissait du français et de l'anglais (62,3 % des cas).

Tableau 10

Distribution de la population totale et de la population âgée de 65 ans ou plus selon la langue maternelle, Québec et région de Montréal-Centre, 1986

Région	Total	Français	Anglais	Autres	Réponses multiples
Population totale					
Total	100,0	81,4	8,9	6,0	3,7
Montréal-Centre	100,0	57,5	18,9	16,6	6,9
% Montréal-C.	26,8	19,0	57,2	73,8	50,2
Population âgée de 65 ans ou plus					
Total	100,0	76,2	12,0	7,0	4,9
Montréal-Centre	100,0	54,8	20,7	16,5	7,9
% Montréal-C.	34,5	24,8	59,7	81,9	56,1
Pourcentage de la population âgée de 65 ans ou plus					
Total	10,0	9,3	13,5	11,5	13,1
Montréal-Centre	12,8	12,2	14,0	12,8	14,6

Source: Recensement canadien, données géocodées, SESS, MSSS

Il est certain que le groupe autochtone est davantage sous-dénombré au recensement que les autres groupes. Mais même une correction pour la sous-énumération de 20 % et une prise en compte des réserves indiennes qui ont été partiellement dénombrées au dernier recensement (ajout de 7 815 personnes) ne font passer cette proportion que de 0,4 à 0,6 %.

La population autochtone est plus importante quand on considère l'origine ethnique; 0,8 % de la population a déclaré cette

---

*   Si on ne considère dans les réponses multiples que la langue autre que le français ou l'anglais, le groupe allophone représente 7,0 % de la population québécoise et le groupe autochtone 0,4 %. Dans le premier groupe, 20 % des gens ont déclaré plus d'une langue maternelle et dans le second 10 %.

seule origine et 1,2 % a déclaré cette origine (réponses multiples incluses). En tenant compte de l'estimation de la population des réserves indiennes partiellement dénombrées, on peut estimer la proportion de la population d'origine autochtone à 1,4 %.

Le groupe des personnes aînées reflète une situation similaire à celle de l'ensemble de la population mais le groupe anglophone et, dans une moindre mesure le groupe allophone*, y sont davantage présents (tableau 10). Au contraire, le groupe autochtone y est moins important. La plus faible proportion du groupe autochtone chez les personnes âgées tient à la structure par âge nettement plus jeune de cette population (due à ses fécondité et mortalité plus élevées). Selon les données du recensement, la proportion de personnes aînées serait inférieure à 5 % chez les personnes de langue inuktitut et atteindrait 5 % chez les personnes de langue maternelle amérindienne.

Dans le groupe des anglophones, la proportion de personnes aînées atteint 13,5 %.

Les aînés du groupe allophone présente une composition selon la langue maternelle légèrement différente de celle de l'ensemble des allophones. On remarque en effet chez les aînés davantage de population de langue maternelle slave (1,5 % comparativement à 0,6 %), yiddish (1,0 % comparativement à 0,2 %), allemande (0,7 % comparativement à 0,4 %) mais moins de population de langue grecque (0,4 % comparativement à 0,7 %), espagnole (0,2 % comparativement à 0,5 %), portugaise (0,2 % comparativement à 0,4 %) ou asiatique de l'est (0,5 % comparativement à 0,7 %).

La population aînée, davantage concentrée sur l'île de Montréal (34,5 %), vit le même phénomène d'une composition culturelle nettement différente selon qu'elle réside à Montréal ou dans le reste de la province (tableau 10). Dans cette région, on retrouve le quart des aînés francophones de la province mais plus de la moitié des aînés anglophones et quatre aînés allophones sur cinq.

Ajoutons que seule la population francophone présente une nette différence entre son degré de vieillissement selon qu'elle réside en province (9,3 %) ou sur l'île de Montréal (12,2 %).

---

*   Si on attribue une seule réponse en donnant la priorité à la langue autre que le français ou l'anglais, le groupe allophone passe à 8,3 %; 18 % des personnes de ce groupe ont déclaré plus d'une langue maternelle.

2.3.2 L'âge des nouveaux arrivants

Les immigrants présentent une structure par âge plus jeune que celle de l'ensemble de la population québécoise. Sur 41 770 immigrants de la période 1981-1986 dénombrés au recensement de 1986, 8,0 % étaient âgés de 65 ans ou plus comparativement à 14,8 % pour l'ensemble de la population québécoise âgée de 25 ans ou plus (MCCI, 1990. Portrait des familles immigrées au Québec. Tableau 1).

2.4 *Scolarité des personnes aînées*

Dans les dernières décennies, la scolarisation de la population n'a cessé d'augmenter (tableau 11). Les différences entre générations sont énormes, plus une génération est jeune, plus elle est instruite.

En 1986, une minorité de personnes aînées ont franchi la neuvième année comparativement à 94 % pour les jeunes de 15-24 ans. Entre le groupe actuel des aînés et celui de demain (2026), la fraction de personnes ayant franchi la 9e année est multipliée par 2,2, la fraction de celles qui ont obtenu un diplôme du secondaire par 2,7 et la fraction de celles qui ont fréquenté l'université par 3,1.

Tableau 11

Étapes du cheminement scolaire selon l'âge, Québec, 1981 et 1986

	9e année	Diplôme du secondaire	Université avec ou sans grade
1986			
Total	76,1	56,3	15,9
15-24	94,1	62,8	12,6
25-44	88,5	69,8	22,2
45-64	57,3	42,3	12,2
65 ou plus	39,9	25,9	7,1
1981			
Total	73,6	53,9	13,5
15-24	94,2	59,2	9,5
25-44	82,9	67,8	20,0
45-64	53,1	39,0	10,2
65 ans ou plus	37,7	24,3	6,5

Source: Recensement de 1986, MEQ dans Dionne, 1988

2.5 Logement et proportion du revenu qui lui est consacré

La proportion de ménages dont le soutien est propriétaire du logement diminue avec l'âge. Il passe de 64 % à 53 % entre les groupe d'âge 55-64 ans et 65-74 ans et baisse à 42 % dans le groupe des 75 ans ou plus.

Lorsque c'est une femme qui est soutien du ménage, la proportion de propriétaires est nettement moindre (tableau 12).

Tableau 12

**Proportion de propriétaires et de locataires
chez les personnes aînées selon le groupe d'âge et le sexe,
Québec, 1986 (en %)**

Groupe d'âge	Propriétaires			Locataires		
	T	M	F	T	M	F
65+	57	67	38	43	33	62
55-64	64	72	43	36	28	57
65-74	53	64	37	47	35	63
75+	42	53	32	58	47	68

Source: Recensement de 1986, N° au catalogue 93-104, tableau 11

Moins de 15 % du revenu du ménage est consacré aux principales dépenses de propriété par 55 % des soutiens de ménage âgés de 65 ans ou plus qui sont propriétaires de leur demeure; et au moins 30 % du revenu y est consacré par 14 % des propriétaires de 65 ans ou plus[*].

Quant aux locataires, seulement 14 % peuvent consacrer moins de 15 % des revenus du ménage au loyer brut alors que 47 % y consacrent au moins 30 % et 29 % au moins 40 %.

3. ÉTAT MATRIMONIAL, MODALITÉ DE VIE ET RÉSEAU DE RELATIONS DES AÎNÉS

3.1 État matrimonial

Le portrait actuel des aînés selon l'état matrimonial est en partie relié à l'histoire de ces générations. On trouve ainsi davantage de femmes célibataires que dans les générations un peu plus jeunes, peu de personnes divorcées ou séparées (3,7 % de l'ensemble,

---

[*]   Source: données arrondies du recensement de 1986 agrégées par secteur de dénombrement, fichier J36, MSSS.

4,4 % des hommes et 3,0 % des femmes) et passablement de personnes veuves (tableau 13).

Dans l'ensemble du groupe des aînés, les personnes mariées sont légèrement majoritaires mais il en va différemment quand on considère les hommes et les femmes séparément. Les trois quarts des personnes aînées de sexe masculin sont mariés comparativement à un peu plus du tiers des aînées de sexe féminin (tableau 12). Le groupe des veuves constitue le groupe majoritaire dans la population âgée féminine. Un aîné sur 7 est veuf comparativement à près d'une aînée sur deux.

Les personnes mariées sont majoritaires chez les femmes jusqu'à l'âge de 70 ans et chez les hommes jusqu'à l'âge de 85 ans. Dans la population âgée de 85 ans ou plus, les veufs sont un peu plus nombreux que les hommes mariés alors que les veuves représentent les trois quarts des femmes. Ce n'est que dans le groupe de personnes mariées que l'on retrouve davantage d'hommes que de femmes et cet écart augmente avec l'âge.

Alors qu'il y a 1,5 femme pour 1 homme dans la population aînée, on observe 5 veuves pour 1 veuf.

L'effet de la surmortalité masculine est évident. Le pourcentage de veuves est d'au moins 30 % supérieur au pourcentage de veufs, quel que soit le groupe d'âge des aînés, alors que chez les personnes de 55-64 ans on n'observe qu'une différence de 13 % (figure 12). Le fait que les conjoints sont généralement plus âgés que leurs conjointes, que la propension à se remarier est différente selon le sexe[*] et que les veufs se remarient généralement avec des femmes plus jeunes (ayant dans certains cas moins de 65 ans) a également une influence sur les fortes variations selon le sexe des pourcentages de personnes aînées veuves et mariées.

---

[*]   Le BSQ estime que de 15 % à 20 % des veufs se remarient comparativement à de 5 % à 10 % des veuves (BSQ, 1992, p. 82). Les veufs de 60 ans ou plus qui se sont remariés en 1985 étaient âgées de 6,1 années en moyenne de plus que leur nouvelle conjointe alors que les veuves de 60 ans ou plus étaient plus jeunes de 0,7 année que leur nouveau conjoint (compilations spéciales du fichier des mariages de 1985 du Service des études socio-sanitaires).

Tableau 13
Distribution selon l'état matrimonial, l'âge et le sexe des personnes aînées, Québec, 1961 et 1986

Groupe d'âge	Année	État matrimonial Total Nombre	%	Célib.	Marié	Veuf	Divorcé
Total							
65+	1961	306 301	100,0	11,8	52,7	35,3	0,1
	1986	650 640	100,0	11,9	52,9	33,5	1,7
55-64	1961	339 563	100,0	12,8	74,1	12,9	0,2
	1986	613 365	100,0	9,3	75,6	10,5	4,6
65-74	1961	205 153	100,0	12,1	60,2	27,5	0,2
	1986	407 510	100,0	10,8	62,4	24,6	2,2
75-84	1961	85 521	100,0	11,4	40,8	47,7	0,1
	1986	195 990	100,0	13,4	41,5	44,3	0,9
85+	1961	15 627	100,0	11,0	20,3	68,6	0,0
	1986	47 140	100,0	14,7	19,1	65,9	0,4
Hommes							
65+	1961	144 700	100,0	9,3	67,4	23,1	0,2
	1986	263 815	100,0	8,7	75,0	14,3	2,0
55-64	1961	167 581	100,0	10,6	82,7	6,5	0,2
	1986	290 035	100,0	8,9	83,1	3,6	2,9
65-74	1961	98 257	100,0	9,7	73,9	16,2	0,2
	1986	176 655	100,0	8,4	80,1	9,0	2,5
75-84	1961	39 778	100,0	8,6	57,1	34,2	0,1
	1986	73,090	100,0	9,2	68,6	21,0	1,1
85+	1961	6 665	100,0	7,4	33,3	59,3	0,0
	1986	14 070	100,0	9,7	43,7	46,0	0,6
Femmes							
65+	1961	161 601	100,0	14,1	39,6	46,1	0,1
	1986	386 825	100,0	14,0	37,9	46,6	1,4
55-64	1961	171 982	100,0	14,9	65,7	19,1	0,3
	1986	323 330	100,0	9,7	68,8	16,7	4,8
65-74	1961	106 896	100,0	14,3	47,6	38,0	0,1
	1986	230 855	100,0	12,6	48,8	36,6	2,0
75-84	1961	45 743	100,0	13,8	26,7	59,5	0,1
	1986	122 900	100,0	15,9	25,3	58,1	0,7
85+	1961	8 599	100,0	13,9	11,0	75,1	0,0
	1986	33 070	100,0	16,8	8,6	74,3	0,3

Source: Statistique Canada, recensements canadiens

Note: Les personnes séparées sont incluses dans le groupe des personnes mariées. En 1986, elles représentent 2,4 % de personnes de 65 ans ou plus, 3,0 % des 55-64 ans, 2,6 % des 65-74 ans, 2,2 % des 75-84 ans et 1,5 % des 85 ans ou plus

Le principal changement survenu depuis vingt-cinq ans, la baisse de 9 points du pourcentage des hommes veufs (tableau 13), est relié aux gains importants des femmes âgées sur la mortalité. La baisse est encore plus importante chez les hommes âgés de 75 ans ou plus (13 points de pourcentage). Comme corollaire, on observe une augmentation de la proportion d'hommes mariés. Chez les femmes aînées, la baisse du pourcentage de veuves est minime quel que soit l'âge (figure 14) mais celle-ci est oscultée, lorsqu'on considère globalement les 65 ans ou plus, par la présence accrue des groupes les plus âgés.

Malgré l'augmentation relativement importante du nombre d'aînés divorcés, ceux-ci représentent une part minime du groupe des aînés (1,7 % en 1986). Cette part est appelée à croître davantage avec l'arrivée au troisième âge des générations qui ont davantage connu le divorce.

Figure 14

Pourcentage de personnes veuves selon le groupe d'âge et le sexe, Québec, 1961 à 1986

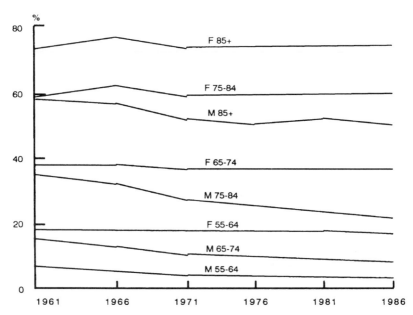

3.2 Différence d'âge entre conjoints

Les hommes mariés ont en moyenne une conjointe plus jeune et l'écart d'âge avec leur conjointe ne cesse d'augmenter à mesure qu'on considère des hommes plus âgés. Ainsi, pour les hommes mariés en 1986, l'écart moyen passe de 2 à 4 ans entre les groupes d'âge 30-34 et 65-69 ans, à 6 ans dans le groupe 80-84 ans, à 8 ans dans le groupe 85-89 ans et à 10 ans dans le groupe 90-94 ans (figure 15).

Les femmes mariées ont un conjoint plus âgé en moyenne, sauf aux âges très avancés. En effet, contrairement aux hommes, les femmes ont un écart d'âge avec leur conjoint qui se réduit à mesure qu'on passe des groupes les plus jeunes aux groupes plus âgés. L'écart moyen devient nul dans le groupe 75-79 ans et il s'inverse dans les groupes plus âgés. Les femmes encore mariées à 85-89 ans ont en effet un conjoint plus jeune qu'elles de deux ans. Cet écart d'âge entre conjoints est cependant loin d'atteindre celui qui existe entre les hommes du même âge et leurs conjointes (8 ans).

Figure 15

Différence d'âge entre les conjoints selon le sexe, Québec, 1986

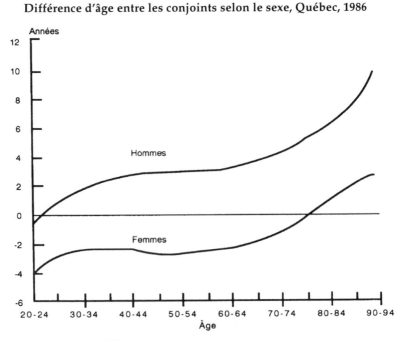

Source: recensement de 1986

Plusieurs phénomènes sont en cause mais celui qui agit sans doute le plus fortement est la plus grande propension à sortir de la population mariée par veuvage lorsque le conjoint est plus âgé, ce qui correspond à la situation des femmes.

La présence d'un conjoint, l'âge de ce conjoint et son état de santé semblent être des facteurs importants dans l'organisation de la vie quotidienne des personnes aînées comme nous le verrons un peu plus loin.

3.3 *Personnes aînées hébergées*

L'augmentation de la proportion de personnes hébergées selon l'âge est graduelle (figure 16) et le taux de personnes hébergées ne devient important qu'à compter de l'âge de 80 ans. Selon la source et la définition utilisées, les taux d'hébergement peuvent varier.

Figure 16

Proportion de personnes hébergées selon l'âge et le sexe, Québec, 1987

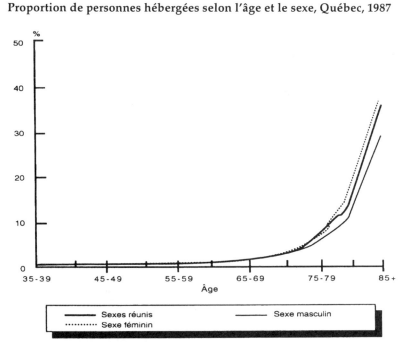

Source: fichiers administratifs

Selon des calculs effectués pour l'année 1987 à partir de données administratives (Lafontaine, Pampalon et Rochon, 1991), le pourcentage de personnes âgées de 65 ans ou plus hébergées dans le réseau de la santé et des services sociaux atteint 7 %. Il est minime avant 75 ans (2 % chez les 65-74 ans), et passe de 7 % à 15 % entre les groupes d'âge 75-79 et 80-84 ans (figure 16).

Il est par ailleurs plus important chez les femmes dès l'âge de 75 ans et l'écart entre les hommes et les femmes croît avec l'âge. Ainsi, 34 % des hommes comparativement à 45 % des femmes de 85 ans ou plus seraient hébergées. D'autres sources[*] indiquent des pourcentages légèrement inférieurs pour la même période (32 % et 41 % des hommes et femmes de 85 ans ou plus).

3.3.1 Évolution des taux d'hébergement

Selon les données de recensement[**] figurant au tableau 14, les taux d'institutionnalisation augmentent légèrement au début des années 1986 pour l'ensemble des 65 ans ou plus mais diminuent pour les 65-74 ans et sont stables pour les 75 ans ou plus. Les données sur l'ensemble des logements collectifs (qui incluent les communautés religieuses et des établissements commerciaux), les seules disponibles pour les 75-84 ans et les 85 ans ou plus, semblent indiquer que les taux d'institutionnalisation des 85 ans ou plus sont alors en augmentation.

Des données administratives sur le nombre de personnes-année hébergées dans le réseau de la santé et des services sociaux pour la période 1986-1990 indiquent que cette baisse s'est étendue depuis à tous les groupes d'âge. En raison du vieillissement de la population âgée elle-même (les groupes les plus âgés prenant une importance accrue dans le groupe des 65 ans ou plus), la diminu-

---

[*] Il s'agit du nombre de personnes présentes au fichier de contribution des bénéficiaires du Ministère de la Main-d'œuvre, de la Sécurité du revenu et de la Formation professionnelle (MMSRFP) auquel on a ajouté le nombre de places en centre d'accueil privé autofinancé faisant l'hypothèse que la structure par âge et sexe de cette clientèle, non incluse, était identique.

[**] Des informations obtenues de Statistique Canada indiquent que ces données incluent des résidences et conciergeries privées qui ne font pas partie des établissements du réseau de la santé et des services sociaux et qui n'offrent pas un volume de soins comparable. C'est pourquoi le taux d'hébergement obtenu avec les données de recensement est supérieur. C'est d'ailleurs uniquement chez les personnes de moins de 85 ans que les données du recensement sont supérieures aux données administratives.

tion du taux d'hébergement des 65 ans ou plus est inférieure à celle que l'on observe dans les différents groupes d'âge.

Cette diminution des taux d'hébergement de la population de 65 ans ou plus survient parce qu'il y a stabilité du nombre de personnes-année hébergées (tableau 14) alors que la population âgée connaît une croissance importante (14 % entre 1986 et 1990), particulièrement la population âgée de 85 ans ou plus (27 %). Ce dernier groupe est d'ailleurs le seul dont le nombre de personnes-année augmente. La part qu'il représente dans le nombre de personnes-année de 65 ans ou plus hébergées passe de 36,1 à 39,7 % entre 1986 et 1990.

3.3.2 Taux d'hébergement et état matrimonial

Outre l'âge, l'état matrimonial est un facteur associé au recours à l'hébergement (figure 17).

Chez les adultes comme chez les jeunes aînés, les personnes célibataires se distinguent par un taux d'hébergement élevé (à 55-59 ans, 6 % comparativement à moins de 1 % pour les autres états matrimoniaux). Il est connu que la population ayant des problèmes de santé importants a une moins grande propension à se marier et se retrouve donc davantage dans le groupe des célibataires.

Tableau 14

Évolution du nombre et de la proportion de personnes hébergées selon diverses sources, Québec, 1981 à 1990

	Recensement			Fichier administratif (MMSRFP)		
Groupe d'âge	1981	1986	Variation en %	1986	1990	Variation en %
	Hôpitaux et centres de soins spéciaux*			Établissements du réseau de la santé et des services sociaux (centres hospitaliers et centres d'accueil**)		
	Nombre			Nombre de personnes-année		
65+	44 245	52 145	+17,9	42 291	41 762	−1,3
65-74	10 885	11 170	+2,6	8 535	7 884	−7,6
75+	33 360	40 975	+22,8	33 756	33 878	+0,4
75-84	ND	23 245	ND	18 504	17 288	−6,6
85+	ND	17 730	ND	15 252	16 590	+8,8
	Taux en %			Taux de personnes-année en %		
65+	7,8	8,0	+3,1	6,5	5,6	−13,1
65-74	2,9	2,7	−6,8	2,1	1,7	−16,8
75+	16,7	16,9	+0,7	13,9	11,8	−15,0
75-84	ND	11,9	ND	9,4	7,6	−19,4
85+	ND	37,6	ND	32,4	27,8	−14,0
	Logements collectifs*					
65-74	5,4	4,8	−10,1			
75-84	16,1	15,5	−3,9			
85+	39,6	42,2	+6,6			

ND non disponible

* Hôpitaux, centres de soins spéciaux, établissements pour personnes âgées, malades chroniques ou handicapés physiques et hôpitaux psychiatriques. Les logements collectifs, outre ces établissements, comprennent les institutions religieuses et des établissements commerciaux (hôtels, pensions et maisons de chambres d'au moins 10 personnes) ou communautaires.

** Personnes-année, les centres d'accueil d'hébergement privés autofinancés (environ 3000 personnes) ne sont pas inclus

Le taux d'hébergement des personnes veuves est très faible chez les adultes et les jeunes aînés et semblable à celui des personnes mariées. Il augmente toutefois rapidement avec l'âge rejoignant à 85 ans celui des personnes célibataires.

Les personnes mariées présentent à tous les âges le taux d'hébergement le plus faible. Entre 75 et 84 ans, il est deux fois moindre que celui des autres groupes (7 % comparativement à 15 % pour les personnes veuves et à 18 % pour les célibataires).

Figure 17

Taux d'hébergement selon l'état matrimonial et l'âge, Québec, 1986

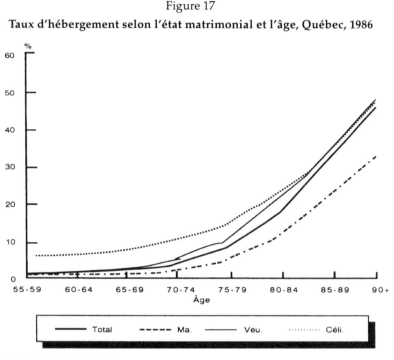

Source: recensement de 1986

Dans le groupe des 85 ans ou plus, le taux d'hébergement des personnes mariées atteint 26 % comparativement à 40 % pour les personnes des autres états matrimoniaux.

Lorsqu'on tient compte du sexe (figure 18), on s'aperçoit cependant que cette position avantageuse des personnes mariées ne se vérifie pas pour les femmes de tous les âges. Les femmes de 85 ans ou plus ont en effet pratiquement le même taux d'hébergement que les personnes veuves ou célibataires (34 % comparativement à 41 % pour les veuves et les célibataires et à 38 % pour les veufs et les célibataires masculins).

À 85 ans ou plus, seuls les hommes mariés se distinguent de façon importante, leur taux d'hébergement n'atteignant que 22 %.

On constate également que le taux d'hébergement des femmes n'est pas toujours supérieur à celui des hommes. Il est inférieur chez les personnes célibataires de moins de 85 ans, chez les personnes veuves de moins de 80 ans et les personnes mariées de moins de 70 ans.

Figure 18

Taux d'hébergement selon l'état matrimonial, le sexe et l'âge, Québec, 1986

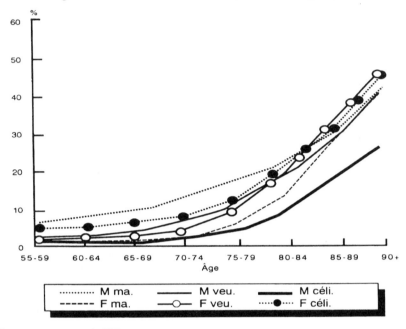

Source: recensement de 1986

Ces différences sont à mettre en relation avec l'état de santé des personnes selon leur état matrimonial*, de même qu'avec l'aide précieuse fournie par le conjoint dans les activités de la vie quotidienne (voir au point 4.2), aide qui risque d'être d'autant plus effective que le conjoint sera jeune et bien portant.

3.4 *Modalité de vie*

En 1986, près de la moitié des personnes aînées vivent avec leur conjoint, alors que le quart vivent seules (tableau 15). Près du cinquième (18 %) vivent avec d'autres personnes, dans la majorité des cas des personnes apparentées puisque 2,9 % seulement des personnes aînées vivent avec des personnes non apparentées.

---

* Cette donnée n'est malheureusement pas connue pour l'ensemble de la population, mais seulement pour la population résidant en ménage privé. L'enquête sur les limitations d'activités de 1991 de Statistique Canada devrait pallier en partie cette lacune.

Enfin, près de 11 % résident dans un logement collectif: 8,0 % dans les hôpitaux et centres pour personnes âgées ou malades chroniques, 2,1 % dans des institutions religieuses et 0,7 % dans des établissements commerciaux ou communautaires tels que pensions, maisons de chambres.

Alors que la fraction de personnes aînées vivant en couple diminue avec l'âge et que celle des personnes résidant dans un logement collectif ou avec d'autres personnes augmente au contraire, celle des personnes qui vivent seules est maximale autour de 80 ans et décline par la suite.

Les différences de modalité de vie entre hommes et femmes (tableau 16) reflètent principalement les différences d'état matrimonial importantes déjà vues au tableau 12: plus de veuves que de veufs et plus d'hommes mariés que de femmes mariées. Les hommes vivent donc davantage en couple (68,6 % comparativement à 33,7 % des femmes), moins souvent seuls (12,4 % comparativement à 30,2 %) et moins souvent avec d'autres personnes (11,4 % comparativement à 22,9 %), que ce soit en famille monoparentale (2,4 % comparativement à 6,9 %) ou avec des personnes apparentées (5,9 % comparativement à 13 %). Ils vivent cependant tout aussi souvent avec des personnes non apparentées (3,0 % et 2,9 %). Par ailleurs, ils résident moins souvent dans les logements collectifs (7,5 % comparativement à 12,9 %), que ce soit au niveau des communautés religieuses (0,9 % comparativement à 2,8 %) ou des établissements et hôpitaux (5,9 % comparativement à 9,5 %).

Il est difficile de documenter l'évolution de la modalité de vie des personnes âgées sur une longue période même avec les données de recensement en raison de l'absence de certaines informations pour le passé. Mais, deux constats peuvent être faits pour la période 1961-1986 (tableau 17).

La proportion de personnes aînées vivant en couple suit l'évolution de la proportion de personnes mariées déja vue au tableau 12: stabilité (à 48 %) mais progression dans le cas des hommes (de 62 % à 69 %) et légère régression dans le cas des femmes (de 36 % à 34 %).

Quant à la proportion de personnes aînées qui vivent seules, elle triple passant de 8 % à 23 %. Elle augmente cependant nettement moins rapidement pour le sexe masculin (de 6 % à 12 %) que pour le sexe féminin (de 9 % à 30 %).

Tableau 15

Distribution en nombre et en pourcentage
de la population aînée
selon la modalité de vie et le groupe d'âge, Québec, 1986

	Groupe d'âge					
	65+	75+	55-64	65-74	75-84	85+
Nombre						
Total	650 635	243 125	613 370	407 510	195 985	47 140
Tempo. et ext. du CDN	1 695	515	830	1 180	430	85
Ménages collectifs	69 915	50 310	13 060	19 605	30 410	19 900
— Étab. et hôpitaux	52 140	40 980	6 035	11 160	23 245	17 735
Communautés relig.	13 375	6 825	4 375	6 555	5 295	1 530
Autre	4 400	2 505	2 650	1 890	1 870	635
Ménages privés	579 025	192 300	599 480	386 725	175 145	27 155
Familles	344 775	89 555	477 310	255 210	80 155	9 400
— Conjoint	311 120	75 595	436 370	235 525	69 775	5 820
— Parent seul	32 945	13 915	36 165	19 025	10 340	3 575
— Enfant	710	45	4 770	660	35	10
Hors famille	234 250	102 740	122 170	131 515	84 990	17 750
— Pers. apparentées	65 710	33 475	26 945	32 235	25 625	7 850
— Non apparentées	19 095	7 705	16 335	11 390	6 115	1 590
— Vivant seules	149 450	61 560	78 890	87 885	53 250	8 310
Pourcentage						
Total	100,0	100,0	100,0	100,0	100,0	100,0
Tempo. et ext. du CDN	0,3	0,2	0,1	0,3	0,2	0,2
Ménages collectifs	10,7	20,7	2,1	4,8	15,5	42,2
— Étab. et hôpitaux	8,0	16,9	1,0	2,7	11,9	37,6
— Communautés relig.	2,1	2,8	0,7	1,6	2,7	3,2
— Autre	0,7	1,0	0,4	0,5	1,0	1,3
Ménages privés	89,0	79,1	97,7	94,9	84,3	57,6
Familles	53,0	36,8	77,8	62,6	40,9	19,9
— Conjoint	47,8	31,1	71,1	57,8	45,6	12,3
— Parent seul	5,1	5,7	5,9	4,7	5,3	7,6
— Enfant	0,1	0,0	0,8	0,2	0,0	0,0
Hors famille	36,0	42,3	19,9	32,3	43,4	37,7
— Pers. apparentées	10,1	13,8	4,4	7,9	13,1	16,7
— Non apparentées	2,9	3,2	2,7	2,8	3,1	3,4
— Vivant seules	23,0	25,3	12,9	21,6	27,2	17,6

Sources: Recensement canadien de 1986, calculs SESS, MSSS.

Tableau 16
Distribution en pourcentage de la population aînée selon la modalité de vie, le sexe et le groupe d'âge, Québec, 1986

| | Groupe d'âge | | | | | |
	65+	75+	55-64	65-74	75-84	85+
Sexe masculin						
Total	100,0	100,0	100,0	100,0	100,0	100,0
Tempo. et ext. du CDN	0,2	0,2	0,2	0,2	0,2	0,1
Ménages collectifs	7,5	14,8	2,0	3,9	11,3	33,2
— Étab. et hôpitaux	5,9	12,5	1,0	2,6	9,1	30,5
— Communautés relig.	0,9	1,2	0,3	0,7	1,2	1,3
— Autre	0,8	1,1	0,7	0,6	1,0	1,5
Ménages privés	92,3	85,0	97,8	95,8	88,6	66,7
Familles	71,0	58,7	82,1	77,1	63,1	35,8
— Conjoint	68,6	55,7	78,6	74,9	60,5	30,7
— Parent seul	2,4	3,0	2,7	2,0	2,6	5,1
— Enfant	0,1	0,0	0,7	0,1	0,0	0,0
Hors famille	21,3	26,4	15,7	18,7	25,5	30,8
— Pers. apparentées	5,9	8,6	3,3	4,6	7,7	12,9
— Non apparentées	3,0	3,4	2,8	2,8	3,2	4,1
— Vivant seules	12,4	14,4	9,6	11,3	14,5	13,8
Sexe féminin						
Total	100,0	100,0	100,0	100,0	100,0	100,0
Tempo. et ext. du CDN	0,3	0,2	0,1	0,3	0,2	0,2
Ménages collectifs	12,9	24,0	2,2	5,5	18,0	46,1
— Étab. et hôpitaux	9,5	19,3	1,0	2,9	13,5	40,7
— Communautés relig.	2,8	3,7	1,0	2,3	3,6	4,1
— Autre	0,6	1,0	0,2	0,4	0,9	1,3
Ménages privés	86,8	75,8	97,7	94,2	81,7	53,8
Familles	40,7	24,6	74,0	51,5	27,7	13,2
— Conjoint	33,7	17,4	64,4	20,8	4,5	
— Parent seul	6,9	7,3	8,8	6,7	6,9	8,6
— Enfant	0,1	0,0	0,8	0,2	0,0	0,0
Hors famille	46,1	51,1	23,7	42,6	54,0	40,6
— Pers. apparentées	13,0	16,7	5,3	10,4	16,2	18,3
— Non apparentées	2,9	3,0	2,5	2,8	3,0	3,1
— Vivant seules	30,2	31,4	15,8	29,4	34,7	19,2

Source: Recensement canadien de 1986, calculs SESS, MSSS.

Tableau 17

**Proportion de la population aînée vivant seule ou
avec un conjoint selon le sexe, Québec, 1961 et 1986 (en %)**

Groupe d'âge	1961			1986		
	Total	M	F	Total	M	F
Seule						
55-64	4,9	3,7	6,1	12,9	9,6	15,8
65+	7,6	5,6	9,4	23,0	12,4	30,3
Avec un conjoint						
55-64	69,6	77,9	61,4	71,2	78,8	64,5
65+	48,0	61,8	35,6	47,9	68,7	33,8

Sources: Recensement de 1961: tableau 23 du No au catalogue 93-512 et le tableau 95 du N° 93-520.
Recensement de 1986: tableau 15

La proportion de personnes âgées vivant soit avec d'autres personnes, apparentées ou non, soit en logement collectif a donc diminué de 44 % à 29 % durant cette période. Cette diminution est sans doute principalement le fait de la proportion de personnes vivant avec des personnes apparentées.

3.4.1 Modalité de vie et état matrimonial

La modalité de vie est fortement influencée par l'état matrimonial (tableau 18). La majorité des personnes mariées vivent bien sûr avec leur conjoint alors que les personnes qui n'ont pas de conjoint et vivent dans un ménage privé résident soit seules (57 % des personnes veuves et 43 % des personnes célibataires) soit avec d'autres personnes (42 % des personnes veuves et 46 % des personnes célibataires). Les différences importantes de modalité de vie entre hommes et femmes s'estompent fortement lorsqu'on compare les hommes et les femmes de même état matrimonial. Mais persiste alors néanmoins une légère différence. Ainsi chez les personnes veuves et les célibataires de 75 ans ou plus, les femmes vivent un peu plus souvent seules que les hommes.

La forte augmentation de la proportion des personnes en institution avec l'âge se fait au détriment de modalités de vie différentes selon l'état matrimonial, des personnes vivant en couple bien sûr pour les personnes mariées, des personnes vivant seules presque exclusivement chez les personnes veuves et des personnes vivant seules ou avec d'autres pour les personnes célibataires (données non représentées).

Tableau 18

**Proportion de la population aînée dans les ménages privés
selon l'état matrimonial, la modalité de vie, l'âge et le sexe,
Québec, 1986 (en %)**

	Seul	Conjoint	Autre	Seul	Conjoint	Autre
Sexes réunis						
	65+			75+		
Total	25,8	53,7	20,5	32,0	39,3	28,7
Célibat.	47,9	0,0	52,1	47,5	0,0	52,5
Mariés	3,2	93,8	3,0	3,7	92,3	4,1
Veufs	58,0	0,0	42,0	54,1	0,0	45,9
Divorcés	63,8	0,0	36,2	59,8	0,0	40,2
	55-64			65-74		
Total	13,2	72,8	14,0	22,7	60,9	16,4
Célibat.	47,0	0,0	53,0	48,2	0,0	51,8
Mariés	2,4	94,7	2,8	3,1	94,3	2,7
Veufs	47,2	0,0	52,8	61,6	0,0	38,4
Divorcés	55,3	0,0	44,7	64,6	0,0	35,4
Sexe masculin						
	65+			75+		
Total	13,4	74,3	12,3	16,9	65,5	17,6
Célibat.	45,8	0,0	54,2	41,4	0,0	58,6
Mariés	2,7	94,8	2,6	3,0	93,7	3,3
Veufs	54,4	0,0	45,6	51,2	0,0	48,8
Divorcés	62,1	0,0	37,9	60,8	0,0	39,2
	55-64			65-74		
Total	9,8	80,4	9,8	11,8	78,2	10,0
Célibat.	47,9	0,0	52,1	47,7	0,0	52,3
Mariés	2,4	95,3	2,3	2,5	95,2	2,3
Veufs	46,3	0,0	53,7	57,9	0,0	42,1
Divorcés	56,2	0,0	43,8	62,4	0,0	37,6

Tableau 18 (suite)

Proportion de la population aînée dans les ménages privés selon l'état matrimonial, la modalité de vie, l'âge et le sexe, Québec, 1986 (en %)

	Seul	Conjoint	Autre	Seul	Conjoint	Autre
Sexe féminin						
	65+			75+		
Total	34,8	38,8	26,4	41,5	22,9	35,6
Célibat.	49,0	0,0	51,0	49,8	0,0	50,2
Mariées	3,9	92,4	3,6	4,8	89,8	5,4
Veuves	58,7	0,0	41,3	54,7	0,0	45,3
Divorcées	65,4	0,0	34,6	59,6	0,0	40,4
	55-64			65-74		
Total	16,2	66,0	17,9	31,2	47,4	21,4
Célibat.	46,1	0,0	53,9	48,5	0,0	51,5
Mariées	2,5	94,1	3,4	3,7	93,1	3,1
Veuves	47,4	0,0	52,6	62,3	0,0	37,7
Divorcées	54,6	0,0	45,4	66,4	0,0	33,6

Sources: Recensement de 1986, tableaux 5 à 8 du N° au catalogue 93-106 et tableaux spéciaux, calculs SESS

3.4.2 Modalité de vie et région sociosanitaire

Les plus grandes variations régionales de la modalité de vie des aînés s'observent au niveau du pourcentage de personnes aînées qui résident seules (figure 19). En 1986, cette modalité de vie semble inexistante dans les régions de Kativik et des Terres-cries-de-la-Baie-James (0 %) alors qu'elle varie entre 14 % pour la Gas-pésie–Îles-de-la-Madeleine et la Côte-Nord et 28 % pour l'Île de Montréal. Le pourcentage provincial est de 23 %. L'Île de Mont-réal présente les plus forts pourcentages régionaux de personnes aînées habitant seules quel que soit le sexe et l'âge (données non représentées). Sur de petits territoires, on peut cependant trouver des pourcentages supérieurs.

Ce sont les régions de Québec et de Montréal-Centre qui présentent le pourcentage de personnes vivant avec un conjoint le plus faible (44 %), outre la région de Kativik (35 %). Ce sont les seules régions sous la moyenne provinciale, qui est de 48 %.

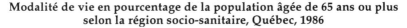

Figure 19

Modalité de vie en pourcentage de la population âgée de 65 ans ou plus selon la région socio-sanitaire, Québec, 1986

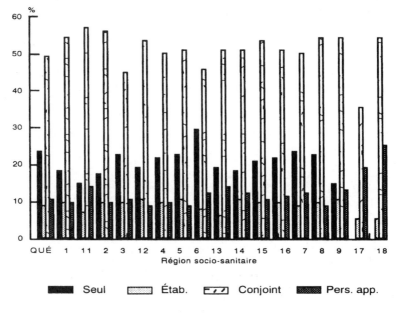

Source: recensement de 1986, SESS

Les personnes aînées hors famille résidant avec des personnes apparentées sont plus nombreuses dans les communautés autochtones (19 % et 25 %) de même qu'au Saguenay–Lac St-Jean et à Laval (13 %). La moyenne provinciale est de 10 %. La région qui présente le plus faible pourcentage est l'Estrie (7 %). Les personnes aînées qui constituent une famille monoparentale avec un ou des enfants sont peu nombreuses (données non représentées), 5,1 % dans la province, sauf dans les communautés autochtones (42,3 % dans la région de Kativik et 11,8 % dans la région crie). Ces deux régions sont suivies de la Côte-Nord (7,4 %) et de la Gaspésie–Îles-de-la-Madeleine (7,1 %). C'est par contre en Estrie et dans les Laurentides que ce pourcentage est le plus faible (4,1 %).

Les données (non représentées) sur les personnes vivant avec d'autres personnes mais non apparentées confirment que, quelle que soit la région, ce mode de cohabitation est peu fréquent chez les aînés d'aujourd'hui. Ce pourcentage qui atteint 2,9 % dans la province varie de 2,0 % dans la communauté crie et

2,1 % dans la région du Saguenay–Lac-St-Jean à 3,8 % dans les Laurentides.

Enfin, les données administratives sur les personnes hébergées confirment les données du recensement sauf pour deux régions, l'Estrie et Trois-Rivières dont le pourcentage de personnes hébergées semblent surévalué au recensement (voir Lafontaine, Pampalon et Rochon, 1991). Le pourcentage d'aînés résidant dans un hôpital ou un centre pour personnes âgées selon le recensement varie entre 6 % (Gaspésie–Îles-de-la-Madeleine) et 11 % (Estrie).

3.5 Réseau de relations

3.5.1 Type de relations

Le support social dont bénéficient les personnes aînées est une préoccupation grandissante non seulement parce qu'il apparaît de plus en plus comme un déterminant de l'état de santé (Berkman et Syme, 1979 et Seeman et al., 1987) mais également en raison du grand impact que l'état de santé et l'isolement social des personnes aînées ont sur leur demande de soins et services.

À la section N du questionnaire de l'enquête sociale générale de 1985 de Statistique Canada (ESG 1985) portant sur le réseau de soutien, on a tenté de cerner les contacts que les aînés ont avec leur famille et leurs amis (nombre de personnes et fréquence des contacts en excluant les personnes du ménage). Les données canadiennes sont parfois utilisées en raison de la faiblesse de la taille de l'échantillon québécois. Ces contacts concernent les enfants, les amis, les frères et sœurs et les autres parents vus au cours des trois derniers mois.

On constate d'abord des choses peu surprenantes comme le fait que le nombre de frères et sœurs diminue avec l'âge (en raison de la mortalité) alors que le nombre d'enfants est stable. Mais, on constate aussi que les 75 ans ou plus ont vu un moins grand nombre d'autres parents au cours des trois derniers mois que les aînés plus jeunes et que le nombre d'amis ne varie pas avec l'âge. Un fait déjà connu ressort, les aînés québécois déclarent un moins grand nombre d'amis que les aînés canadiens (trois en moyenne au lieu de cinq). Il semble que la participation à des organismes bénévoles soit en cause, particulièrement dans le cas des femmes[*].

---

[*]   D'ailleurs au chapitre du soutien fourni par les personnes de 55 ans ou plus, 13 % des Canadiens et 17 % des Canadiennes ont déclaré avoir effectué un travail bénévole comparativement à 10 % des Québécois et 8 % des Québécoises.

Le réseau de relations comprend en moyenne 17 personnes (15 au Québec) dont trois enfants, trois frères et sœurs, cinq amis et six autres parents.

Entre les trois groupes d'âge retenus, le réseau de relations passe de 21, à 18 puis à 15 personnes. Les liens avec le sexe ou la modalité de vie ne sont pas très clairs. Il semble que les hommes qui vivent seuls ou avec d'autres personnes ont un réseau moins important de relations que ceux qui vivent avec un conjoint (14 et 13 comparativement à 19) alors que seules les femmes qui vivent seules ont moins de relations (14 comparativement à 19 et 18).

Tableau 19

Nombre moyen de relations des personnes aînées, Québec, selon l'âge, Canada, 1985

	Québec	Canada			
	65+	65+	55-64	65-74	75+
Total	15	17	21	18	15
Enfants	3	3	3	3	3
Frères et sœurs	4	3	4	3	2
Autres parents (vus 3 derniers mois)	6	6	8	7	5
Amis	3	5	6	5	5

Source: ESG, 1985, compilations SESS.

Pour chaque type de relations (enfants, frères ou sœurs, amis, autres parents), on connaît également le pourcentage de personnes qui ne déclarent aucune relation (ex. aucun ami); celui-ci atteint près de 20 %, sauf dans le cas des relations avec d'autres parents où il grimpe à 30 %. Le libellé de la question (parents vus dans les trois derniers mois) a certes contribué à cette différence. Néanmoins, les informations sur la fréquence des contacts indiquent que ce sont les autres parents qui sont vus le moins souvent suivis des frères ou sœurs. Au Canada, les amis sont vus aussi souvent que les enfants par ceux qui en ont, plus d'une fois par semaine dans la moitié des cas et tous les jours dans près du cinquième des cas.

Quand les nombres sont suffisamment grands pour rendre la comparaison possible, on constate qu'il n'y a pas de différence selon l'état matrimonial entre les proportions de personnes qui n'ont pas un type de relations particulier, sauf bien sûr pour les enfants et petits-enfants. Dans le groupe des 75 ans ou plus cependant, les personnes veuves, séparées ou divorcées ont un pourcentage supérieur d'aînés sans ami (27 % comparativement à 20 %) et sans contact avec les autres parents dans les trois derniers mois (39 % comparativement à 28 %).

3.5.2 Isolement

Le tiers seulement des personnes aînées, canadiennes ou québécoises, qui vivent seules ont un contact quotidien de visu avec un enfant, un parent ou un ami mais la moitié ont plus d'un contact par semaine. Un peu plus de 10 % des aînés qui vivent seuls ont donc moins d'un contact par semaine avec un enfant, un parent ou un ami. L'âge modifie peu ces proportions.

Si on élargit la notion de contact à un contact téléphonique ou écrit, la proportion de personnes isolées (moins d'un contact hebdomadaire) passe de 12 % à 6 % (données pour le Canada).

On note quelques différences selon le sexe. Le pourcentage de personnes vivant seules qui ont moins d'un contact par semaine de visu est plus élevé pour le sexe masculin, 20 % comparativement à 9 % pour le sexe féminin. De plus, la prise en compte des contacts téléphoniques ou écrits augmente peu le pourcentage des hommes ayant des contacts quotidiens qui passe de 33 % à 46 % comparativement à celui des femmes qui passe de 35 % à 60 %.

On remarque enfin qu'il y a peu de différences dans la fréquence des contacts entre l'ensemble des hommes et ceux qui vivent seuls. Par contre, dans le cas des femmes, celles qui vivent seules ont davantage de contacts.

4. AIDE FOURNIE ET AIDE REÇUE PAR LES AÎNÉS VIVANT À DOMICILE

4.1 *Aide fournie*

Au chapitre du soutien fourni au cours des 6 derniers mois par les aînés[*], on retrouve comme principal type d'aide le soutien financier (43 % des personnes âgées de 65 ans ou plus fournissent ce type d'aide) suivi de la garde des enfants et des travaux ménagers dans le cas des femmes, du transport et des travaux d'entretien extérieur dans le cas des hommes (tableau 20). Au total, 58 % des aînés ont fourni de l'aide au cours des six derniers mois et 23 % des aînés ont fourni plus d'un type d'aide.

---

[*] Statistique Canada, Enquête sociale générale ESG 1985, section L. Il s'agit de l'aide fournie à un organisme ou à une personne ne résidant pas dans le ménage, sauf en ce qui concerne la garde d'enfants. L'échantillon québécois de 395 personnes étant restreint, certains résultats ne sont présentés que pour le Canada.

Tableau 20

Proportion de personnes aînées à domicile ayant fourni une forme de soutien au cours des six derniers mois selon l'âge et selon le sexe, Québec, 1985 (en %)

Forme de soutien	Groupe d'âge					
	65 +			55-64	65-74	75 +
	Total	M	F			
(N)	395	191	204	185	253	142
Au moins un soutien	58	64	53	58	64	44
Plus d'un soutien	23	30	17	37	29	(11)
Financier	43	48	39	36	46	36
Garde d'enfants	12	—	(14)	27	16	—
Transport	10	18	—	21	12	—
Travail bénévole	8	(11)	—	(11)	(10)	—
Travail ménager	8	—	(10)	(15)	(9)	—
Entretien extérieur	8	(15)	—	(11)	(11)	—
Soins personnels	—	—	—	—	—	—

Source: ESG 1985, compilations SESS. Les chiffres entre parenthèses reposent sur un petit nombre de cas et lorsque le nombre de cas est infime le pourcentage n'apparaît pas

Les principaux bénéficiaires du soutien offert par les aînés sont les organismes (36 % des aînés), suivis des enfants (20 %), des amis ou voisins (10 %), des personnes apparentées (6 %) et des père et mère (5 %). Les organismes reçoivent surtout de l'aide financière (30 % des aînés) et du travail bénévole (7 %), les enfants surtout des services de garde pour leurs propres enfants (10 %) et de l'aide financière (7 %), les amis et voisins un moyen de transport (5 %).

À l'exception du soutien financier, l'aide fournie décroît avec l'âge. Les données pour l'ensemble du Canada (échantillon plus important) indiquent un léger déclin entre les groupes d'âge 55-64 et 65-74 ans et un plus grand déclin pour le groupe des 75 ans ou plus. Les données canadiennes indiquent également que les personnes vivant avec un conjoint de même que les personnes en excellente ou en bonne santé offrent plus souvent un soutien (Statistique Canada, 1987, *Santé et aide du milieu*, p. 188-189).

4.2 Aide reçue

Deux enquêtes ont fourni une information précieuse sur l'aide reçue par l'ensemble des personnes aînées. L'aide fournie par une personne du même ménage est incluse.

L'ESG en 1985 a tenté de mesurer la fraction des personnes de 55 ans ou plus vivant à domicile et recevant de l'aide pour les activités de la vie quotidienne (indice de performance). Cette aide renvoit autant à un soutien nécessité par un état de santé déficient qu'au partage des tâches à l'intérieur des ménages. L'ESG a ensuite distingué les personnes qui étaient capables d'accomplir les activités de la vie quotidienne sans aide de celles qui en étaient incapables (indice d'aptitude). Même si le deuxième indice est moins influencé que le premier par le partage traditionnel des rôles entre les hommes et les femmes, il l'est néanmoins, ex. certains hommes, surtout âgés, demeurent incapables de se préparer des repas pour des raisons sociales d'apprentissage.

La seconde enquête est l'enquête post-censitaire de Statistique Canada sur la santé et les limitations d'activités (ESLA). Les résultats ici présentés concernent les personnes vivant à domicile atteintes d'incapacités. Ces données ont été préparées par Alain Saucier de la Direction de l'Évaluation (DGPE, MSSS). Cette seconde enquête est plus précise sur plusieurs aspects (incapacités et besoins d'aide non satisfaits) et la taille de l'échantillon* est plus importante, mais les catégories de personnes fournissant l'aide aux personnes âgées sont moins précises.

4.2.1 Données de l'Enquête sociale générale de 1985

La très grande majorité des personnes aînées reçoivent de l'aide dans l'accomplissement des activités de la vie quotidienne. Les hommes en reçoivent davantage que les femmes, en raison du soutien important qu'ils reçoivent au chapitre de la préparation des repas, du travail ménager et, dans une moindre mesure de l'achat des produits alimentaires (tableau 21). Lorsqu'elles ne vivent pas en appartement, les femmes reçoivent davantage d'aide que les hommes pour les travaux extérieurs. Peu de personnes aînées reçoivent de l'aide pour leurs soins personnels (6 % environ des 65 ans ou plus).

La proportion de personnes recevant du soutien pour le travail ménager et l'entretien extérieur augmente avec l'âge (tableau 21). Pour l'achat de produits alimentaires et la gestion des finances personnelles par contre, la proportion recevant de l'aide n'augmente que dans le groupe des 75 ou plus.

Si on ne considère parmi les aînés que ceux qui se sont déclarés incapables d'accomplir sans aide les activités de la vie

---

* Au Québec, 4 584 personnes de 65 ans ou plus vivant à domicile et ayant une incapacité ont été interrogées.

quotidienne, les pourcentages sont nettement moins importants sauf dans le cas des soins personnels (tableau 21). On sait que cette activité réfère à la capacité fonctionnelle des individus, à la dépendance, et que cet indicateur est plus relié à l'état de santé des individus et moins à des considérations sociales que les autres indicateurs (préparation des repas, achats,...).

La progression avec l'âge devient plus nette quand on considère la proportion de ceux qui se sont déclarés incapables d'accomplir les activités de la vie quotidienne. L'activité qui exige le plus de soutien concerne les gros travaux ménagers, suivie de l'achat des produits alimentaires pour les femmes, de la préparation des repas pour les hommes.

L'aide reçue est fortement influencée par la modalité de vie (vivre seul, avec un conjoint ou avec d'autres). Ainsi seulement la moitié des personnes qui vivent seules reçoivent de l'aide comparativement à plus de 90 % pour celles qui vivent avec leur conjoint ou avec d'autres personnes. Cependant, les personnes qui vivent avec d'autres déclarent nettement plus souvent le fait d'être incapable d'accomplir seule l'activité.

Tableau 21

Proportion de personnes aînées à domicile recevant de l'aide et nécessitant de l'aide dans les activités de la vie quotidienne selon l'âge et selon le sexe, Québec, 1985 (en %)

Forme de soutien	65 +			Groupe d'âge		
	Total	M	F	55-64	65-74	75 +
(N)	395	191	204	185	253	142
Recevant de l'aide						
Au moins un soutien	81	88	75	84	80	83
Plus d'un soutien	64	82	51	69	63	65
Travail ménager	62	82	48	51	59	67
Achat p. alimentaires	59	68	53	59	57	65
Préparation repas	51	82	29	51	49	54
Gestion $	18	20	16	16	14	25
Soins personnels	(6)	(5)	(7)	—	—	—
Entretien extérieur	36	29	41	43	35	38
– en % des propriétaires	71	48	93	55	63	90
Nécessitant de l'aide						
Au moins un soutien	55	48	60	27	48	69
Plus d'un soutien	31	27	34	11	25	44
Gros travail ménager	38	34	40	13	30	54
Travail ménager léger	8	—	(8)	—	—	—
Achat p. alimentaires	22	(16)	26	—	15	35
Préparation repas	19	29	(11)	—	16	24
Gestion $	9	—	(11)	—	(7)	—
Soins personnels	(6)	—	—	—	—	—
Entretien extérieur	28	17	36	18	25	34
– en % des propriétaires	55	28	82	23	45	80

Source: ESG 1985, compilations SESS. Les chiffres entre parenthèses reposent sur un petit nombre de cas et lorsque ce nombre est infime, le pourcentage n'apparaît pas.

La modalité de vie est également fortement associée à *qui* fournit cette aide (données canadiennes excluant les personnes qui reçoivent de l'aide pour les travaux extérieurs aux figures 20 et 21). Dans le cas des personnes qui vivent avec un conjoint, c'est le conjoint qui fournit presqu'exclusivement l'aide (96 % des cas) et les enfants sont peu présents dans l'aide fournie (10 %). Pour les couples avec enfants, l'aide fournie ne provient de la fille que dans 11 % des cas et du fils dans 5 % des cas. Si les couples n'ont pas d'enfants, cette aide est remplacée par des services d'aide ou d'entretien ménager, de visites à domicile ou de centres ou organismes pour personnes âgées (15 % des personnes).

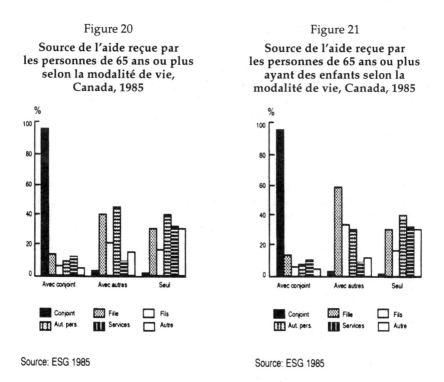

Figure 20

Source de l'aide reçue par les personnes de 65 ans ou plus selon la modalité de vie, Canada, 1985

Source: ESG 1985

Figure 21

Source de l'aide reçue par les personnes de 65 ans ou plus ayant des enfants selon la modalité de vie, Canada, 1985

Source: ESG 1985

Les personnes qui vivent avec d'autres ou seules reçoivent davantage d'aide de la part de leurs enfants lorsqu'elles en ont, 46 % reçoivent de l'aide de leur fille et 25 % de leur fils. Elles reçoivent également plus souvent l'aide de personnes apparentées, d'amis ou de voisins (39 % des cas, mais 31 % si elles ont des enfants). Les personnes qui vivent seules sont celles qui recourent le plus aux services (29 % des cas comparativement à 8 % pour les personnes qui vivent avec un conjoint ou d'autres personnes).

L'aide nécessaire est fortement influencée par l'état de santé mais le classement des activités qui exige de l'aide est très peu modifié par l'état de santé (données canadiennes). Le pourcentage de canadiens âgés de 55 ans ou plus incapables d'effectuer une activité progresse de 21 % à 67 % quand on passe d'un excellent état de santé (perçu) à un mauvais état de santé pour les gros travaux ménagers, de 12 % à 43 % pour l'achat des produits alimentaires et de 7 % à 26 % pour la préparation des repas. La demande de soins personnels atteint 10 % chez les personnes ayant un mauvais état de santé (*Santé et aide du milieu*, tableau 61).

4.2.2 Données de l'ESLA concernant la population ayant des incapacités

Les pourcentages de la population aînée à domicile touchée par une incapacité de mobilité, d'agilité, de la vision, de l'ouïe, de la parole ou d'une autre forme selon l'ESLA apparaissent au tableau 22. Deux catégories de revenus de Statistique Canada sont considérées.

Tableau 22

Proportion de personnes aînées à domicile ayant au moins une incapacité selon l'âge et le sexe, Québec, 1986 (en %)

	Total			Faible revenu			Non à faible revenu		
	Total	M	F	Total	M	F	Total	M	F
Total	34,8	33,8	35,6	46,3	50,4	44,8	31,4	31,0	31,7
65-74	29,1	30,1	28,2	38,8	47,5	35,0	26,6	27,4	25,9
75-84	42,8	37,1	46,3	54,4	47,4	55,9	38,8	35,6	41,4
85+	66,4	67,9	65,4	73,7	75,1	73,0	61,8	64,7	59,6

Source: ESLA, 1986, compilations A. Saucier, DGPE, MSSS

La très grande majorité des personnes âgées de 65 ans ou plus vivant à domicile et ayant une incapacité reçoivent de l'aide (93,0 %). Dans trois cas sur quatre, elles déclarent que c'est en raison de leur affection. L'aide reçue par les femmes est cependant plus souvent déclarée pour cette raison (85 % des femmes qui reçoivent de l'aide) que ce n'est le cas des hommes (64 %). Globalement, 60 % des hommes et 80 % des femmes ont déclaré recevoir de l'aide en raison de leur affection (tableau 23).

Les personnes à faible revenu, comprenant davantage de femmes et de personnes très âgées, reçoivent moins souvent de l'aide (87,4 %) que les autres (95,4 %). Elles en reçoivent toutefois tout autant quand on ne considère que les personnes qui reçoivent de l'aide en raison de leur affection.

Dans 74,2 % des cas, l'aide reçue provient d'un proche (conjoint, père, mère, enfant ou autre personne apparentée*), dans 13,4 % d'un ami ou d'un voisin et dans 46,5 % d'une autre personne (membre d'un service de soins ou de repas ou d'une personne embauchée à titre privé). Chez les personnes à faible revenu, les proches semblent moins présents (69,5 % comparati-

---

*   Dans ce questionnaire, on ne peut distinguer de *qui* exactement.

vement à 77,2 %) et les amis davantage (17,9 % comparativement à 11,4 %), les autres personnes le sont tout autant. Les différences d'état matrimonial et d'âge entre les deux groupes peuvent expliquer une partie de ces différences.

L'aide la plus fréquemment reçue (tableau 23) concerne les gros travaux ménagers (81,5 %), suivie des achats (69,8 %) et des travaux ménagers courants (65,8 %), puis des repas (51,2 %), des finances personnelles (38,7 %), des soins personnels (10,4 %) et des déplacements à l'intérieur de la résidence (5,0 %).

Tableau 23

Proportion de personnes aînées à domicile ayant au moins une incapacité selon la catégorie d'aide reçue et de besoin d'aide supplémentaire et le sexe, Québec, 1986 (en %)

	Total	Sous-total*		Type d'aide						
		Aide dom.	Aide per.	Gros t.m.	Repas	Achat	Trav. mén.	$ pers.	Soins	Dépl.
% recevant de l'aide										
T	93,0	79,0	52,8	81,5	51,2	69,8	65,8	38,7	10,4	5,0
M	92,7	87,7	80,1	75,6	79,7	73,6	83,9	38,9	10,8	3,6
F	93,2	73,0	34,0	85,7	31,5	67,1	53,3	38,6	10,1	5,9
% recevant de l'aide en raison de leur affection										
T	71,6	47,2	21,0	61,5						
M	59,7	34,8	17,6	48,5						
F	79,7	55,7	23,3	70,4						
% ayant besoin d'aide ou d'aide supplémentaire										
T	48,7	27,9	15,5	39,4	10,7	18,6	22,3	7,1	6,9	3,4
M	41,4	17,8	12,4	35,1	5,9	11,5	14,4	5,9	8,0	2,8
F	53,7	34,9	17,7	42,4	14,1	23,5	27,8	8,0	6,1	3,8

Source: ESLA, 1986, compilations A. Saucier, DGPE, MSSS
*   Aide domestique: achats, travaux ménagers courants et finances personnelles
     Aide personnelle: repas, soins personnels et déplacements

De grandes différences existent entre les hommes et les femmes au niveau de certains types d'aide. Ainsi, les femmes ne sont aidées que dans 31,5 % des cas pour la préparation des repas (79,7 % des hommes) et dans 53,3 % des cas pour les travaux ménagers courants (83,9 % des hommes).

Toutefois, 48,7 % des aînés vivant à domicile et ayant des incapacités ont dit avoir besoin d'aide additionnelle ou d'aide si elles n'en recevaient pas déjà pour l'une ou l'autre ce ces activités; ce besoin d'aide est plus élevé dans le cas des femmes et légère-

ment supérieur dans le cas des personnes à faible revenu (52,0 %
comparativement à 48,1 %). Dans ce dernier cas, cet écart provient
uniquement du groupe des femmes de 85 ans ou plus qui a davantage besoin de tous les types d'aide mais particulièrement de
l'aide pour les gros travaux ménagers. Lorsqu'aucune aide n'est
reçue, le besoin d'aide s'exprime dans 22,1 % des cas (10,2 % des
hommes et 31,0 % des femmes) comparativement à 50,7 % des cas
lorsqu'une aide est déjà reçue (43,8 % des hommes et 55,4 % des
femmes).

Le besoin d'aide supplémentaire s'exprime d'abord pour les
gros travaux ménagers (près de 40 % des personnes aînées ayant
une incapacité), puis par ordre décroissant pour les travaux ménagers courants et les achats (une personne sur cinq environ), la
préparation des repas, les finances personnelles, les soins personnels (près de 7 %) et rarement pour les déplacements.

Tableau 24

**Proportion de personnes aînées à domicile ayant au moins
une incapacité selon la catégorie d'aide reçue et de besoin
d'aide supplémentaire, le sexe et l'âge, Québec, 1986 (en %)**

Groupe d'âge	Total			Tâches dom. $			Aide pers.			Gros trav. M.		
	T	H	F	T	H	F	T	H	F	T	H	F
% recevant de l'aide												
Total	93	93	93	79	88	73	53	80	34	82	76	86
65-74	94	94	94	77	89	67	51	79	28	83	77	89
75-84	92	93	92	79	88	75	52	83	37	82	78	84
85 +	91	83	97	90	82	95	64	77	56	71	60	78
% ayant besoin d'aide supplémentaire												
Total	49	41	54	28	18	35	16	12	18	39	35	42
65-74	45	38	51	24	15	32	11	8	13	36	32	39
75-84	53	45	57	31	20	36	18	18	19	44	40	46
85 +	55	52	58	38	31	43	32	26	36	43	40	46

Source: ESLA, 1986, compilations A. Saucier, DGPE, MSSS

L'âge ne semble intervenir comme facteur d'augmentation
de l'aide reçue que pour les femmes (tableau 24). Mais même à
85 ans ou plus, elles reçoivent toujours moins d'aide au chapitre
de l'aide personnelle (qui comprend la préparation des repas). À
tous les âges, elles reçoivent cependant davantage d'aide que les
hommes pour les gros travaux ménagers.

Au niveau du besoin d'aide additionnelle, l'âge est un facteur d'augmentation pour les gros travaux ménagers entre les

groupes 65-74 et 75-84 ans pour les deux sexes et un facteur d'augmentation plus continuel pour l'aide domestique ou personnelle. C'est au niveau des tâches domestiques que les besoins des femmes sont supérieurs à ceux des hommes. On reconnaît là encore la problématique de la division du travail domestique entre les sexes, problématique qu'il faudrait contrôler dans une analyse ultérieure en tenant compte de la présence d'un conjoint, problématique qui est également appelée à se modifier dans l'avenir à mesure que des générations plus jeunes (au sein desquelles les hommes auront plus souvent assimilé certains apprentissages) arriveront aux âges de la vieillesse.

CONCLUSION

Vieillir jusqu'à des âges avancés de la vie représente désormais une réalité inéluctable pour la majorité des personnes.

L'hétérogénéité de ce processus dans la population, la baisse de la mortalité aux âges avancés de la vie, les liens déjà établis entre l'état de santé des individus et leurs conditions et habitudes de vie, nous indiquent que tel âge précis ne signifie pas irrémédiablement tel état de santé ou tel niveau de besoin en soins et services.

Il y a également de nombreuses façons de répondre à un même niveau de besoins (ex. hébergement versus maintien à domicile) tout comme des variations importantes dans la façon dont les individus réagissent à leur propre vieillissement ou perte d'état de santé ou de fonctionnalité. On connaît déjà plusieurs caractéristiques des aînés qui influencent fortement leur recours aux services offerts (ex. taux d'hébergement en fonction de l'état matrimonial).

Plusieurs facteurs influenceront donc les besoins des aînés dans l'avenir: leur nombre, leur état de santé et de bien-être, leurs caractéristiques, leur degré d'intégration sociale et la gamme des services qui leur seront offerts (ex. logements ou transports adaptés permettant le maintien dans la communauté des personnes atteintes d'incapacités, etc.).

La connaissance de l'évolution de l'état de santé et des caractéristiques des aînés de même que des interactions entre ces phénomènes et le niveau de besoins est essentielle à tout processus de planification du système de soins de santé et de services sociaux pour les prochaines décennies.

Pour ce faire, trois sources d'information sont essentielles: la répétition d'enquêtes de santé permettant la comparaison de différentes générations au même âge et la comparaison des mêmes générations à mesure qu'elles avancent en âge, la création ou le maintien de systèmes d'information sur les clientèles permettant de faire des liens entre le recours aux soins et services et l'état de santé et de bien-être et autres caractéristiques de la population, et enfin la mise sur pied d'enquêtes longitudinales permettant une meilleure connaissance de l'évolution de la fréquence et de la durée des mouvements d'aller-retour entre différents états de santé (bons ou mauvais) qui marquent l'avancée en âge.

BIBLIOGRAPHIE

BERKMAN, Lisa, F. et SYME, S. Léonard, 1979, «Social Networks, Host Resistance, and Mortality: A Nine-Year Follow-Up Study of Alameda County Residents», *American Journal of Epidemiology*, 109, 2, 186-204.

BOURBEAU, Robert et LÉGARÉ, Jacques, 1982, *Évolution de la mortalité au Canada et au Québec, 1831-1931. Essai de mesure par génération.* Montréal, Presses de l'Université de Montréal, 141 pages.

DIONNE, Louis, 1988, *La scolarisation de la population québécoise d'après le recensement de 1986*, Québec, M.E.Q., coll. «Notes et Documents», 12 pages.

DUCHESNE, Louis, 1992, *La situation démographique au Québec. Édition 1991-92.* Québec, Publications du Québec, Bureau de la statistique du Québec, coll. «Statistiques Démographiques», 231 pages.

HENRIPIN, Jacques, 1968, *Tendances et facteurs de la fécondité au Canada.* Monographie sur le recensement de 1961, Ottawa, Bureau fédéral de la statistique, 425 pages.

LAFONTAINE, Pierre, PAMPALON, Robert et ROCHON, Madeleine, 1991. «L'espérance de vie sans incapacité en région, au Québec, en 1987», *Cahiers québécois de démographie*, 20, 2, 383-404.

LAVOIE, Yolande, 1973, «Les mouvements migratoires des Canadiens entre leur pays et les États-Unis au XIXe et au XXe siècles: étude quantitative», dans Charbonneau, Hubert, *La population du Québec: études rétrospectives*, Montréal, Éditions du Boréal Express, coll. «Études d'histoire du Québec», n° 4, p. 73-88.

MONGEAU, Joël, 1990, *Portrait des familles immigrées au Québec, 1986*, Montréal, Ministère des Communautés culturelles et de l'Immigration, Direction des études et de la recherche, 56 pages.

MONNIER, Alain et de GUIBERT-LANTOINE, Catherine, 1991, «La conjoncture démographique: l'Europe et les pays développés d'outre-mer», *Population*, vol. 46, n° 4, p. 941-964.

Nations-Unies, 1989, *World Population Prospects 1988*, New York, Population Studies, n° 106, 579 pages.

NAULT, François, 1990, *Les personnes âgées de demain: une autre réalité,* Montréal, Université de Montréal, Département de démographie, 79 pages et annexes.

Organisation Mondiale de la Santé, 1991, *Annuaire de statistiques sanitaires mondiales, 1990.*

RAPIN, Charles-Henri, 1992, Communication présentée au Ministère de la Santé et des Services sociaux le 23 septembre 1992.

SEEMAN, Teresa, E., KAPLAN, G. A., KNUDSEN, L., COHEN, R. et GURALNIK, J., 1987, «Social Network Ties and Mortality among the Elderly in the Alameda County Study», *American Journal of Epidemiology,* 126, 4, 714-723.

Statistique Canada, 1987, *Santé et Aide du Milieu,* 1985. Ottawa, n° 11-612 F. n° 1 au catalogue, 241 pages.

Statistique Canada, 1991, *Estimations annuelles,* Ottawa, n° 91-210 au catalogue 102 pages.

THIBAULT, Normand, avec la collaboration de Gauthier, Hervé, 1990, *Perspectives démographiques du Québec et de ses régions 1986-2046,* Québec, Publications du Québec, Bureau de la statistique du Québec, coll. «Statistiques Démographiques», 397 pages.